BANQUAN ZICHAN
YUNYING YU GUANLI

# 版权资产运营与管理

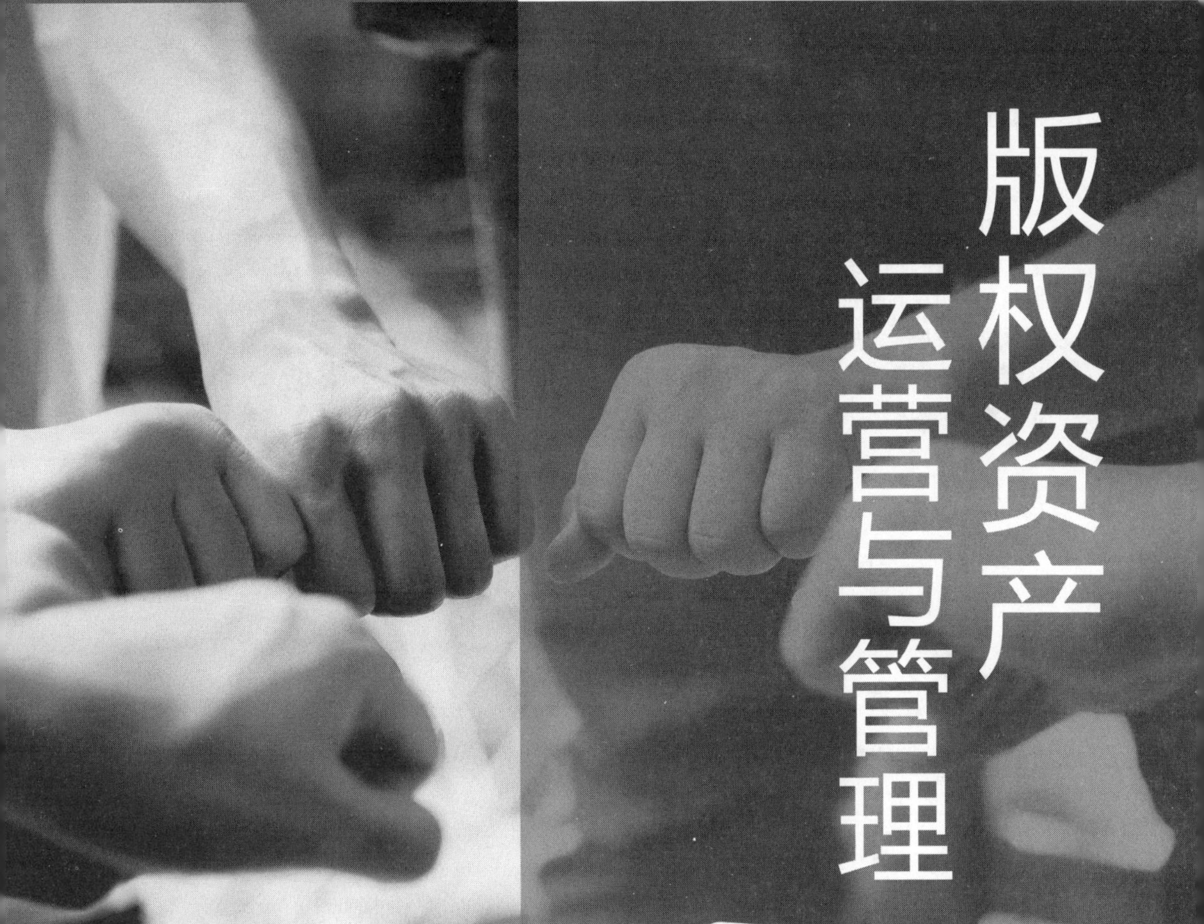

知识产权出版社
全国百佳图书出版单位
北京

陈震 武东兴 主编

图书在版编目（CIP）数据

版权资产运营与管理 / 陈震，武东兴主编 . —北京：知识产权出版社，2021.5
ISBN 978-7-5130-7522-0

Ⅰ. ①版… Ⅱ. ①陈… ②武… Ⅲ. ①版权—资产运营—研究—中国 ②版权—资产管理—研究—中国 Ⅳ. ① D923.414

中国版本图书馆 CIP 数据核字（2021）第 084321 号

### 内容提要

本书为"版权管理师、运营师培训系列丛书"之一，本书主要阐述了版权资产的认识与发掘，并从版权制度的发展历程、"大版权"时代发展的特征及资产角度对版权的内涵和新时代版权的发展模式加以阐释，着重分析了国内版权产业的现状与困境，向社会各界提供具有前瞻性、独特性、实战性和全面性的版权资产运营管理的建议。本书可为广大高校、律所、企事业单位未来培养复合型、应用型版权专业人才提供战略思路与方向。

责任编辑：许　波　　　　　　　　　　　　责任印制：刘译文

## 版权资产运营与管理
### BANQUAN ZICHAN YUNYING YU GUANLI

陈　震　武东兴　主编

| | | | |
|---|---|---|---|
| 出版发行： | 知识产权出版社有限责任公司 | 网　　址： | http://www.ipph.cn |
| 电　　话： | 010-82004826 | | http://www.laichushu.com |
| 社　　址： | 北京市海淀区气象路 50 号院 | 邮　　编： | 100081 |
| 责编电话： | 010-82000860 转 8380 | 责编邮箱： | xubo@cnipr.com |
| 发行电话： | 010-82000860 转 8101 | 发行传真： | 010-82000893 |
| 印　　刷： | 天津嘉恒印务有限公司 | 经　　销： | 各大网上书店、新华书店及相关专业书店 |
| 开　　本： | 720mm×1000mm　1/16 | 印　　张： | 17.75 |
| 版　　次： | 2021 年 5 月第 1 版 | 印　　次： | 2021 年 5 月第 1 次印刷 |
| 字　　数： | 281 千字 | 定　　价： | 88.00 元 |
| ISBN 978-7-5130-7522-0 | | | |

出版权专有　侵权必究

如有印装质量问题，本社负责调换。

# 序言
PREFACE

我国现阶段正处在实施创新驱动战略，建设文化强国和版权强国，繁荣发展版权事业和版权产业的大好时期。"十三五"规划期间，国家版权局积极贯彻落实党中央、国务院决策部署，以建设版权强国为中心，大力构建版权严格保护和产业快速发展格局。截至2018年，我国版权产业行业增加值已从2006年的13489.33亿元增长为66341.48亿元人民币，13年间提升4.9倍，占GDP的7.37%。

实践证明，在知识经济时代，版权作为知识产权的重要组成部分，会给创造者带来丰厚的经济效益。由于作品的广泛运用和传播，以及对版权成果的市场转化，版权已经成为当今社会重要的无形资产、重要的生产要素，成为推进企业转型发展，激发产业、行业焕发活力的蓬勃动力。版权作为一种资产，如何进行市场化运营，对企业和行业都具有很大的现实意义。

版权作为智力劳动成果，包括经济和精神权利的综合权利体系。其中占较大比重的经济权利，就是从法律上保障创作作品而获取经济利益，从而激励优秀作品源源不断的被创作出来，丰富人民的精神文化生活，版权法律制度也成为人类文化的重要保障和促进制度体系。因此，针对个人而言是一种财产的版权，如何进行有效的管理，便具有了很重要的个体价值和文化意义。

近些年来，国家版权局贯彻落实党的十九大提出的"倡导创新文化，强化知识产权创造、保护、运用"，采取有力措施，强化行政执法保护，积极推进版权实际运用和价值转化。通过"剑网行动"等重要抓手，集中整治、坚决打击侵权盗版等违法行为，致力打造风清气正、守正创新的版权市场秩序与创作传播环境。

版权作品皆是创新而来，版权保护也是奔着创新而去，创新是版权工作的内生要求和根本宗旨。未来版权产业的发展，离不开科学技术的进步、离不开法律制度的完善，更离不开高素质复合型版权人才队伍的建设。在新形势下，面对新挑战，更应该以学习促发展，以培训促创新。

希望通过此书，能为版权专业人才发展之路，提供更多有价值的培养方向与实践指导经验，共同繁荣发展我国版权事业！

中宣部版权管理局局长　于慈珂

# 前言

2020年，注定是人类历史长河中极其特别的一年。面对突来的新型冠状病毒，辞旧迎新的钟声变得沉重，它让我们重新对世界有了更深层次的思考，也让我们更深刻领悟了生命的宝贵和健康的重要。

2020年4月26日，在这个特殊的时期，我们迎来了第20个世界知识产权日，并在2020年4月28日见证了中华人民共和国成立以来，第一部在我国缔结、以我国城市命名的国际知识产权条约——《视听表演北京条约》正式生效！疫情虽然拉开了我们的距离，但面对这样激动人心的消息，无论相隔多远、身处何地，都同样牵动着所有版权人、知识产权人及社会各界人士的心。这是中国版权事业新的里程碑，也将书写中国版权产业高质量发展的新篇章。

众所周知，版权是智力劳动成果，是当今精神文化消费的核心。作为重要的资源性要素、生产性要素和战略性资源，版权已成为当今社会重要的无形资产，在助推我国经济、社会高质量发展，对创新能力提升和创新型国家建设，发挥着重要的作用。

在这样一个科技创新引领的数字化、智能化趋势大发展的时代，面对不确定的危机与挑战，如何在物联网、大数据、云计算、人工智能等科学技术迅猛发展的背景下，结合版权市场交易、流通、用户习惯及行业特性等多方面因素，以战略思维看待资产化的版权资源，充分评估个人及企业的无形资产价值，有效保护与盘活"沉睡"资产，是社会各界热切关注的重点问题。

国家版权贸易基地（越秀）、国家商标品牌创新创业（广州）基地运营机构，广州市华南版权贸易股份有限公司自2018、2019年相继出版《版权维权研究与实务》与《知识创富——360°解读知识产权维权与运营68例》后，今年联合业界知名版权专家、北京德和衡律师事务所合伙人陈震律师，共同写作出版首部"版权运营师、管理师培训系列丛书"之一的《版权资产运营与管理》。该书不仅是我们对第20个世界知识产权日的献礼之作，同时也是双基地联合陈震律师共同研发版权运营师、管理师系列培训课程的阶段性成果，以期为未来版权专业人才培训提供理论与实践相结合，具有前瞻性、实用性的培训教材及参考用书。

感谢中宣部版权管理局于慈珂局长长久以来对国家版权贸易基地（越秀）的关心与支持，并再次为本书作序。感谢广州市版权局对本书的出版工作给予了大力支持与指导。感谢陈震律师的专业、专注与奉献，不吝将多年在版权产业深耕的经验与思考凝练于本书之中。最后还要感谢全程参与本次出版工作的编委的共同努力，以及北京德和衡律师事务所的信任与支持。

百舸争流，奋楫者先。守正创新，共创共赢！版权产业的未来值得我们共同期待！更值得我们为之努力奋斗！

广州市华南版权贸易股份有限公司总经理 武东兴

# 目录

## 第一章 版权运营与文化产业 ... 001
- 第一节 版权在文化产业中的地位 ... 002
- 第二节 我国文化产业版权运营的现状 ... 007
- 第三节 版权运营的意义 ... 012

## 第二章 作为资产的版权 ... 015
- 第一节 版权资产的内涵 ... 015
- 第二节 版权资产的内容 ... 019
- 第三节 版权资产的有效期 ... 039

## 第三章 版权资产的对象与分类 ... 044
- 第一节 版权资产的对象——作品 ... 044
- 第二节 作品的分类 ... 054
- 第三节 限制保护的作品与不予保护的对象 ... 060

## 第四章 版权资产的特殊形态 ... 064
- 第一节 版权资产的延伸 ... 064
- 第二节 网络时代版权资产的新形态 ... 075

## 第五章 版权运营战略与版权获取途径 …… 081
### 第一节 企业版权资产运营战略的制定 …… 081
### 第二节 版权资源的获取途径 …… 089

## 第六章 文化企业的版权运营策略 …… 095
### 第一节 "全版权运营"模式 …… 095
### 第二节 出版行业的版权运营策略 …… 098
### 第三节 新闻传媒企业的版权运营策略 …… 115
### 第四节 电视媒体企业的版权运营策略 …… 125
### 第五节 动漫企业的版权运营策略 …… 134
### 第六节 互联网企业版权运营策略 …… 148
### 第七节 表演艺术企业的版权运营策略 …… 172
### 第八节 影视企业的版权运营策略 …… 180
### 第九节 电竞企业的版权运营策略 …… 198

## 第七章 版权运营方式举要 …… 206
### 第一节 版权质押与融资 …… 206
### 第二节 版权出资与版权评估 …… 215
### 第三节 版权贸易 …… 220
### 第四节 版权信托 …… 231
### 第五节 数字版权的运营模式 …… 237

## 第八章 新技术背景下版权运营现状与前瞻 …… 247
### 第一节 数字网络技术对版权运营的挑战与机遇 …… 248
### 第二节 "泛娱乐"文化对版权运营的影响 …… 256
### 第三节 媒介融合视野中的未来版权运营 …… 263

## 参考文献 …… 269
## 后 记 …… 275

# 第一章　版权运营与文化产业

根据《保护文学艺术作品伯尔尼公约》给出的定义,"版权"是指"作者就其文学与艺术作品享有的权利"。目前,世界各国关于版权的称谓并不统一,主要有两种:版权(copyright)与著作权(right in the work)。二者起源不同,在法理上可以做不同的理解:前者原意为抄录、复制的权利,主要强调权利的经济属性,这一概念源于英国,主要为英美法系国家如英国、美国、澳大利亚等国所采用;后者强调权利的人身属性,源于1865年德国巴伐利亚《关于保护文学艺术作品作者权法》,日本将这个词译为"著作权",我国也借用这一概念。不同的称谓显示出两种立法模式所追求的不同意趣。《中华人民共和国著作权法》(以下简称《著作权法》)将两者不加区分,视为同一概念。❶

版权作为知识产权的门类之一,具有所谓"公共产品"的天然属性,可以供多人同时使用而相互之间不受影响,权利本身也不会因此被损耗。而且版权产品还具有很强的扩散性,很容易被传播,实物产品扩散必须要追加投入,而版权产品一旦被生产出来,其数量的增加不再依靠更多的投入,而是依靠以极其低廉的,甚至以接近于零的成本不断复制,其传播的费用极低。版权本身可以作为交易的对象,版权持有人可以以许可和转让等方式将版权价值变现,基于这一特点,版权被定性为"无形财产权"。

作为无形财产权,版权具有以下几个特征:一是非实体性,它必须附着于有形的物质载体上,才能够为人所感知、所接触;二是垄断性,这是以法律强制性而赋予版权的特征,版权可以在一定的时期内在市场上获得相对垄

---

❶ 《中华人民共和国著作权法》第六十二条,"本法所称的著作权即版权",本书中涉及的著作权法,除特殊说明的外均为2020年新修订的《中华人民共和国著作权法》,并将于2021年6月施行。

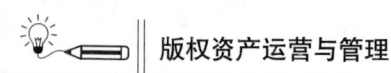

断的地位；三是增值性，版权能够加倍放大有形载体的价值，一本图书的价值往往远高于其所耗费的纸张价值；四是使用价值的衍生性，版权作品能够以不同的形式被使用，这就是当前西方文化巨头所推崇的"一个来源、多个用途"的使用模式。

## 第一节　版权在文化产业中的地位

"文化产业是一个独立的经济门类，指从事文化产品与文化服务的生产经营活动以及为其提供相关服务，以满足人们精神文化需求为目的的产业群。"❶"文化及相关产业是为社会公众提供文化、娱乐产品和服务的活动，以及与这些活动有关联的活动之集合。"❷"文化产业"这一术语其实最早出现在马克思·霍克海默、西奥多·阿道尔诺的《启蒙辩证法：哲学短片》中。法国社会学家弗雷德里克·马特尔曾在其论著中形象地表达为："文化与商业或曰合谋，或曰联姻，或曰对接，这种联姻、对接的果实便是文化产业。"❸其作为一种特殊的文化形态和特殊的经济形态，在各国具有不同的说法，例如，美国称之为"版权产业"❹，英国称之为"创意产业"❺，欧洲和日韩直接称之为"内容产业"。无论何种称呼，均是从不同的角度揭示其"与文化相关"

---

❶　赵晶媛. 文化产业与管理 [M]. 2 版. 北京：清华大学出版社，2013.

❷　参见 2003 年《文化部关于支持和促进文化产业发展的若干意见》。

❸　雷德里克·马特尔. 主流：谁将打赢全球文化战争 [M]. 刘成富，译. 北京：商务印书馆，2012：26.

❹　该书将"版权产业"的英文表述为"copyright based industries"，即"基于版权的产业"，其核心是产权化的智力成果，产业主要是伴随着版权作品的创造、生产、传播和消费整个过程。（世界知识产权组织编写. 版权产业的经济贡献调研指南 [M]. 北京：法律出版社，2006.）

❺　1998 年，英国《创意产业路径文件》中"所谓创意产业，就是指那些从个人的创造力、技能和天分中获取发展动力的企业，以及那些通过知识产权的开发可创造潜在财富和就业机会的活动。"美国学者凯夫斯对此有个描述性的定义："创意产业提供给我们宽泛地与文化的、艺术的，或仅仅是娱乐的价值相联系的产品和服务。"（理查德·E. 凯夫斯：创意产业经济学：艺术的商业之道 [M]. 孙绯，等，译. 北京：新华出版社，2004.）

的产业特征。❶ 所以，在实践中文化产业通常与创意创业、内容产业、版权产业等概念混用，其内涵基本相同，即都是将具有无形文化特性的创意转化为产品或服务内容的产业。❷

## 一、版权为文化产业的形成提供了制度条件

创意性是文化产业的主要特点，文化产业的基础来源于人类的创造性、特别的技能和个人与生俱来的天赋；在这个意义上，它有时会被称为"创意文化产业"，强调文化艺术对经济的支持，是通过对知识的开发和运用以创造财富和就业的行业。如果没有版权制度设计，不具有排他性的创意和知识不可避免地沦为公共资源，所有人均可以无偿使用，任何人都可以随意模仿，创新变得越来越难，最终不可避免地陷入所谓的"公共地悲剧"❸：资源被过度攫取而缺乏投入，文化产业难免会呈现萧条局面。所以在某种意义上，没有版权保护制度，就不可能出现文化产业的繁荣。

版权制度遵循经济学逻辑运行，其借助法律手段确立信息产品的排他性，使得信息产品的产权归属相对清晰，从而避免其公共产品属性造成大量的无偿使用、社会智力劳动成果产出效率低下的状况。保护制度允许权利人在一定的时间内对某些知识产品拥有垄断性的专有权利，作品生产因此具有

---

❶ 世界知识产权组织编写的《版权产业的经济贡献调研指南》（法律出版社，2006年版，第24页）对此加以区分：当提及版权发挥明确作用的活动或产业时，"以版权为基础""创造性"和"文化产业"往往作为同义语使用。但我们必须认识到它们之间存在着某些差异："文化产业"指那些以规模复制具有厚重文化内涵之产品的产业，其使用往往与大众传媒的制作有关；"创造性产业"具有广泛的内涵，除文化产业以外，还包括所有文化与艺术生产。无论是现场表演，还是以个体为单位进行生产。传统上，其使用与现场表演、文化遗产以及类似于"高潮艺术"的活动有关。

❷ 管育鹰.序二 [C]// 孙那.中美数字内容蹦而版权政策与法律制度比较 [M]. 北京：知识产权出版社，2018.

❸ 公共地悲剧，又称"公地悲剧"（tragedy of the commons），是一种涉及个人利益与公共利益（common good）对资源分配有所冲突的社会陷阱（social trap）。具体表现为有限的资源注定因自由使用和不受限的要求而被过度剥削，由于每一个个体都企求扩大自身可使用的资源，然而资源耗损的代价却转嫁所有可使用资源的人们，最终就会因资源有限而引发冲突，损害所有人的利益。( 参见 zhidao. baidu. com/question/332326039. html )

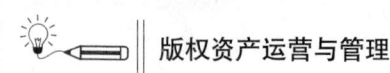

了某种稀缺性，任何人为了获得稀缺性的资源，都不得不付出相应的成本，权利人拥有的稀缺价值由此具有了变现的可能。版权所有人，通过许可复制、许可使用甚至是权利转让等方式，不但可以收回自己的生产成本还可以盈利。在收益可以预期的激励下，作为"理性人"的版权生产者，通过对投入成本和未来收益权衡之后做出理性抉择，预先考虑是否值得投入人力、物力、财力和智力成本以博取收益。

版权制度是与市场经济相适应的系统制度设计，通过市场配置资源的功能，使社会资源得到最有效利用，使智力成果得以发挥最大化的社会效益。思想创意可以被反复利用和开发，生产出的各种作品可以复制、再版，并不因此影响创意产品的价值；版权还可以被分割成不同层次的权利，包括复制权、发行权、出租权、展览权、表演权、放映权、翻译权、改编权、信息网络传播权等经济性的权利，每一种权利均可作为一项资产出售给不同的使用者，创意成果的市场价值借此得到充分表达。

## 二、版权制度的建立促进了文化市场的发展与繁荣

"文化市场是按照价值规律对文化产品进行交换，交换条件的发生必须符合5个条件：一是要有交换对象，即文化产品；二是具备交换的双方主体，即需求者和供给者；三是双方主体能够按照一定的标准达成一致的交换意愿；四是具备适宜的交换条件使交换能够发生；五是交换活动受到制度的保护。"❶ 版权保护制度的建立，在各个环节弥补了市场的不完善，提升了文化市场运作的有效性。

例如，版权具有跨界性的特点，尽管作品的最终创造者只能是自然人，但版权持有人已经不再仅仅限于单个自然人，许多投资类的公司和组织纷纷成为版权持有人，而电影、电视剧、电视综艺节目、动漫作品、软件作品、数据库等复合性的作品形态，需要较大的投资成本和更为专业的创作团队，还要面对市场失败的风险❷，个体作者既无法完成创作也难以承担失败的风险。最后往往需要以市场投资、分散风险的方式解决这一矛盾，故此版权制

---

❶ 姚林青. 版权与文化产业发展研究 [M]. 北京：经济科学出版社，2012：55.

❷ 例如每年国产电影的产量有数百部，但是大约只有五分之一可以获得相应的市场回报。

度对创作者、投资者均给予激励；作品的版权在作者与投资者之间进行流转时，相应权利一体得到保护。这一制度使得文化企业能够生产出市场需要的文化产品。

又如，版权制度使得交换双方的主体更加明晰，"无形财产权"的法律定位，版权权属的法定性特征，使版权交易的主体和对象得到明确；版权保护制度使得市场主体可以按照供给需求来确定文化产品的交换价格，版权产品的生产者为了追求利润最大化，可以按照产品使用者的需求安排生产，实现生产和消费的平衡。

再如，版权保护的是创意成果，尽管是无形的，但它可以同时附着在不同的物化形式上，并且数量不受限制，单一的物化形式或产品都不足以表达版权的全部价值。版权可以分割的特征，使得各类型的文化企业均可以以经营版权的某种物化形式营利，不同类型的企业可以在同一个版权构成的产业链条上找到自己的位置：既可以买卖全部版权也可以买卖部分版权，还可以以授权行使某一项权利，结果是文化产品呈现出多种姿态，创意的价值得到充分表达。

版权制度从根本上促进了文化产品的产出，繁荣了文化市场。美国历史学家杜兰在其著作中谈道，在 1709 年前的欧洲，法国是欧洲文学艺术的中心，但英国率先颁布了保护版权的《安娜法》。两年以后，英国文学、艺术作品的数量和质量都超过了法国，由此可见版权保护制度的巨大力量。❶

### 三、版权内容的创作、生产、交换和流通构成了文化产业运营的主要内容

依据国家统计局《文化及相关产业分类（2018）》的规定，文化及相关产业是指为社会公众提供文化产品和文化相关产品生产活动的集合。我国的文化核心领域包括六个大类：新闻信息服务、内容创作生产、创意设计服务、文化传播渠道、文化投资运营、文化娱乐休闲；文化相关领域包括三个大类：文化辅助用品生产和中介服务、文化装配生产、文化消费终端生产。

---

❶ 中国版权协会. 版权的力量 [M]. 北京：北京大学出版社，2015：232.

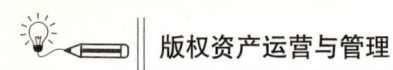

按照相关产业对版权的依赖程度，世界知识产权组织将版权划分为核心版权产业、相互依存的版权产业、部分版权产业、非专用支持产业四大类❶，其中"核心版权产业"❷是指完全从事创作、制作和制造、表演、广播和展览或销售和发行作品及其他受保护客体的产业，这些核心版权产业是完全从事创作、制作和制造、表演、广播、传播以及展览、销售和发行作品及其他受保护客体的产业，离开了版权就无法独立存在。这一概念与我国的文化产业概念基本相同。"相互依存的版权产业"❸是从事制作、制造和销售为作品及其他受版权保护客体的创作、制作和使用提供便利的设备的产业，它们是作品发挥功能的设备，被称为"版权硬件"。部分版权产业是指其部分活动与作品或其他受版权保护客体相关的产业，例如服装纺织业、家具、陶瓷玻璃、墙纸与地毯等。非专用支持产业是指相关产业的部分活动与促进作品或其他版权保护客体的广播、传播、发行或销售相关，并且这些活动没有被纳入到核心版权产业，例如一般运输业、电话与互联网产业等。

可见，文化产业与版权产业不是一一对应的关系，但是文化产业的核心层与核心版权产业呈现对应关系，文化产业的运营与版权息息相关，或者说版权内容是其产业的基础之一，文化企业运营的对象和内容主要是版权。版权内容的创作、生产、流通和交换构成了文化产业运营的主体，版权的保护和制度建设是文化产业繁荣的基本条件。

### 四、版权是文化产业的核心生产要素

生产要素是经济学中的一个基本范畴，主要指进行社会生产经营活动时所需要的各种社会资源。现代西方经济学认为生产要素包括劳动力、土地、资本以及企业家的才能，版权等知识产权构成的"无形财产权"也作为独立

---

❶ 世界知识产权组织.版权产业的经济贡献调研指南[M].北京：法律出版社，2006: 38.

❷ 核心版权产业包括下列九组产业：新闻和文学作品；音乐、戏剧制作、歌剧；电影和影带；广播和电视；摄影；软件和数据库；视觉和绘画艺术；广告服务；版权集体管理与服务。

❸ 相互依存的版权产业主要是一些相关设备制造和批发零售企业，例如电视机、收音机、录像机电子游戏设备、计算机和有关设备，以及乐器等。

要素被投入到生产中。总体上看，版权是企业极其重要的资源性要素、资本性要素和信息管理要素。

首先，版权是资源性要素。尤其对于文化企业而言，版权这种无形资产的重要程度已经远远超越了土地、办公设备、机器、厂房有形资产，成为最为重要的资源性要素。由于版权的范围极其广泛，因而所有的文化企业均可以成为版权作品的创造者、拥有者，至少是版权作品的使用者、传播者。对于有些企业而言，版权更是其生命线，没有受保护的作品，就缺少了生存的基础。假如没有动漫作品的版权，动漫图书出版公司、动漫影视制作单位以及相关的服装、文具、纪念品等衍生品生产企业将无法生存。

其次，版权企业的资本要素。企业可以通过版权质押来实现融资的目的，解决发展中的资金不足难题。世界知识产权组织观点文章《利用知识产权资产为你的企业融资》认为，文化版权融资是一个全球性的浪潮，它冲击着传统的财会制度，并冲破了传统银行的制度禁区。《中华人民共和国担保法》明确规定版权中的"财产权"可以质押，国家版权局也发布了《著作权质押合同登记办法》，进一步明确了对质押合同可以进行登记。版权质押尤其迎合了中国文化企业的需求，能够有效地破解文化企业规模小、资金少等发展瓶颈，盘活文化企业的核心资产。

最后，版权是企业基本信息、管理要素。企业经营中所需要的各种有用信息，基本上都是来源于版权作品。从传统的报纸杂志、广播电视到互联网络，这些产品承载着企业所需要的大量的有用信息；有些版权作品例如办公软件、财务软件、销售系统软件等更是企业正常运转不可或缺的部分。

## 第二节　我国文化产业版权运营的现状

国家版权局发布的《2018年中国版权产业的经济贡献调研报告》显示，近年来，我国的版权产业得到了快速发展，行业增加值逐年增长，2018年中国版权产业的行业增加值为6.63万亿元，在国民经济中的比重持续提升，GDP占比为7.37%。特别是以新闻出版、广播影视、软件设计、动漫游戏等

为代表的核心版权产业发展更加快速，其行业增加值占到版权产业的 63%，成为我国版权产业发展中的重要支撑。根据世界知识产权组织的最新报告，各国版权产业在 GDP 中的比重调研平均值为 5.18%；版权产业对就业的贡献在各国间也有差异，平均值为 5.32%。中国版权产业在 GDP 和就业中的比重均位于调研平均值以上，在已调研国家中处于较高水平。另外，中国版权产业在 GDP 中的比重与美国❶、韩国等部分发达国家相比仍有一定差距；结合增加值与就业人数两项数据考量，世界知识产权组织认为中国属于版权产业劳动生产率中等国家。

从整体上看，我国的版权产业发展欣欣向荣、成绩斐然，但是版权产业的巨大潜力还远远没有被释放出来，大量国有文化资源尚未有效转化为版权资产，面对新的技术环境和泛娱乐❷文化条件下，许多文化企业应对不足，固守旧有生产经营模式，企业的转型升级进展缓慢。尽管"版权运营"相关观念已经逐渐深入人心，但由于缺乏必要的理论学习和职业技术培训，没有建立起足够的版权运营人才队伍；没有前瞻性的版权战略，对于现有的版权资产缺乏有效梳理和科学管理，版权运营效率低下；文化企业满足于既有的生产经营方式，不愿意向版权运营转向。

## 一、由于历史原因导致版权资源的沉默❸，缺乏进一步运营的基础

版权资源本来应该作为文化企业的核心资产，文化企业在进行资产统计和资产评估时，并没有将包括版权在内的无形资产纳入其中，对这部分资产往往视而不见。经过多年的积累，国有文化企业往往拥有了数量庞大的文学、艺术作品版权资源。例如珠江电影集团有限公司经过几十年的积累，有

---

❶ 2017 年美国版权产业的行业增加值为 22474 亿美元，折合人民币约为 150634 亿元（按 1 美元等于 6.7026 元人民币折算），约是中国版权产业增加值的 2.5 倍；占全美 GDP 的 11.59%，高于当年中国版权产业增加值占 GDP 比重 4.24 个百分点。

❷ "'泛娱乐'是指随着经济发展和互联网技术尤其是移动互联网技术的进步，娱乐产业内部的边界逐渐模糊，不同娱乐产业类别之间相互渗透、相互影响，围绕同一内容协同发展的产业现象。"（王新娟．泛娱乐'战略视角下的企业全版权运营 [J]．人文天下，2015（3））．

❸ 赖少芬，孙丽萍，李志勇．国有沉默版权资产数量庞大管理面临难题 [EB/OL]．[2012-06-04]．http：//finance.sina.com.cn/china/20120604/161712218764.shtml．

许多"压箱底"的作品,根据统计,共有故事片300多部,纪录片500多部,集团下属的白天鹅音像出版社有歌曲1万多首,其下属的乐团有歌曲和节目几千部,还有很多没有拍过的剧本,版权资源存量丰富;中国唱片总公司是一家老字号的国有文化企业,拥有13万金属母盘,4.5万多条录音母盘。但是这些丰富的版权资源并没有得到充分的利用,且由于一直以来都缺乏规范管理,使得版权资产处于不清晰、不稳定的状况,所以大部分是处于"沉默"或"半沉默"的状态。如果能对这些版权资产加以梳理和价值认定,其价值和资产规模将远远大于固定资产。

许多企业由于缺乏对版权资产清晰的登记,经年累月后,版权资产的权利状况模糊和混乱,甚至连版权的承载介质都已经遗失或损坏。大量的早期版权资产变成故纸堆或库存文物,清理过程中经常会发现,由于缺乏对版权资产形成脉络的清晰记录,所拥有的版权作品(制品)的权利状况模糊混乱,经常拿不出对应的合同或其他的法律文件,只好通过原稿和工作笔记来证明版权的归属。中国唱片总公司有很多作品只能凭借当年出版的母盘或出版的封套来证明自己的版权人身份,没有其他的法律文件,例如用表演者的授权文件等来证明自己的权利范围。权属不清的情况竟然在13万张母盘中占70%。

比如,中国文史出版社是全国政协所属的专业出版社,从1980年1月批准成立到现在已有40年历史,除了出版与人民政协相关的报告、资料之外,该社的一大特点就是出版老一辈政协委员亲历、亲见、亲闻的"三亲"史料,这些内容都是1959年应周恩来的要求,由60岁以上的政协委员将自己的记忆写成文字保留下来的,对党和国家具有重大的历史价值。但中国文史出版社却发现他们没有权利再次使用这些珍贵的史料和内容。

另外,进入网络数字时代之后,版权的传播和利用出现了新的形态,与此相关的是《著作权法》也相应地授予了作品权利人新的权利形式。早期的所谓"买断"过的版权就变得不完整了,在对作品进行网络传播或数字复制,就可能需要获得作者或原始权利人重新授权。而许多权利人已经死亡,需要其继承人依据《中华人民共和国继承法》的规定予以授权,难度是相当大的,这些状况也造成了版权资产的沉默。

版权评估难,缺少公允合理的价值评定指标,使得版权资产价值难以衡量，这是造成文化企业版权沉默的重要原因。很多文化企业在进行企业并购、上市业务时，经常面临版权价值评估困境，由于其价值无法确定，只能放弃列入版权资产，仅以固定资产作为账面的资产价值，企业的资产规模被严重低估。

有学者在分析文化企业上市面临的困境时说："文化企业所拥有的资产大多为无形资产，如创意、知识等，而有形资产很少，较难估计未来盈利的前景。以上特点造成文化企业的现金流较难估算。""如果不能将产品转化为可见的现金流，就很难进行公司估值，很难让投资者认同公司的价值。"❶ 所以，很多文化企业为了能够尽快上市，只得舍弃版权资产的价值部分，仅以其他固定资产等可以带来现金流的资产上市融资。❷

## 二、文化产品在数字网络时代作品的传播和利用方式发生新的变化，传统文化企业往往应对不足

首先，数字技术的进步为出版业注入新的活力，数字出版成为出版企业竞相开拓的新领域，版权运营在这一领域会彰显出其独特价值，所以，数字出版将会是传统出版企业绕不开的方向，数字化转型是当前出版业转型升级的发展方向。在传统的出版流程中，作品传播的路径是作者—出版企业编辑部—印刷厂—发行商—读者，数字出版的路径是作者—数字出版商（编辑）—读者，路径大大简化，出版企业需要适应这一变革，摸索新的商业模式。数字出版商已经成为传统出版企业最大的竞争对手，这在很大程度上冲击了传统出版企业的生存空间。出版企业转型的巨大的障碍其实还是在于出

---

❶ 文化企业上市资产评估操作实务 [EB/OL]. https://mp.weixin.qq.com/s?__biz=MzA4MjA1ODAxMg==&mid=2652997029&idx=1&sn=b13b2634590e2130678b314060fd006c&scene=0#wechat_redirect.

❷ 版权资产在会计科目中属于无形资产类，2007 年新会计准则将无形资产定义为企业拥有或者能够控制的没有实物形态的可辨认的非货币性资产，在会计核算方面，无形资产的确认和计量必须同时满足以下三个条件：①符合无形资产的定义；②与该资产相关的预计未来经济利益很可能流入企业；③该资产的成本能够可靠计量，包括专利权、非专利技术、商标权、著作权、特许权、土地使用权等。许多版权难以确定成本，除非存在交易，对于自主开发的版权价值认定只能采取历史成本法计量，以实际付出的成本为依据，确定版权的价值。

版从业者的版权运营能力不足，对盗版行为的打击能力不强，对于数字版权的管理和运营能力不足。

又如，随着数字网络时代的到来，数字新媒体利用新技术打破了传统媒体作为播出平台对传播渠道的垄断，用社会资本与传统媒体争夺优质版权内容，用兼并方式布局数字媒体生态圈，这对传统的广电媒体的业务造成重大冲击，广电媒体因此面临着观众分流、广告业务下滑等困难。长期以来我国广电媒体拥有庞大的受众资源，广告经营是其主要盈利模式。其优势在于制作新闻节目，但新闻节目本身版权运营空间较小，而高收视、吸金力强的综艺和电视剧基本是体制外的社会制作力量在操盘，广电媒体只能通过购买获得，需要付出不菲的代价；长期粗放式的生产与管理方式，造成库存节目大多存在权利瑕疵，历史媒资开发困难重重；广电内容版权被网络媒体侵权现象比较严重，新闻类节目被随意转载情况比较普遍，中小网站和新闻客户端网络盗版较多，侵权技术手段越来越隐蔽。可见，广电媒体版权运营能力亟待提高，加快实现企业转型升级。

数字网络拓展了作品的使用和利用方式，扩大了版权作品的表现形式，企业可以对既有的各类版权资源进行深度发掘，利用数字技术进行再开发，生成具有良好市场价值的版权资产。数字时代的计算机和网络管理技术，使得版权管理与开发变得异常容易、版权贸易变得更为简易。

### 三、数字网络时代的版权保护应对不力，作品生产经常是为他人作嫁衣

版权保护是版权运营的前提和保障。"数字化转型涉及的层面复杂多样，对于我国出版企业从事数字化建设的主要困难调查显示，经费、技术以及盈利模式的支持作为一个产业向前发展的实质性推动力，其重要性在出版业数字化转型中依然占据首位。值得注意的是，'版权保护不规范'也成为目前阻碍我国出版企业数字化建设的显著原因。"❶

数字技术带来最大的便利是可以低成本、无损、快速的复制，网络技术

---

❶ 王关义，芦世玲.我国版权运营现状、成因与对策——基于28省（区、市）调查数据的分析[J].中国出版，2007（10）下.

突破了既往的线性传播方式,是一种发散性的、广播式的传播方式。这给作品的保护带来新的难题,许多新型的网络企业缺乏内容产品,就去传统媒介那里去"挪用",一些音乐、新闻、文学和一些门户网站"野蛮生长",却让传统媒体苦不堪言。为了防止成果被网络媒体窃取,有些传统媒体干脆采取隔绝的方式,其不再对作品进行数字化,也不放到网络上传播,以避免被非法复制和传播,但这种做法不免"因噎废食"。

数字网络技术不仅为信息传播带来革命性的变化,也为版权管理和运营提供了极好的工具。目前,经过大力整治,互联网的生态环境得到极大净化,盗版横行的局面得到极大改观;现在成熟的网络追踪、侵权锁定技术,可以让作品盗用、非法传播行为能够被及时发现和锁定。现有的技术条件、法律规范实际上足以应付猖獗的网络盗版行为,但是需要拥有版权资源的文化企业努力形成切实有效的版权保护机制。

## 第三节　版权运营的意义

版权运营指版权人和相关市场主体将版权的获取、运筹、经营嵌入企业的产业链、价值链和创新链的运作过程中,优化资源配置,采取一定的商业模式以实现版权价值的商业活动。简言之,就是最大化地利用版权获取经济效益的过程。"通过版权运营管理,内容创造力实现为版权,版权转化为版权产品,版权产品形成版权产业。因此,可以说版权运营是版权产业的经营运作模式和动力机制。"❶

### 一、版权运营可以帮助企业实现版权资源到版权资产的转变

企业在长期经营过程中,形成了数量巨大、类型丰富的版权作品,这些版权作品可以构成企业发展的重要资源。但是如果不能将版权资源有效转化为实际的资产,无法在财务报表上体现为版权的实际价值,就如同拥有一座

---

❶ 苏磊. 聚焦版权运营管理[J]. 科技与出版,2015(9).

金矿却不加开采，无法将其变为实际利益。例如，出版企业拥有大量的独家出版权；电影企业拥有数量庞杂的电影剧本和数不清的电影作品；音乐企业持有众多的原创唱片……这些文化产品实际上属于社会文化成果，应该得到及时的传播和利用，用以造福社会，但是没有合理的运营模式和运营手段，再加上缺乏版权运营人才，致使这些资源被白白地浪费掉了。版权保护是有期限的，超出期限，其经济性的权利将不再受到保护，法律会将其释放为社会公共资源，企业独有的资源性价值随之消失，这是很令人痛惜的。

企业版权运营的目的是将企业自身拥有的版权资源转化为经济效益，通过完善系统的版权运营策略和手段，将版权资源变成版权资产，可供计量和变现。

### 二、版权运营可以促使企业转变盈利模式，帮助企业实现产业转型升级

长期以来，我国的文化企业尤其是国有文化企业版权运营在一定程度上存在着版权生产、管理、经营、维权等环节相互割裂的状况，盈利模式单一。许多企业在市场上主要是自行生产文化产品出售以后获取利益，这仅仅属于产品运营而非版权运营。出版企业仅仅将图书编辑、印刷后，交给发行企业销售，其盈利依赖于作者的出版补贴和图书的市场销售，而对于其他的相关版权项目的挖掘和运营不足；演出企业排演出精彩的剧目，会在剧场中一场一场地吸引公众现场观看，不会想到许可他人将其拍成电影，这也仅是产品运营。实际上，版权是个概括性的权利，是包含着一系列权利的权利群，其中任何一个权利均可以单独使用、交易，均可许可不同的对象以不同的方式使用，以此获得超额的经济利益。

产品运营属于传统的盈利模式，受市场供求关系和价值规律影响，仅仅利用版权某一种或几种单项的权利，如出版企业的图书出版仅仅使用了作品的复制和发行两项权利，而作品周边的其他权利例如翻译权、信息网络传播权、改编权等都被放弃了；而版权运营比较成熟的出版企业则会用心地经营每一个权利，将其价值通过市场充分地表达出来，以获取超额的利润。又如，广播电视的核心是所谓"线性播出"，主要采取"时段填充式"的内容

生产流程，媒体融合时代来临之后，"交互式传播"较之"线性传播"更占主导地位，而交互式传播的内容不再是"线性节目"而是"版权产品"，"如果通过版权来实现对内容生产流程的再造，我们就完全可能把高水平的'传统广播电视节目产能'转化为一流的'音频版权产品产能'"。❶广播电视企业应该因势谋求转型。

版权运营是促进文化企业转型升级的重要推动力，可以促进企业从版权的出发，通过制定版权获取战略、版权管理战略、版权运营战略、版权保护战略等，驱动企业实现转型升级，逐步从产品型企业过渡到版权型企业。

### 三、版权运营可以促进企业关注市场需求，增进文化产品供给

版权运营的首要目的是运用市场手段，实现版权在整个产业链条中的最大价值。在这一过程中，企业必须关注市场需求，有针对性地组织文化产品的生产和版权作品的创作，或者引进市场反响好、利润较高的作品，这在客观上丰富了文化产品的供给，可以更好地满足社会大众对优秀文化产品的需求。

版权运营可以促进生产企业的版权内容生产与相关服务供应链之间的双向流动，在这个产业链条中，有价值的版权可能产生于任何一个环节。例如《鬼吹灯》这样的网络文学作品，在其后可以被改编成电影、电视剧、网络游戏等多种形式，也可以通过版权许可方式在其他周边的产品、甚至是主题公园等不同使用场景下实现价值变现。在价值变现之后，企业获取的资金可以通过反向的流动反哺原始的网络文学作者的再创作，激励其进行内容的进一步升级或者开发新的内容产品，结果是文化产品的供给更为丰富了。

---

❶ 王昆仑. 全面开启广电版权运营的"2.0时代"[J]. 中国广播电视学刊，2019（9）.

# 第二章 作为资产的版权

将版权视为一种资产,是为了突出版权的市场属性,重视其交换价值,使之从单纯的权利变成企业重要乃至核心的生产要素。这一角度对文化企业发展具有至关重要的意义。单纯从资产角度来看,版权资产与其他的有形资产并无二致,均是具有价值和交换价值的财产权利。在资产运营的框架下,文化企业可以根据自身行业特点,有效地组织版权生产和版权运营,更多地从市场上获取经济利益。

## 第一节 版权资产的内涵

"资产"原本是一个会计学名词,指的是"由企业过去经营交易或各项事项形成的,由企业拥有或控制的,预期会给企业带来经济利益的资源"❶。而版权资产❷是指版权企业通过投资开发、版权贸易或置换等经营手段获得版权对象所具有的账面价值,版权对象具有财务属性,可以进入企业的资产登记表,构成版权资产。所以,版权资产就是企业版权对象的资产形态。

---

❶ 百度百科.资产(名词)[EB/OL].(2020-04-22). https://baike.baidu.com/item/资产/781173?fr=aladdin.

❷ 王家新、刘萍等在《文化企业资产评估研究》中将文化企业的版权资产定义为"文化企业所拥有或者控制的、能够持续发挥作用并且预期能带来经济利益的著作权的财产权利和与著作权有关的财产权利"。主要从法律角度界定资产的性质和内涵。(王家新,刘萍.文化企业资产评估研究[M].北京:中国财政经济出版社,2013:77.)

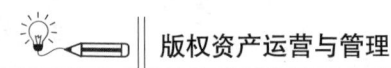

版权资产，作为文化企业的核心资产，是企业无形资产的重要组成部分，具有可交易性、易转化性和可增值性等特征，在生产和经营中与其他有形资产相结合，能够对企业的经济效益产生较强的叠加和放大效应。

在目前的会计制度下，尽管版权资产是文化企业的核心资产，是文化企业创造价值和获取收益的关键，但由于版权本身具有价值评估难、确定权利归属难等特点，在实践中，版权资产通常难以进入企业的会计报表中，或者是企业资产的报表中所记载价值无法与版权资产的实际价值相匹配。

总体上看，作为资产的版权具有如下特点。

### 1. 无形性

版权属于知识产权的范畴，版权资产属于无形资产。无形资产不同于其他的有形财产，例如动产和不动产，其本身就具有使用价值和交换价值，而且其价值与物本身不可须臾分离。版权资产的内涵是权利❶，只有这些权利附着于某些载体或者传播工具时才可以见到，其价值通常不依赖于载体甚至不依赖于其创作者，有时创作者死亡了，其版权价值因为其稀缺性反而会更高。

作品的载体，如图书、绘画、唱片等，均不属于版权资产，而属于实物资产，即使该原作（如某名家的画作）在市场上具有极高的价值，也只是该绘画实物本身的价值，尚不属于版权；版权资产是隐藏在该绘画作品之下，是使用该作品或利用该作品的权利；而画作的原始版权归属于画家，其复制、发行、传播等权利未经转让或授权均由画家本人所有，不能成为原件持有人的版权资产。❷

---

❶ 其实从某种意义上看，所有的权利本身均具有无形性，例如对于物本身的使用权，其权利本身也是无形的，物本身是使用权行使的对象，那么承租权可以看作是无形财产；债权，尤其是给付为目的的债权通常会表现为一种请求权，这也是无形的财产权。对物或债的无形权利与物或债本身结合的很紧，有时难以区分。而知识产权的无形性与其他权利相比具有更为突出的特点。例如，无论是债权请求权还是物权请求权一经行使均归于消灭，物一旦灭失则附着于其上的权利同时归于消失（或转化为其他权利如赔偿请求权），而知识产权的无形权利并不因某一权利载体的灭失而消失，而且可以同时由多人共同行使，所以是一种典型的无形财产。

❷ 绘画作品唯一的例外是其原件展览权归于原件持有人，原件持有人可以许可他人对原件的展览。

## 2. 专有性

版权原则上专属于作品的创作者，利用他人作品创作产生的新作品仅享有有限的权利。其他主体非经法律特别规定❶或因版权贸易等方式不能成为版权资产的权利人。有些欧洲国家，如德国强调版权的精神属性，明确规定版权只能属于自然人，且不得转让或者"一次性买断"，其他人获得版权资产只能采取许可使用的方式。

版权的"专有性"特征主要来自于其作为智力成果权所包含的"人"的属性，就是所谓的"人身权"。人身权专属于创作者，不能转让。而版权的经济性权利可以有限度地向他人转让或许可他人使用，但即使是已经转让给他人的作品版权，在使用过程中也不得损害作者的人身权利。这与货物贸易迥然相异。

## 3. 期限性

与其他有形财产权不同，版权的经济性权利都有一定的期限，我国《著作权法》规定：一般性的作品的权利期限为作者终生再加上其后 50 年；法人作品和摄影作品、电影作品的权利期限是 50 年。超出期限的作品的人身性权利继续受到保护，而经济性权利不再受到保护。这种制度设计源于版权，本质上是国家法律授予权利人的一种有期限的垄断权，权利人可以利用这一权利获取经济性收益，以此鼓励创新；如果对这一权利不设置期限或期限太长，均有损于公共利益。法律不再保护的作品，其权利回归全社会所有，成为公共财富。

## 4. 地域性

由于版权来源于特定法域的法律授权，所以具有地域性特征，离开特定法域版权将不再受到其保护。大多数国家因为共同加入了《伯尔尼公约》《世界版权公约》等国际公约，因而各国会依据公约对来自域外的版权给予保护。那些经过版权贸易或者许可使用而获得的版权资产，尤其需要注意其地域性限制。

---

❶ 《中华人民共和国著作权法》对视听作品、软件作品、地图作品等归属做了特别的规定。

版权的地域性特点，经常会对与版权相关产品的国际贸易造成影响。例如，在一个法域合法生产的产品（作品的原本、副本或演绎作品），到了另一个法域中将有可能会侵犯版权。这里面主要涉及两个问题，一是"权利用尽"❶，二是"平行进口"❷。国际互联网的发展打破了各个法域的物理界限，使这个问题会变得更为复杂。

5. 商品性

版权的经济性内容使之具有商品属性，亦即具有使用价值和交换价值，可基于交换的目的进行版权生产。版权既可以作为贸易的对象，也可以作为融资的担保"物"、还可以作为"资本"注入公司中。也正是因为版权具有商品属性，对版权的运营可以为企业带来经济性的收益。

6. 复合性

同一作品基于不同的使用方式会产生不同的权利，版权资产既可能是包含所有权利的"权利束"，也可能是其中的某一种或者是某几种版权利益价值构成的资产。复合性还表现在版权资产中既有对版权支配性的、类似于物权的各种专有权，还有具有债权性质的获得报酬权。

在中国的会计实务中，经常将资产分为流动资产、长期投资、固定资产、无形资产、递延资产等类别，版权资产属于无形资产，与其他的资产相比，具有下列特征。

---

❶ 所谓的"权利用尽"，是指版权所有人或许可使用人一旦将知识产品合法置于流通以后，原版权人所有的一些或全部排他权因此而用尽，也称"发行权一次用尽""权利穷竭"，是对版权等知识产权的一种限制。但是版权人在一国投放其版权产品并不会导致其产品在其他国家的权利穷竭，因此权利人仍然有权禁止他人未经许可进口其享有版权的产品的行为。如奥地利《版权法》规定："如果作者只同意过在某一特定领域销售其作品，则他对于进一步销售的专有权仅在该领域内丧失。"我国的《著作权法》对此暂未有规定。

❷ 所谓"平行进口"，是指未经相关版权权利人授权的进口商，将由权利人自己或经其同意在其他国家或地区投放市场的版权产品，向版权人或独占被许可人所在国或地区的进口。这是一个国际贸易与知识产权领域的古老话题，各国至今没有一个统一的对策，《TRIPS协议》对此也是采取回避的态度，留交各国国内法解决。

（1）构成复杂。

没有哪一种知识产权能像版权这样充满着迷惑性。从作品的形式到权利的构成，大到一部电影的全部权利，小到一幅摄影作品、一首小诗，单纯的信息网络传播权均可成为版权构成内容；版权资产中还包括邻接权性质的各种权利，如果再加上权利多次流转的过程，法律规定的模糊性因素，寻找到权利的边界已然相当困难，更遑论精确的认定。所以，版权资产也许永远需要发掘，永远需要再发现。

（2）价值确定困难。

无形资产的账面价值经常以取得资产所支付成本来确定，但这种方法并不能够反映版权资产的实际价值。由于版权所对应的作品和作者的情况不同、门类众多、使用方式不同、期限长短不一等，采取任何一种评估方法均有利弊，版权的市场价值难以精确估定，这造成版权资产在账面上的价值不易准确计量。

（3）运营难度大。

由于版权资产获取和生产的特殊性，使得版权资产的挖掘与确定均存在难度，不同的作品具有不同的版权价值，也因此需要采取不同的运营策略。不同的文化企业对于版权的认识参差不一，版权管理水平高低不一，版权资源的占有程度不一，这使得版权资产的运营难度较大。

## 第二节　版权资产的内容

作为一种典型的无形资产，来源于国家法律的明确规定，版权资产表现为一系列的权利，既有准物权性质的版权的各项权利、传播他人作品而"添附"的新权利，也有在版权贸易过程中依据合同享有的债权，这些权利从理论上均可以进行价值估定，属于可以为企业带来经济效益的资源。

### 一、版权

版权资产的核心是版权本身。针对所有的作品形态，《著作权法》规定了一系列的权利，对这些权利的使用和利用，形成了具有价值的版权资产。版权实际上是一个总称，是由一系列的权利内容组成的"权利束"，可以分成两大类，一是人身权利，二是经济权利。这两类权利互相独立，在经济权利消失以后，作者还保有对作品的人身权利。

版权资产最主要的组成部分是权利人利用作品以获取经济利益的权利。版权人既可以自己使用作品以谋求经济利益，也可以许可他人行使使用和利用作品的权利，并依照合同和法律获得报酬。《著作权法》将该类权利规定为财产权。财产权具有排他性属性，权利人可以按照自己的意愿使用作品，也可以排除他人不经其许可而利用该作品，属于一种专有权；即使在法律规定法定许可或强制许可的情况下，权利人也可以享有获得报酬权。

目前《著作权法》规定了十三种著作财产权，大致可以分成三类：复制权、传播权、使用权。

（一）复制权

这是作品使用和利用的前提。

《著作权法》规定，"复制权，即以印刷、复印、拓印、录音、录像、翻录、翻拍数字化等方式将作品制作一份或者多份的权利"。❶复制权，实际上是作品财产权利的核心，是所有财产权利中最早出现、最常用也是最基本的权利，具有现代意义的版权法就是在印刷技术所带来的复制便利下催生出来的。概言之，所谓的"复制"，实际是运用某种物质的方式、在某种介质上重现作品的过程。《伯尔尼公约》上说是"依任何方法或者形式复制作品"，包括打样、雕版印刷、石印、胶印和其他所有的印刷过程，还包括打字、照相复制（摄影胶片、缩微胶片等）、静电复印、机械录制或者磁性录制（唱片、盒带式、磁带等），也包括今后因技术发展所能利用的任何新的复制方法在内。❷目前以数字的方式存储受保护的作品，也属于复制；复制的数量无论是一份还是多份均为复制。

临摹在1990年的《著作权法》中也被认为是复制的方式之一，但2001年《著作权法》修订时将其删除了。临摹是否构成复制一直存有争议，临摹

---

❶ 《中华人民共和国著作权法》第十条第（五）项。
❷ 《伯尔尼公约（1971年巴黎文本）指南》第9条第9.2段的说明。

一份美术作品，很难与原作完全一致，不可避免地会带上临摹者的个人特点（独创性），临摹并不仅仅是再现作品的方式，另外值得关注的是，临摹大都属于私人复制范畴，一般不会对原作者的利益构成不合理的损害。但是如果临摹者利用临摹获得的"新作品"进行公开传播，则可能会对权利人造成损害，权利人可以侵犯复制权或者改编权为由提出控告。

对于平面到立体的复制即所谓的"异体复制"行为，1990年的《著作权法》曾经明确予以排除，该法第五十二条第二款规定，"按照工程设计、产品设计图纸及其说明进行施工、生产工业品，不属于本法所称的复制"。这使得许多动漫形象被未经授权的企业以工业化的方式制成模型售卖，却无法维权。2001年的《著作权法》删除了这一规定，但是在司法实践中还是莫衷一是，异体复制究竟是否给予保护各地的司法判决并不一致。出于对动漫形象、艺术形象等保护的目的，近年来，大部分法院开始将"平面到立体的复制"归入作品复制权所控制的范围。

计算机网络技术的发展带来了临时复制问题。临时复制主要是指在利用计算机访问作品或使用数字作品时，不可避免地在计算机内存或缓存中临时性地对作品进行复制，如何界定这一行为？对于其性质是否应该由复制权加以法律规制？目前各国法院的基本态度是认为传播过程中的短暂与临时性的复制不应单独认为是侵犯复制权的行为。

## 【延伸阅读】

### "复制权"与《伯尔尼公约》[1]

"复制权"是版权领域中最基本也是最早获得承认的一项权利：英国最早的《版权法》（1710年"安娜法"）和美国1790年5月31日的《版权法》都赋予作者"复制专有权"，后来才规定公开表演权。但是，该权利被纳入《伯尔尼公约》却比较晚。原因是对于复制权所控制的范围各国意见难以统一，成员国的国内法律都以这种或那种形式规定了禁止非法复制，因此依据"国

---

[1] 山姆·里基森，简·金斯伯格. 国际版权与邻接权——伯尔尼公约及公约外的新发展[M]. 郭寿康，等，译. 北京：中国人民法学出版社，2016.

民待遇"原则，已经可以为"复制权"提供一般性的保护。在1967年之前，《伯尔尼公约》中出现的复制权只与特定方面有关，即关于对复制特定报纸文章的限制，关于机械复制权和在广播背景下的复制权，以及对为摄制电影而改编的作品的复制权。

在《伯尔尼公约》斯德哥尔摩文本之前，尽管各成员国的国内法律都在一如既往且明白无误地将复制权作为最基本的权利授予了作者，但《伯尔尼公约》却没有对"复制权"做出任何明确的规定，这主要是因为各国对"复制权"的范围和内容未能达成一致意见。各国对"复制权"是否包括或应当包括与复制品发行和流通有关的权利也一直存在分歧。早期，各国的版权法首先保护的"复制权"是制作印刷复制品权利，但到19世纪，伴随着技术的发展，"复制权"控制的范围得到了更大的扩展：作品可以各种各样的形式被复制和表现，例如，二维的艺术作品可以被复制为三维形式，反过来，三维的艺术作品也可以被复制成二维形式，音乐作品可以被包含在自动钢琴式卷纸（pianola rolls）和唱片中而被表演。此外，文学与戏剧作品可以被翻译成其他的语言，作品穿上了另外一种"外衣"，但其内在却并未发生变化。早期各国所保护的复制行为除了制作印刷品之外还包括机械复制、以摄制电影方式复制以及翻译。逐渐地，其他的作品"复制"方式都纷纷被分离出去，并成为新的独立权利。

1967年的斯德哥尔摩会议研究小组认为，《伯尔尼公约》迄今为止仍未能明确承认复制权这一作者的"最基本的特权"是很反常的，因此提出了一个提案并获得了通过："受本公约保护的文学艺术作品的作者，享有授权以任何方式或形式复制这些作品的专有权利。"[第9条第（1）款]，本公约第9条第（3）款还规定，"所有录音或录像均应视为本公约所指的复制"。这里规定的是"一般复制权"，"复制"含义实际上并不明确，是一种兜底性的规定，但也为后来将新技术条件下出现的复制作品形式纳入本条所控制的范围留下了空间。

（二）传播权

这是作者或其他版权人享有的一系列传播作品的专有权利。复制只是手段，传播才是目的。只有经过传播，作品才能为公众所获得，作者所期待的目的和利益才能得以实现。

1. 发行权

《著作权法》规定，"发行权，即以出售或者赠与的方式向公众提供作品原件或者复制件的权利。"❶ 发行是消费者获得作品的重要途径，所以版权人有必要拥有对发行行为加以控制的权利，否则，从消费者那里获得回报的经济模式将可能瓦解。发行权也是仅仅属于版权人的一项专有权利，既可以由自己行使，也可以许可他人行使以换取经济收益。如果未经版权人的许可，他人以出售或者赠与的方式向公众提供作品原件或者复制件，则侵犯了版权人的发行权。一般来说，发行常常是以复制为前提的，在出版界，发行是复制的目的，所以《著作权法》将"出版"定义为，"作品的复制、发行"❷。发行一般仅指有形物的分发，不包括无形物的分发。目前方兴未艾的数字出版模式基于互联网技术，由用户在客户端下载数字作品，这其实属于信息网络传播行为。

作品的发行权会因使用一次而告用尽。这就是所谓的"权利用尽"原则，主要是指作品的原件或者复制件，由本国的发行权人同意销售或者分发的，其以后的销售和分发无须再得到许可。我国法律并未明确承认"作品发行权一次用尽"，但在实践中显然是承认这一原则的：既然版权人已经在其许可复制和发行过程中获得足够的收益，就不能允许他对该复制件的再次销售加以控制，否则就会阻碍商品流通，不利于经济的发展。但是一次用尽是否能够适用于处理来自外国的复制品对我国国内权利人（包括独占性权利人、排他性权利人）可能造成的损害，尚存疑❸。

---

❶ 《中华人民共和国著作权法》第十条第（六）项。

❷ 《中华人民共和国著作权法》第六十三条。

❸ 依据1992年颁行，目前尚有效的《实施国际著作权条约的规定》第十五条，"外国作品的著作权人有权禁止进口其作品的下列复制品：……（二）来自对其作品不予保护的国家的复制品。"那么可以做出反对解释：如果是来自对于权利人的作品予以保护的国家的复制品，外国作品的著作权人则无权禁止进口。似乎是承认发行权的用尽，那么国内作品的权利人是否可以参照执行呢？

### 2. 出租权

出租权是指版权人有偿许可他人临时使用作品的原件或者复制件的专有权。这一权利的产生针对某些作品在行使过复制权与发行权之后的具体使用过程中，可能会不合理地影响作者的经济利益的情况，例如，一部电影的DVD光盘，一个人购买之后通过反复的出租、出借等方式，使得原权利人的复制件销路受到影响。所以，对于某些作品形式特别给予出租权的保护，以规制对这些作品的临时使用行为。这可以看作是对发行权"权利用尽"原则的一种例外。

根据《著作权法》规定，"出租权，即有偿许可他人临时使用视听作品、计算机软件的原件或者复制件权利，计算机软件不是出租的主要标的物的除外"。❶将出租权的对象仅仅限定在电影作品、录像制品和计算机软件作品上，其他作品形式不能获得出租权保护。

### 3. 展览权

《著作权法》规定，"展览权，即公开陈列美术作品、摄影作品的原件或者复制件的权利"❷。展览权是属于版权人的一项专有权利，版权人有权许可他人公开陈列其美术作品或者摄影作品的原件或者复制件。展览权所适用的对象仅仅为美术作品（如绘画、书法、雕塑等）和摄影作品的原件和复制件。无论作品是否已经发表，展览未发表的作品，同时也就行使了发表权。

作为一项专有权利，展览权可以由版权人自己行使或者授权他人行使，但是对于美术作品有一个特别的规定，美术作品原件的展览权由原件所有人享有。❸还有另外一个问题，美术作品复制件的展览权归属于版权人，但是合法复制件的所有人展览该作品是否还要受到版权人的控制，从法理上看，似乎不需要：既然复制件已经受到权利人的复制权和发行权的控制，权利人的经济利益已经实现，此时再对已经失去控制的复制件施以控制，既不

---

❶《中华人民共和国著作权法》第十条第七项。
❷《中华人民共和国著作权法》第十条第八项。
❸《中华人民共和国著作权法》第二十条。

经济也不合理，况且，原件的所有人的展览权已然可以让渡，此处当一以视之。

另外需要考虑的是，以数字技术直接创作的美术作品原件表现为存储介质上的电磁信号，可以进行无损复制和传播，已经无所谓原件和复制件❶了，此时的原件持有人是谁呢？

#### 4. 表演权

《著作权法》规定，"表演权，即公开表演作品，以及用各种手段公开播送作品表演的权利。"❷ 表演权是版权人的一项专有权：版权人可以自己表演也可以许可他人公开表演其作品，或者用各种手段公开传送其作品的表演。

版权人可以在两个角度行使表演权，一是授权他人现场公开表演其作品，包括以任何手段和方法对作品进行的公开表演，包括演员或演奏者亲自在现场公开表演；也包括通过录制品如唱片、磁带、录像制品、DVD 光盘等再现表演的行为，后者就是所谓的"机械表演"。二是向公众播送其作品的表演，是指以广播或电视方式之外的其他方式公开传送表演，主要是有线方式，如在公共场所如商场，或者在飞机、轮船、火车上等交通工具上通过内部的有线广播系统传送表演，但不包括该系统转播广播电台或者电视台播送的作品，以与广播权相区别。

#### 5. 放映权

《著作权法》规定，"放映权，即通过放映机、幻灯机等技术设备公开再现美术、摄影、视听作品等的权利"❸。放映权也是版权人的一项专有权利，版权人享有许可他人通过放映机、幻灯机等技术设备公开再现美术、摄影、视听作品等的权利。放映权专属于创作作品的权利人，利用他人作品改编成视听作品的，应该同时获得放映权的许可，否则，摄制的视听作品将无权放映。

---

❶ "电子数据一般记录在电子设备中，以数字化的行使存储，很难区分'原件'（original）和'副本'（copy）。联合国国际贸易法律委员会运用'功能等同法'提出，只要能证明数据电文是计算机储存或接受的信息就能满足证据法对原件的要求。"（戴士剑，刘品新. 电子证据调查指南[M]. 北京：中国检察出版社，2014：11.）

❷ 《中华人民共和国著作权法》第十条第（九）项。

❸ 《中华人民共和国著作权法》第十条第（十）项。

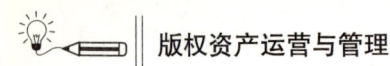

### 6. 广播权

《著作权法》规定,"广播权,即以有线或者无线方式公开传播或者转播作品,以及通过扩音器或者其他传送符号、声音、图像的类似工具向公众传播广播的作品的权利,但不包括本款第(十二)项规定的权利"❶。这也是一项专有权利,版权人可以自己行使,也可以许可他人行使。但是法律同时规定,广播组织播放他人已经发表的作品,可以不经版权人许可,但应该支付报酬,这属于法定许可,这一项权利因此被大大限制,只有未发表的作品才能真正享有完整的"广播权",作品一旦发表,就只能寻求"获得报酬权"救济了。这是目前很多的作者尤其是音乐词曲作者最为不满的地方。

细分之下,版权人的广播专有权包含有三项权利:一是许可他人(例如广播组织)广播其文字和艺术作品,或者通过无线的方式传播符号、声音或者图像的任何其他方式,向公众传送作品。二是许可他人通过有线方式或者转播方式向公众传送其他广播组织广播的作品。三是许可他人通过扩音器或者其他传送符号、声音、图像的类似工具向公众传送其他广播组织广播、电视台播出的作品。

广播的核心仅仅涉及对作品的传送,至于是否有人接收并不重要;广播的接收方只能在广播组织安排的时间获得作品。广播权所控制的仅仅是广播组织以有线或无线的方式传播作品,或者对该作品用有线或者无线、扩音器等方式转播的行为。这里的转播或以无线、扩音器方式播放广播的行为,必须没有中介的录制环节,而是直接地使用信号,否则可能会构成对"表演权"的侵害。

### 7. 信息网络传播权

《著作权法》规定,"信息网络传播权,即以有线或者无线方式向公众提供作品,使公众可以在其选定的时间和地点获得作品的权利"❷。这是随着网

---

❶ 《中华人民共和国著作权法》第十条第(十一)项。

❷ 《中华人民共和国著作权法》第十条第(十二)项。《信息网络传播权保护条例》将该权利的保护对象予以扩张,包括"作品、表演或者录音录像制品"。

络技术的大规模应用而发展起来的新权利,目前,信息网络传播权已经取代复制权成为网络时代版权的核心财产权利。作为版权人的一项专有权利,具有排他性质,可以自己行使也可以许可他人行使该权利。

2006年我国专门颁布《信息网络传播权保护条例》,对该权利做出了进一步的细化。根据定义,这一权利是以有线或者无线的方式向公众提供作品,但必须符合"使公众可以在其个人选定的时间和地点获得作品"的条件,易言之,就是要有交互性要求。信息网络传播权是一种向公众提供作品的权利,只要不是特定的公众具有获得作品的机会即符合该权利的特征,是否真正获得作品则不重要。这也排除了个人之间发送的电子邮件、电话网络中个人用户之间的交流等情形。

## 【延伸阅读】

### 从"向公众传播权"到"信息网络传播权"

1925年的《伯尔尼公约》原则性地规定了"向公众传播权",主要包括"公开表演"和"通过传输向公众传播"两个方面。"公开表演"包括下列方式:对戏剧作品、音乐戏剧作品和音乐作品进行公开表演;对文学作品公开朗诵或朗读时,属于公开表演;艺术作品可以通过展览或展示的方式向公众传播;通过唱片的形式公开表演;剧本也可以通过电影的形式进行类似的表演。"通过传输向公众传播"主要包括通过无线方式向公众传播或通过有线或无线方式进行二次传播,但是通过有线方式首次传播的专有权适用对象只限于电影作品;被改编成电影的文学和艺术作品;被表演或被朗诵的文学作品、音乐作品、戏剧作品以及音乐戏剧作品。文学作品(包括计算机程序)的文本、音乐作品、戏剧作品和音乐戏剧作品的文本,以及静止的艺术图像都不在《伯尔尼公约》规定的"通过有线进行首次传播"的权利的涵盖范围之内。简言之,《伯尔尼公约》规定的一般性的"向公众传播权",只包括传统意义上的"表演权""朗诵权""放映权"和"广播权"四项权利。

同时,《伯尔尼公约》中的"表演""无线广播""有线广播"和"传播"等用语均有特定的时代技术背景,均指观众或听众在指定的时间和地点被动地接受作品传播的"单向"行为,❶并不包含互联网络时代"交互式"传播作品的方式。为了解决这一矛盾,1996年12月20日,世界知识产权组织在日内瓦通过了《世界知识产权组织版权公约》(WCT),该公约第8条"向公众传播权"规定:"文学和艺术作品的作者享有专有权,对授权将其作品以有线或无线的方式向公众传播,包括将其作品向公众提供,使公众的成员在其个人选定的地点和时间就可以获得这些作品。"同时要求"缔约方承诺根据其法律制度采取必要的措施,以确保本条约的适用"。

于是,各缔约方纷纷依据自己的法律和传统对WCT"向公众传播权"选择了不同的保护模式。美国在保留原有的权利划分体系的基础上,通过扩大传统的发行权、表演权、展览权等权利的调整范围实现对网络环境下权利人的版权保护;欧盟的《信息社会版权与相关权指令》则新增"向公众传播权"以保护网络时代的版权;澳大利亚的《数字日程法》中新增了"向公众传播权",该权利下又分为"向公众在先提供作品权"和"电子传输权";日本也修订了著作权法,增加了"向公众传播权"。

我国《著作权法》也于2001年进行修改,将"信息网络传播权"列为著作权的17个权项之一,"即以有线或者无线的方式向公众提供作品,使公众可以在其个人选定的时间和地点获得作品的权利"。基本上属于对WCT条款的直接移植。在2006年实施的《信息网络传播权保护条例》中,进一步明确:"信息网络传播权,是指以有线或者无线方式向公众提供作品、表演或者录音录像制品,使公众可以在其个人选定的时间和地点获得作品、表演或者录音录像制品的权利。"我国的"信息网络传播权"具有下列特征❷:①电子环境下的广泛性。包括任何以有线和无线的方式传播作品。②公开性。向公众提供的作品、表演或录音录像制品,具有公开性,点对点之间的私人传播如电子邮件不在其中。③交互性。公众可以在自己选定的时间、地点获得作品,这是信息网络传播权最为核心的特征。④信息网络传播权与发行权不同:发行权原则上一次性用尽,而信息网络传播权不适用这一原则。

---

❶ 王迁.著作权法学[M].北京:北京大学出版社,2007:131.
❷ 吕炳斌.网络时代版权制度的变革与创新[M].北京:中国民主法制出版社,2012:51.

我国的"信息网络传播权"过于强调"交互性",实质上是缩小了WCT中的"向公众传播权"的适用范围,造成的后果是对于"网络电视""网络直播"等具有"广播"特点的对作品或表演的传播行为难以规制,对于相关纠纷,人民法院只能使用《著作权法》第十条第一款第(十七)项("应当由著作权人享有的其他权利")兜底性规定或者比照"广播权"处理。

(三)使用权

这是在作品基础上产生新的作品的权利,也可称为演绎权。

### 1. 摄制权

《著作权法》规定,"摄制权,即以摄制视听作品的方法将作品固定在载体上的权利"❶。摄制权属于作者享有的专有性权利,既可以自己实施,也可以许可他人使用。

一般来说,将他人创作的作品摄制成电影,必须事先取得原作品版权人的许可,先由编剧将原作改编成电影作品的文学剧本,导演再根据文学剧本撰写分镜头剧本,并根据分镜头剧本安排电影的拍摄和制作,最后将拍摄的影片加以复制、发行和公开放映。本权利控制的是第二个步骤,即将作品固定在载体上(拍摄)的行为。第一步属于改编权控制,第三步属于复制、发行、放映权利控制。《著作权法》之所以专门设置这一权利,主要是因为电影作品一般投资巨大、花费的人力众多,中间要有电影剧本、分镜头剧本创作、拍摄、剪辑、合成等多道复杂的工序,这使得从文字作品到最后的电影作品之间的艺术门类跨度之广,是一般的改编作品无法比拟的。在国际上,有的国家专门规定了将音乐、对话或其他音响效果录制在电影音带上的权利,即所谓的"配音权",我国实际上将其涵盖在摄制权的范围内。

拍摄一部电影,应该取得原作品的改编权、摄制权、复制权、发行权、放映权等才算是完整的权利,否则在任一环节均可能构成侵权,无法完成合法上映。

### 2. 改编权

《著作权法》规定,"改编权,即改变作品,创作出具有独创性的新作品

---

❶ 《中华人民共和国著作权法》第十条第(十三)项。

的权利"❶。改编权也是版权人的一项专有财产权利,版权人可以自己行使也可以授权他人行使。

改编的方式大体有以下几种:一是改编后的作品形式完全不同于原来的形式。例如将小说改编成电影,将电影作品改编成舞台剧等,原来的作品形式与改编后的形式已经完全不同,但原作中受版权保护的独创性成分被改编后的作品采用了,改编作品的独创性表达部分不能掩盖原作品的独创性,因此仅仅是艺术形式的改变,而不是新创作的独立作品。二是改编后的作品形式没有改变,但是原作与改编后的作品的用途有所不同。例如将科学著作改编成科普读物,将比较艰深的作品改写成通俗读物,形式上仍然是文字作品,但作品用途完全不同。三是根据美术作品、摄影作品进行改编,这是比较特殊的情况。例如将一幅油画改成木版画,将一幅摄影作品用绘画的方式表现出来,均属于视觉艺术形式,但是改变不了再创作与原作之间的先后和隶属关系。

根据改编作品进行第二次改编,不仅需要得到原作品版权人的许可,还需要得到第一次改编作品作者的许可。

改编权是许可他人改编作品的专有权利,主要约束他人对作品未经许可的改编行为,但是他人改编作品没有后续的使用行为,例如,将小说改编成连环画但没有复制和发行等行为,既没有原作品的正常使用,也没有不合理地损害著作权人的合法权益,应该属于合理使用,并不能构成侵权。

### 3. 翻译权

《著作权法》规定,"翻译权,即将作品从一种语言文字转换成另一种语言文字的权利"❷。这也是版权人的一种专有的著作财产权,可以自己行使,也可以授权他人行使。翻译作品一般只涉及文字作品、口述作品、与文字或口述作品有关的作品(如电影作品),而美术作品、不带词的音乐作品、舞蹈作品、摄影作品、建筑作品等不涉及翻译权问题。

翻译权主要控制未经许可的翻译行为,这个权利是作者享有的第一个经济权利,比复制权还要早 80 年出现在《伯尔尼公约》中。由于翻译本身属

---

❶ 《中华人民共和国著作权法》第十条第(十四)项。
❷ 《中华人民共和国著作权法》第十条第(十五)项。

于一种再创作,译者需要谙熟两种语言文字,既要传达原作的内容,又要译文典雅,殊为不易。所以,译作本身也属于具有独创性的演绎作品。如果对译作进行第二次翻译(转译),不但要获得原作者的许可,还需要获得第一次翻译作品的译者的许可。

### 4. 汇编权

《著作权法》规定,"汇编权,即将作品或者作品的片段通过选择或者编排,汇集成新作品的权利"❶。使用版权人的作品进行汇编,应当得到其许可,也就是说,汇编权是版权人对其作品享有的专有的、排他性的财产权,可以自己行使,也可以授权他人将自己的作品或作品片段汇集成新作品。汇编权隶属于原作者而不是汇编者,独创性的汇编可以产生新的权利。

汇编行为离不开对已有作品的复制,但汇编不同于复制,前者可能体现汇编人的独创性,而后者不体现任何独创性。例如,将某人关于某种观点的作品汇编成一部新作品,既包含对原作品的复制,也包含选择、编排本身的独创性,与简单的复制还是有一定的区别。汇编作品的种类很多,常见的有词典、百科全书、教材、期刊、报纸、资料汇编、选集、文集、网页等,汇编权所控制的是汇编行为,如果汇编他人享有版权的作品,需要被汇编作品权利人的同意。

侵犯汇编权一定包含了侵犯复制权,两种权利具有包含的意味,尽管授予权利人汇编权显得更具有针对性,但并未使权利人获得更多的保护。所以在新修订的《著作权法》的送审稿中,已经删除了这一权利内容。

### 5. 其他权利

这是一项兜底性的条款,所有应该为作者享有的权利都可以归入"其他权利"的范畴,以此弥补列举式立法不周延的缺陷。原则上,对作品有多少种使用方式就会对应有多少种权利,作品的财产权是没有限制的。作为绝对的、排他性的版权,作者应该享有对作品以任何形式使用的专有权。例如注释权,即作者自己或者授权他人对其作品做出注释的权利,注释通常是对作

---

❶ 《中华人民共和国著作权法》第十条第(十六)项。

品中的引语出处、论点依据、词汇含义、有关事实做出的解释性说明，这种权利一般由作者自己行使，可以构成作品的一部分，但如果作者已经去世，为了方便读者更好地理解作品，有必要做出注释，但对尚在保护期的作品做注释应该获得权利人的许可。

## 二、作为版权邻接权的资产

邻接权（neighboring right）也称相关权（related rights），本质上是作品传播者的权利。有些作品无须经过中间人的参与，便可与公众直接接触，如绘画、雕塑等，而更多的作品必须经过中间传播者的参与才能为公众所接触，例如，文字作品需要出版者，舞蹈作品需要表演者的表演等，这些传播者在传播作品的过程中，由于独创性的劳动而获得类似于作品版权的邻接权，邻接权往往是版权资产企业更为重要的版权资产。

邻接权不能脱离原始作品而存在，所以其行使亦受到大量的限制，基本上属于一种禁止权而非完整的许可权，也就是说，可以自己行使和禁止他人行使，但无权单独许可他人行使，除非其传播的是不包含受到版权保护的作品，或者是已经超出版权法保护期的作品。实践中，大多数的传播者事先已经获得了作品版权人的授权，获得了作品复制、发行或信息网络传播的权利，如图1-1所示。

### 1. 表演者权

专属于表演者享有的权利，是指表演者因表演或者演奏文字、戏剧或者音乐作品而享有的权利。所谓的"表演者"，依据《罗马公约》的规定，"表演者是指演员、歌唱家、音乐家、舞蹈家和表演、演唱、演说、朗诵、演奏或以别的方式表演文学或艺术作品的其他人员"。我国的《著作权法实施条例》规定，"表演者，是指演员、演出单位或者其他表演文学、艺术作品的人"❶。这是从权利主体上定义了演出单位和个人作为表演者权享有人。表演者权主要保护的是表演者的表演活动而不是表演的对象——作品。

---

❶ 《中华人民共和国著作权法实施条例》第五条第（六）项。

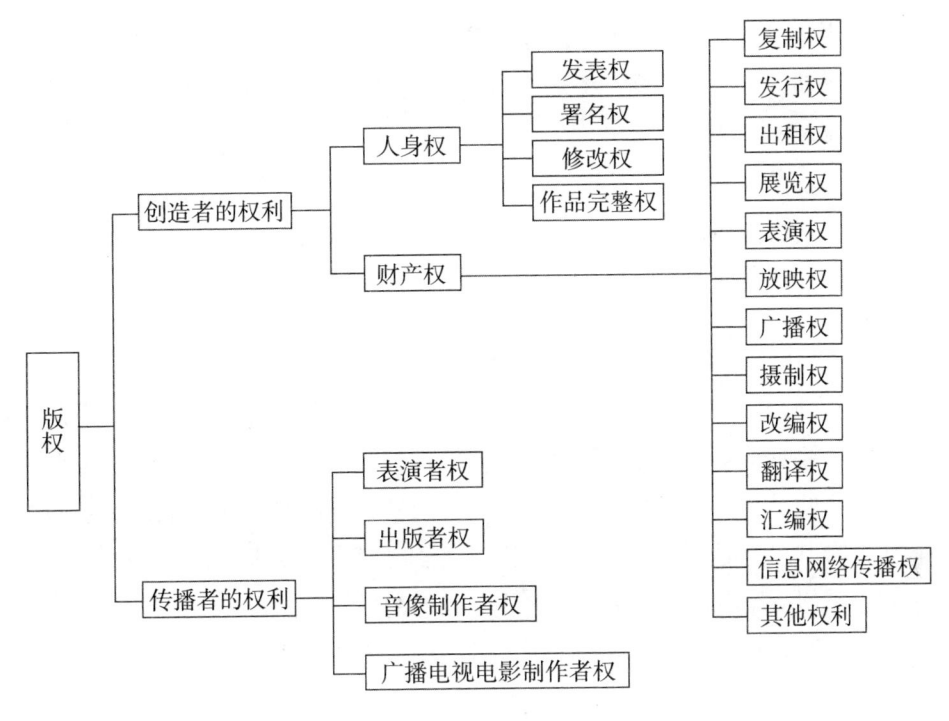

```
                            ┌─ 人身权 ─┬─ 发表权
                            │         ├─ 署名权
                            │         ├─ 修改权
            ┌─ 创造者的权利 ─┤         └─ 作品完整权
            │               │
            │               │         ┌─ 复制权
            │               │         ├─ 发行权
            │               │         ├─ 出租权
            │               │         ├─ 展览权
            │               │         ├─ 表演权
            │               └─ 财产权 ─┼─ 放映权
  版权 ─────┤                         ├─ 广播权
            │                         ├─ 摄制权
            │                         ├─ 改编权
            │                         ├─ 翻译权
            │                         ├─ 汇编权
            │                         ├─ 信息网络传播权
            │                         └─ 其他权利
            │               ┌─ 表演者权
            │               ├─ 出版者权
            └─ 传播者的权利 ─┤
                            ├─ 音像制作者权
                            └─ 广播电视电影制作者权
```

图 1-1　版权内容结构图

构成有效版权资产的表演者权，其前提是不得侵害所表演作品的版权，表演前应该获得版权人的许可并支付报酬，有时还需要获得改编者、翻译者、注释者、整理者等二次作品版权人的许可，否则，其可能由于侵犯他人的在先权利而使其无法行使表演者权。❶

表演者权的内容分成两个部分：一类是表演者的人身权利，包括标明表演者的身份权，类似于版权中的署名权；保护表演完整权，因为表演者所塑造的艺术形象是其智力成果，关乎其艺术成就，表演者有权禁止他人歪曲、篡改❷，这个权利类似于版权中的保护作品完整权。另一类权利是表演者的财

---

❶　在免费表演（未向公众收取费用，也未向表演者支付报酬）的情形下，未经原作者许可进行表演，表演者构成了"合理使用"，这是对原作者权利的一种必要限制。如果他人非法录制该表演并进行商业性传播，则构成对原作的表演权和表演者权侵害。

❷　关于滑稽模仿或者称"戏仿"，是用原有的表演素材加以重新剪辑，重新编排出新的作品，这在国内的表演舞台上很常见，但是司法实践中较少案例。但在西方许多国家对此是采取宽容的态度，将其视为"文艺批评"的方式，是言论自由的一部分，故此并不认为侵权。

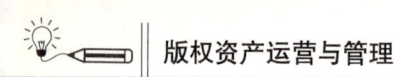

产权。这是一系列许可权❶，如现场播放权，许可他人现场直播和公开传播其现场表演，并获得报酬；录音录像权，许可他人对其表演进行录音录像，并获得报酬；复制权，许可他人复制有其表演的录音录像制品，并获得报酬；发行权❷，许可他人发行、出租录有其表演的录音录像制品，并获得报酬；信息网络传播权，许可他人通过信息网络向公众提供录制其表演的录音录像制品，并获得报酬。❸

2. 录音录像制作者的权利

"录音制品，是指任何对表演的声音和其他声音的录制品"。❹录音制品必须是单纯听觉性的，既可以是对表演的声音的录制，也可以是对自然界中其他声音的录制，存储的介质不论。录音制品制作者则是指录音制品的首次制作人，既可以是自然人也可以是法人、其他组织。"录像制品是指电影作品和以类似摄制电影的方法创作的作品以外的任何有伴音或无伴音的连续相关形象、图像所进行的录制品。"❺可见，非电影作品（类电作品）的其他所有活动影像载体均可以称为录像制品。而录像制作者也仅指录像制品首次制作的自然人或者法人、其他组织。

录音和录像制作者的权利主要有：①复制权，录音和录像制作者对其制作的录音制品和录像制品享有许可他人复制并获得报酬的权利，复制的方式和复制的形式均没有限制；②发行权，录音和录像制作者对其制作的录音制品和录像制品享有许可他人进行发行并获得报酬的权利；③出租权，录音和录像制作者对其制作的录音制品、录像制品的原件和复制件分别享有许可他人向公众进行商业性出租并获得报酬的权利，即使该原件或复制件已经合法地发行，出租权继续保留；④信息网络传播权，录音和录像制作者分别对其

---

❶ 这种"许可权"与版权的"专有权"不太一样，仅仅是为了保护其表演而存在，是一种有限的许可，许可的仅仅针对表演本身，而不能延及原始作品，除非表演者同时是原始作品的版权人。

❷ 此处的发行权与录音录像制作者的发行权可能会产生冲突，形成相互制衡的关系，表演者行使发行权的时候需要录音录像制作者的同意，反之亦然。

❸ 这个权利也会与录音录像制作者的权利相冲突，相互之间必须协调才能行使。

❹《中华人民共和国著作权法实施条例》第5条第（二）项。

❺《中华人民共和国著作权法实施条例》第5条第（三）项。

制作的录音制品、录像制品享有许可他人通过信息网络向公众进行传播并获得报酬的权利。⑤录音制品广播获得报酬权，"将录音制品用于有线或者无线公开传播，或者通过传送声音的技术设备向公众公开播送，应当向录音制作者支付报酬。"❶ 被许可人在获得复制、发行、信息网络传播权利向公众传播录音制品、录像制品的许可之后，还应当得到版权人、表演者的许可并支付报酬。除非录制的是不含有他人作品或表演的自然声音或画面，录音和录像制作者无权单独许可他人复制、发行或者通过信息网络传播其制作的录音录像制品。

### 3. 广播组织权

根据《著作权法》的规定，广播电视组织❷播放他人的作品，应当遵守下列规定：①播放他人未发表的作品，应当取得著作权人的许可，并支付报酬；②播放他人已经发表的作品，可以不经著作权人的许可，但应当支付报酬；③播放已经出版的录音制品，可以不经著作权人的许可，但应当支付报酬；④"电视台播放他人的视听作品、录像制品，应当取得视听作品著作权人或者录像制作者许可，并支付报酬；播放他人的录像制品，还应当取得著作权人许可，并支付报酬。"❸

广播电视组织对其播放行为享有邻接权，可以阻止未经其许可实施一定的行为，广播电视组织享有邻接权的对象主要是其广播电视信号，对其信号的不正当利用，损害了广播电视组织的利益。

广播电视组织主要享有下列财产权：

（1）转播权。即转播其播放的广播、电视节目的权利。转播是指一个广播电视组织同时播放另一个广播电视组织的广播和电视节目。转播包括无线转播和有线转播，如果将一个广播电视节目录制下来以后再播放的，属于重播，而不是转播，转播必须是同步的。

（2）录制权。即录制其广播电视节目的权利。广播电视组织的邻接权包

---

❶ 《中华人民共和国著作权法》第四十五条。

❷ 按照我国《广播电视管理条例》的规定，广播组织应该仅指广播电台和电视台："本条例所称的广播电台、电视台是指采编、制作并通过有线或者无线的方式播放广播电视节目的机构。"（第8条，第2款）

❸ 《中华人民共和国著作权法》第四十八条。

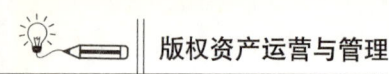

括对其播放节目的一切录制,其他广播电视组织未经许可不得将其播放的广播电视节目录制在音像载体上,也就是不能利用其节目信号制作音像制品。这样其他广播组织对节目的重播或者放到网上供人点播就构成了侵权,因为这必然存在在先的录制行为。

(3)复制音像载体的权利。广播电视组织的邻接权还包括对其一切播放节目录制后又加以复制。

(4)信息网络传播权。广播电视组织有权许可或禁他人将其播放的广播、电视通过信息网络向公众传播。

### 4. 出版者的版式设计权

出版者主要指出版图书、期刊的出版社、杂志社,版式设计权属于出版者,而不是具体的设计版式的人。出版者的出版权(复制权和发行权)来自版权人的授予,对于其出版的图书、期刊的版式设计享有专有权:有权许可他人使用其版式设计,有权禁止未经其许可使用其版式设计的行为。

所谓的"版式设计",通常包括版心、排式、用字、行距、标题、引文、标点符号等的确定。版式设计不是创作,不能构成作品,但也付出了一定的智力劳动,所以给予邻接权的保护。装帧设计属于版式设计的上位概念,包括封面、版面、插图、装订形式等设计,其中某些装帧设计例如封面设计可以作为美术作品获得版权的保护。

版式设计的使用,应该仅仅局限于在其他图书或期刊等印刷品上的使用,如果不是在印刷品上作为版式使用的,例如单纯拍摄成图片加以编辑出版就不需要获得出版者的许可,否则邻接权将会等同于版权了。

### 三、作为债权性质的版权资产

版权本身具有准物权的性质,版权人可以直接支配特定的作品而享受其利益,并享有排除他人干涉的权利;同时版权人也可以将其权利许可他人行使或者转让给他人,这样并非作者的其他主体就因此获得了版权的利益,这属于债权性质的版权资产。

#### 1. 版权的被许可权

《著作权法》第十条规定,"著作权人可以许可他人行使前款第(五)项至第（十七）项规定的权利，并依照约定或者本法有关规定获得报酬"。这又被称为"许可证贸易"。基于版权人的许可，被许可人实际上获得了对相应版权的使用权甚至是经营权，并且可以通过对版权的使用和经营获得相应的收益。许可权分为三种，即独占性许可权、排他性许可权、一般性许可权。所谓"独占许可权"，是指版权人一旦将某项权利授予他人，被许可人就有权排除包括原有版权人在内的一切他人再行使这项权利，在一定的时间内，被许可人就某项权利享有了类似版权人的权利，这也被称为"专有使用权"；排他性许可是版权人将某项权利授予他人后，只有被许可人和版权人有权行使该项权利，其他人不得行使；一般性许可权是指版权人将某项权利许可他人使用，被许可人只有使用权而无权禁止版权人使用，也无权阻止其他人使用。

独占性许可权与排他性许可权实际上是一种依据合同取得的在合同期限内的垄断使用权，这一权利受到其他人的侵害，可以提起侵权之诉，以维护自己的版权资产利益。一般性许可使用权，被许可人可以通过作品本身的使用获得利益，而在权利层面上进行经营比较困难。

2. 版权的受让权

《著作权法》第十条规定，"著作权人可以全部或者部分转让本法第十条第一款第（五）项至第（十七）项规定的权利，并依照约定或者本法有关规定获得报酬"。对于版权是否可以转让以及如何转让，各国做法不一，欧洲大陆各国一般将对作品的权利视为作者权，强调其人身属性，不承认其权利可以转让；而英美国家的版权法，主要将对作品的权利视为版权，强调其经济属性，认为权利可以转让。我国最初的立法即1990年的《著作权法》回避了这一问题，后来在实践中出于促进版权贸易的现实需求，2001年的《著作权法》明确规定，版权人可以部分或者全部转让著作财产权。

版权的受让可以在合同中约定具体的权利种类和权利的地域范围。受让人在约定的地域内、就特定的权利种类取得了与原始权利人相同的地位，可以充分地利用市场化手段加以运营，甚至将受让的权利再次转让给其他人，而不受原始版权人的限制。而因独占性的许可而获得的版权可以许可（再许可）他人使用，但不可以转让给其他人。从权利的价值上讲，因转让获得的版权比起独占性被许可而获得的版权价值相对较高。

### 3. 获得报酬权❶

版权人因法定许可或者强制许可他人行使其著作财产权，有权获得报酬。这主要是在平衡版权人权利保护与公共利益之间关系而专门规定的权利。主要有三种情况：一是特定教科书的法定许可。《著作权法》第二十三条规定："为实施九年制义务教育和国家教育规划而编写出版教科书，除作者事先声明不许使用的外，可以不经版权人许可，在教科书中汇编已经发表的作品片段或者短小的文字作品、音乐作品或者单幅的美术作品、摄影作品，但应当按照规定支付报酬，指明作者姓名、作品名称，并且不得侵犯著作权人依照本法享有的其他权利。"使用者如果不支付报酬，版权人可以依据本条规定行使获得报酬权。二是广播电视组织的法定许可。"广播电台、电视台播放他人已发表的作品，可以不经著作权人许可，但应当按照规定支付报酬"❷；广播电台、电视台播放他人录音制品的，应当向录音制作者支付报酬。❸音乐作品的版权人可以使用本条规定要求播放作品的广播电台、电视台支付合理的报酬。三是录音制作者的法定许可。"录音制作者使用他人已经合法录制为录音制品的音乐作品制作录音制品，可以不经著作权人的许可，但应当按照规定支付报酬。"❹

---

❶ 在1990年的《中华人民共和国著作权法》中，规定了著作权的财产权为"使用权和获得报酬权"，"获得报酬权"是指"许可他人以上述方式使用作品，并因此获得报酬的权利"。据此有人认为，"获得报酬权"是版权人的一项基本权利，还有人认为"获得报酬权"是版权的一项权能。但笔者认为，版权人依据自身享有的专有性权利，这是一种绝对权利，许可他人使用作品著作可以依据许可合同的约定获得报酬，也可以放弃报酬，这是一项依据合同约定而享有的权利；他人未经许可使用或利用作品，应该承担侵权责任，包括赔偿责任，侵犯的是作品的著作权并非"获得报酬权"。《保护文学和艺术作品伯尔尼公约》中的"获得报酬权"也仅指在对著作专有权加以限制的情况下，为了平衡公共利益与权利人的利益而特别授予著作权人的。本书将"获得报酬权"仅仅限定于法定许可和强制许可等情况下，作品的使用行为不构成侵权，而授予版权人"获得报酬权"，这是一种相对的权利。

❷《中华人民共和国著作权法》第四十六条。
❸《中华人民共和国著作权法》第四十五条。
❹《中华人民共和国著作权法》第四十二条。

获得报酬权的核心并非是一种侵权后的损害赔偿,适用法定许可时,使用人无须获得版权人的事先许可,依据法律该使用行为不构成侵权,只是使用人需要支付合理的报酬,版权人的这一"获得报酬权"源自法律的直接授予。

## 第三节　版权资产的有效期

版权源于作者的独创性劳动,连接着作者的人格属性。由于版权具有非物质性特点,不能像传统财产权那样利用登记、占有等公示方式确认产权的归属,必须依赖于法律的特别保护而使其财产权属性得以成立。实际上,离开了法律的庇护,版权资产就成了无本之木和无源之水。

版权不同于物权,版权作品基于创作而产生,而作品的创作离不开社会提供的各种条件,例如历史事实、人类共有的文化遗产、作者周围的环境条件以及作者掌握的语言、词汇和表达技巧等,从来不存在完全凭空的创作,所有的创作均来源于社会公共文化财富。正是基于这一原因,作者对自己独创的智力成果的占有,就不能像物质财富的所有人对物质财富占有那样不设定限期,而必须在一定期限内让其回归到公共财富的状态。同时,为了平衡公共利益与个体利益的关系,既促进知识产品的生产,又促进知识的传播和利用,对于版权这一私有性权利,不能给予永久性的保护,必须设定保护时限。而版权保护的有效期即是版权资产的有效期。

### 一、著作人身权的保护期

依据《伯尔尼公约》的规定,精神权利不受作者经济权利的影响,甚至在经济权利转让后,精神权利依然存在。我国《著作权法实施条例》规定,在作者死后,其版权中的署名权、修改权和保护作品完整权由作者的继承人或者受遗赠人保护;版权无人继承又无人受遗赠的,其署名权、修改权和保护作品完整权由版权行政管理部门保护。❶

---

❶ 《中华人民共和国著作权法实施条例》第十五条。

由于发表权与作品财产权的关系十分密切,《著作权法》第二十三条规定其保护期同著作财产权的保护期一样长。

## 二、著作财产权的保护期

### (一)一般作品的保护期

我国《著作权法》规定:a. 自然人作品,其著作权中各项财产权的保护期为作者终生加死亡后 50 年,截止于作者死亡后第 50 年的 12 月 31 日;如果是合作作品,截止于最后死亡的作者死亡后第 50 年的 12 月 31 日;b. 法人或其他组织的作品、著作权(署名权除外),由法人或其他组织享有的职务作品,其著作财产权的保护期为 50 年,截止于作品首次发布后第 50 年的 12 月 31 日,但作品自创作完成后 50 年未发表的,《著作权法》不再给予保护。

### (二)视听作品的保护期

《著作权法》规定,视听作品,其著作权中的财产权的保护期为 50 年,截止于作品首次发表后第 50 年的 12 月 31 日,但作品创作完成后 50 年未发表的,《著作权法》不再给予保护。

### (三)作者身份不明的作品的保护期

作者身份不明的作品,往往是一些隐名作品,例如使用化名或笔名,甚至是出版单位也不知道作者是谁。对于这些作品的保护期,《著作权法实施条例》第十八条规定,作者身份不明的作品,其著作财产权的保护期为 50 年,自作品创作完成起产生。如果作品始终没有发表,保护期截止于创作完成后第 50 年 12 月 31 日;如果作品于创作完成后 50 年内发表,保护期截止于作品首次发表后第 50 年 12 月 31 日;作者的身份一旦确定,则按照一般作品的保护期计算,即作者终生加死亡后 50 年。根据《著作权法实施条例》第十三条的规定,作者身份不明的作品,由作品原件的所有人行使除署名权以外的版权,作者的身份确定后,由作者本人或者其继承人行使版权。

### （四）实用艺术作品的保护期

对于实用艺术作品，我国《著作权法》未明确予以保护，但是依据1992年国务院颁发、现行有效的《实施国际著作权条约的规定》第六条，"对外国实用艺术作品的保护期，为自该作品完成起25年。美术作品（包括动画形象设计）用于工业制品的，不适用前款规定"。目前，司法实践中对实用艺术作品通常看作予美术作品加以保护，则可以获得与一般美术作品相同的保护期❶，即截止于作者死后第50年的12月31日。

### 三、著作邻接财产权的保护期

（1）表演者权的保护期。表演者的人身权利保护期不受限制；表演者的财产权的保护期为50年，截止于该表演发生后第50年的12月31日。

（2）录音录像制作者的权利的保护期为50年，截止于录音录像制品首次制作完成后第50年12月31日。

（3）广播电视组织的权利保护期为50年，截止于该广播、电视首次播放后第50年的12月31日。

（4）出版者对其出版的图书、期刊的版式设计享有排他权的保护期为10年，截止于使用该版式设计的图书、期刊首次出版后第10年的12月31日。

【延伸阅读】

#### 部分国家的版权保护期限

早期的《伯尔尼公约》没有涉及保护期问题，各个国家采取了不同保护期制度。现行的《伯尔尼公约》要求各成员要满足最低保护期限：对于一般文学艺术作品而言，公约给予的保护期为作者有生之年及其死后50年。电影作品、匿名作品为50年，摄影作品、实用美术品为25年。《世界版权公约》

---

❶ 依据《保护文学和艺术作品伯尔尼公约》的国民待遇原则，如给予国内作者实用艺术作品以普通的美术作品相同的期限保护，就应该给其他的缔约成员的公民以相同的保护期限，这需要今后的立法的进一步协调。

规定:"版权保护期限自出版之日起,不得少于25年。"但是各国对版权的保护期并不相同。

## 一、英国

英国1709年的《安娜法令》规定对版权的保护期为14年,作者在期限届满仍在世的可续展14年;1814年的《雕塑版权法》将保护期限修改为作品发表后的28年或作者有生之年,最终的保护期限以28年或有生之年中较长者为准。此后,版权保护期在1842年被再次延长,规定保护期为作者有生之年加去世后7年,或保护期为作者发表作品后的42年,最终以两者中更长者为准。作为《伯尔尼公约》的成员之一,1911年英国在版权法中对于保护期限的规定大致沿袭了该条约的内容,规定了作者有生之年加死后50年的保护期。英国在1988年颁布了现行《版权法》,该法将版权保护期由原来的作者终生加死后50年延长到70年。

## 二、法国

法国第一个"版权法"即1791年的《表演权法》规定,版权保护期为作者终生加死后5年,但是法国在第一个版权法颁布的第二年即通过了另一项法令,该法令规定作者的戏剧作品应该得到保护,期限为从该作品出版之日起10年的固定期限,缩短了1791年的作者终生加死后5年。1793年法国通过了保护复制权的法令,又将保护期恢复到作者终生加死后10年。1810年法国通过另一项法令,规定可以对其作品财产权终生享有权益的是作者本人及其妻子,在作者其他继承人中,只有作者子女在作者死后20年内享有其财产权,其余的都只享有作者死后10年的财产权保护期。在1866年7月法国通过法律,将版权或文艺作品所有权的保护期限规定为50年。1957年3月,法国通过的有关《保护文学和艺术作品所有权法》,按照该法规定,版权财产权的保护期规定为作者终生及其去世后50年。1994年,法国最终跟随欧盟的步伐,将版权财产权的保护期从50年再次延长20年,确定为作者终生加死后70的保护期。

## 三、美国

1790年,美国颁布了第一部《版权法》,保护期限为从出版之日起保护14年,期限届满后如果该作者仍在世并有意续展的,则在申请通过后可另获得14年的保护期。美国在1831年通过版权法,规定保护期限为"最初期限

（28年）+续展期限（14年）"，该法将最初的保护期限延长到28年，因此对作品的保护期最长可达到42年。1976年，美国又颁布了《版权法》，该法对1909年《版权法》做了很大幅度的修改，规定保护期为作者终生加去世后50年，该法对其生效前已有作品有溯及力，但保护期限针对不同生效时间和不同类型的作品，具体规定也不尽相同。1998年，美国通过了《版权保护延长法案》，使创作者对其作品的版权保护期再次得到延长，根据该法，若作品是在1978年1月1日之后完成的，则可享有作者有生之年及其去世后70年的保护期；针对匿名作品或雇佣作品，其保护期延长为自作品被出版之日起0至95年或者从作者创作作品之日起0至120年；对其他仍在续展期内的作品，可享有自最初期限至95年的保护期。

### 四、日本

1869年（明治二年），明治新政府颁布的《出版条例》规定："出版图书者受官家之保护，享有专卖权"，并规定这种"专卖权"的保护期限为作者的有生之年。1875年（明治八年），明治政府对《出版条例》进行修订，明确规定这种"专卖权"叫作"版权"，并将出版的"专卖权"确定为30年，至此，版权的概念被日本正式使用。1887年（明治二十年），日本第一次单独颁布了有关版权保护的法规《版权条例》，将版权保护期限规定为作者有生之年加死后5年，或者登记后35年止。1899年（明治三十二年），日本通过了旧《版权法》，规定版权保护期限原则上为作者终生加去世后30年，该法颁布不久，日本便加入了《伯尔尼公约》。1962年，（昭和三十七年），日本将保护期限延长到作者终生及其去世后33年；1965年该保护期又被延长至作者终生加去世后35年；1969年保护期限被再次延长到作者终生加死后38年。从1962年日本便开始着手对旧《版权法》进行修订，到1970年（昭和四十五年），日本通过了现行《版权法》，为与《伯尔尼公约》的版权保护期限相一致，现行《版权法》将版权保护期限确定为作者终生加死后50年。

# 第三章 版权资产的对象与分类

版权资产的内容是各种版权中的经济性权利，权利的对象则是作品。只有首先成为受到法律保护的作品，才能进一步谈及各种权利，离开了作品本身，版权就成了空中楼阁。不同类型的作品拥有不同的权利组合，也会有不同的利用方式，最后呈现出不同的资产形态。

## 第一节 版权资产的对象——作品

智力创作成果要成为《著作权法》保护的对象，就必须具备一定的条件。我国《著作权法》第三条规定，"本法所称的作品，是指文学、艺术和科学等领域内具有独创性并能以一定形式表现的智力成果。"❶一般认为，作品获得法律保护的条件有二，一为独创，一为以某种形式为人感知，并以此作为某一对象是否具有"可版权性"的依据。也有学者提出了其他的一些条件，总体而言，智力成果要成为版权法保护的对象必须具有下列特征：

---

❶ 《保护文学和艺术作品伯尔尼公约》第2（1）条规定，"'文学艺术作品'一词包括科学和文学艺术领域内的一切作品，不论其表现方式或形式如何"。参加过该公约布鲁塞尔修订大会的雷克森和金斯伯格教授认为，"作品"一词仅指符合"文学和艺术作品"描述的作品会受到保护，只要其已经可以被认识或存在。至于这段措辞中的"科学"则是多余的，因为科学发现不会依据《保护文学和艺术作品伯尔尼公约》给予保护（其是思想而不是表达），科学文章也会被划分为文学或者艺术作品。（坦妮亚·阿普林．客体[M]// 埃斯特尔·德克雷．欧盟版权法之未来．徐红菊，译，北京：知识产权出版社，2016．）

## 一、能够反映一定的思想或感情

作品必须是人类❶的智力成果,即人类通过创作活动产生出来的具有文学、艺术或科学的智力劳动成果。❷思想与感情为人所共有,不可能成为权利的对象,作品的价值不在其表达的对象即思想与情感,而在于对思想与情感的表达本身。作者通过创作行为将自己的思想或者是情感外化,呈现出一定的形态。如同黑格尔所言,"只有通过心灵而且由心灵的创造活动产生出来,艺术作品才成其为艺术作品"。所以,不能体现创作意图的材料的单纯收集摘录,没有具体而完整地体现出创作意图或表现出思想感情的行为均不能认定为创作,也不能形成受到版权法保护的作品。

## 二、具有独创性 ❸

作品必须是作者独立创作的,无论作品的创作主体是一人还是多人,创作主体的创作行为必须是独立完成而不是抄袭或剽窃他人的作品。当然,依据"思想—表达"二分法,独立创作仅指在作品的表达上具有独创性而思想上是否构成独创则在所不问。原则上,只要是独立创作就可以认定作品具有独创性,因为作品的独创性主要是反映作者的个性,属于其人格的自然延伸。法律上的独创性与美学上的独创性完全不同,作品的艺术价值的高低不是其能否获得保护的前提,只要表达中能够反映创作者特有的取舍、设计,

---

❶ 作品的作者必须是人类,这一点似乎是无疑的,但是在人工智能技术的不断发展的今天,该说法需要打上一个问号。现在的人工智能技术,可以让电脑创作出诗歌,将其与人类的作品放到一起,可以成功地"骗"过人类考官,通过"图灵测试"。这些使用电脑技术、由电脑自主创作的诗歌,其作者是谁?是程序设计者还是程序使用者,或者属于程序本身?对这些"作品"到底是否要给予"版权保护"?都是无法解决的难题,对这些"作品"是否要给予保护?如何保护?这些问题在短时间内将很难有一个公允的答案。

❷ 桑莉莉.作品构成要件之解读——郑板桥画竹的境界为视角[J].前沿,2014(5).

❸ 我国台湾地区相关判例指出,"凡具有原创性之人类精神上创作,且达足以表现作者之个性或独特性之程度看,即享有著作权。而非抄袭或复制他人之著作,即便二著作相同或极相似,因二者均属创作,皆应受著作权之保护。"

即使从艺术角度看完全是庸俗之作，亦不乏版权法上的独创性。

应该看到，我们所有的创造都是在前人创造的基础上展开的，不存在纯粹的、绝对的独创。例如一个作者写了一首新诗，他也不可能完全离开对前人表达形式的借鉴，至少语汇、文字等就是前人的表达，他的独创性体现在对词汇、句式、段落独特的组织上，表现了他独有的思想感情，因而具有了审美价值。所以只要在作品形式上体现出与其他作品的区别，原则上就应该认定其具有独创性。但是问题的另一方面是，没有绝对相同的两个作品，即使是抄袭也可能有所出入，所以这种差异性必须能够体现出作者不同的构思，表现出不同的思想或情感才能被认定具有独创性，而且《著作权法》所保护的也仅仅限于表达的独创性部分。朱志强诉美国耐克公司侵犯其"火柴棍小人"的案件就体现了法院对独创性保护的价值取向。❶

对于版权法而言，作品真正受到保护的部分应该是什么呢？其实这是一个很难回答的问题。版权学者均同意，版权法所保护的只是作品创作者的"expression（表达）"，而不保护其通过作品所表达的"idea（思想）"。但是在作品中究竟何为"expression"，何为"idea"？一向是众说纷纭，莫衷一是。有人说，版权只保护形式而不保护内容；有人说，版权只保护表达而不保护思想；还有人说，版权只保护表达而不保护概念……依据学者孟祥娟对《美国版权法》和判例的研究，她认为，所谓的"expression"，就是作品的外在表现、表述或表达，或者更进一步说，"expression"就是作品本身；而"idea"就是创作者创作作品时的主观意图、思想或主意。在版权法领域，"法律所要保护的因素其实就是作品中所体现的'创造性'（creativity）"。❷

---

❶ 原告朱志强在 2000 年 4 月至 2001 年 9 月创作了一系列 FLASH 动画，主人公形象为"火柴棍小人"，小人外形为无五官黑色球形，躯干和四肢均为黑色柱状线条，身体各部分相连。2003 年 10 月被告耐克公司使用了"黑棍小人"形象，小人的外形为头部滚圆黑色球体，四肢非正常比例拉长，头部和躯体分离。原告认为被告侵犯了其版权而将耐克公司机广告的设计公司、推广公司告上法庭。被告辩称"火柴棍小人"形象并不具有独创性，类似形象早在古代壁画和岩画等作品中出现，应当属于公有领域。二审法院认为"火柴棍小人"独创性较低，"火柴棍小人"和"黑棍小人"的相同之处已经进入公有领域，无法得到保护。故此驳回了原告的诉讼请求。参见 http：//www.cnipr.net/article_show.asp? article_id=13211。

❷ 孟祥娟. 版权侵权认定 [M]. 北京：法律出版社，2001: 8.

版权法所保护的创造性是创作者体现在作品中的个性，是对某种思想、情感的独立表达。

当然，并非所有的独立表达都可以产生受到版权法保护的作品，独创性需要达到一定程度才会受到保护。❶ 但这种独创性标准在各国尺度并不一致，在我国司法实践中似乎有一种从宽的趋势。例如，创意性的摄影作品无疑独创性较强，但实际上创意摄影作品和普通的、随意拍摄的照片（通常也被视为作品），保护的力度并无不同。

### 三、能够以一定形式表现

《著作权法实施条例》对于作品的定义要求必须"能以某种有形形式复制"，❷ 这一要求暗含作品必须能够被固定于某种介质，而新《著作权法》的作品定义仅要求"能以一定形式表现"，不再限定以"有形形式"，即使无法固定但能以一定的形式为人所感知，也能够成为作品。应该说，这一要求更符合作品的本质：作品系对内在思想情感的表达，这是形式要求，揭示了作品的存在方式与"独创性"本质加在一起，构成了完整了作品定义。

某一种表达只要是能以一定的形式表现出来，能够为他人所感知即符合作品的形式要件，是否被实际固定以及能否被固定则在所不问。仅存在于人脑中的思想，例如关于作品的构思，因尚未表达于外，故不能被视为作品。最高人民法院在"再审申请人孙新争与被申请人马居奎侵害著作权纠纷案"裁定书❸中进一步阐释了该问题，"著作权法保护那些凝结了作者智力劳动的成果归其所有，要求作者的智力劳动须借助于特定的形式予以传达，否则对该智力劳动他人无从知晓，智力成果也将是不确定的。这意味着，那些仅存

---

❶ 英国将"独创性"解释为"独立完成"，采用一种"额头出汗"标准保护版权，"作者必须证明有足够的劳动、技巧和判断被投入到作品的创作中"；在当前欧盟的一系列文件中，要求"反映作者个性的智力创造"作为独创性的要求；德国则执行严格的创作标准，要求作品必须具有"一枚小硬币的厚度"的创造高度。而早期美国的法院判例指出，只要作品符合法定的可版权作品种类，并且由权利主张者创作完成的，它就具有创作性，可以受到保护，后期的判例则要求至少"具有某种最低程度的创造性"。

❷ 《著作权法实施条例》第二条规定，"著作权法所称作品，是指文学艺术和科学领域具有独创性并能以某种有形形式复制的智力成果"。

❸ 《中华人民共和国最高人民法院民事裁定书》，最高法民申〔2016〕2136号。

在于头脑中而未借助于特定形式表达的，或者那些深藏于作品内部不同的人感知到不同结果的结论与观点，将因为缺乏确定的形式而不能也无法成为著作权法调整的对象"。

尽管固定不是作品成立的条件，但作品要获得保护还是离不开固定。许多采用版权自动保护❶的国家，要求作品固定才能享受保护，版权的保护也自作品的首次固定之日起开始。❷《美国版权法》规定，"作品须以现在已知或以后发展的方法固定于其中的物体，通过该物体可直接地或借助于机器或装置感知、复制或用其他方式传播该作品"。美国还要求对作品进行登记，如果不登记，版权遭受侵犯，版权人不得提起诉讼，这种要求比起单纯的固定又严格了许多。

### 四、具有可复制性

整个版权体系的建立就是基于作品的可复制性，作品一经创作出来，即成为整个社会文化系统的一部分，可以为他人利用，这就必然要求作品可以通过某种手段加以复制，因此《著作权法》所称的作品必然要具有可复制性。《著作权法实施条例》规定，作品必须"能够以某种有形形式复制"❸，所谓的"有形形式"，或者称为物质形式，主要指书写、印刷、照相、录音、录像、雕塑、雕刻、建筑、绘画、制图等形式。这里的可复制性，仅仅是要求作品具有能被复制现实的可行性，并不要求实际上被复制。

从立法技术上看，符合《著作权法》保护对象的作品需要符合法定的形式，《著作权法》根据已经认识到的作品类型进行详细的列举，分类的主要标准是依据作品的表达媒介，即符号构成。例如，文字符号、声音符号、线条色彩符号或身体动作符号，分别构成文字作品、音乐作品、美术作品和舞

---

❶ 自动保护是指作品的保护自创作完成之日起无须履行任何法律手续例如登记即自动产生。

❷ 实际上，如果某作品从未被以任何方式固定过，则该作品的所谓"权利"也将是空中楼阁，无法落到实处；因为要证明自己的作品的存在，必须要以某种能够被他人所感知的证据才行，此时不得不借助于"固定"的技术。

❸《中华人民共和国著作权法实施条例》，第二条。

蹈作品等。❶《著作权法》从形式上将作品分成了九种形态❷，但这些形态的艺术作品的内涵仍然存在争议，例如乐谱和舞谱是音乐和舞蹈所依托的根本，音乐舞蹈作品到底指乐谱和舞谱，还是指依托乐谱和舞谱的表演呢？不能归入上述九种形态的作品《著作权法》原则上应该不给予保护。例如香水的配方在有些国家可依其《著作权法》得到保护，但我国的《著作权法》则不保护香水的配方。

## 【延伸阅读】

### 独创性的幽灵❸

——从某些艺术创作方式谈起

近日有新闻称，一个电工以特殊的工艺制作出美妙的"碳画"，他将两千伏电压加在涂了水的木板上，电流在木板上留下碳化了的像闪电又像海洋植物的痕迹，这一过程引起了观众的惊叹。笔者感兴趣的是，这种方式形成的最终图案能否被称为"作品"呢？整个过程是否属于艺术创作呢？

创作必须是对思想和感情进行表达，使之获得某种外在形式。所以，首先需要考察的是这个过程中是否存在某种表现性因素呢？实际上，制作者除了想获得某种画面这一想法之外，直到"作品"真正完成，完全不能控制图案的形态，这与用电烙铁烫出一幅画完全不是一码事，其本质只是用木板记录下电流经过的路径而已，这一过程却与通过摄影设备记录下外在世界客观影像的方式很是相似，具有符号的指示性特征。"碳画"的制作过程无法呈现出专属于创作者的表现性因素，制作者无法通过预先设计获得某种特定图案，其结果是不可预见和不可安排的，因而也是不可复制的。请注意，此处的复

---

❶ 李琛. 知识产权法关键词 [M]. 北京：法律出版社，2006：22.

❷ 九种形态如下：（一）文字作品；（二）口述作品；（三）音乐、戏剧、曲艺、舞蹈、杂技艺术作品；（四）美术、建筑作品；（五）摄影作品；（六）电影作品和以类似摄制电影的方法创作的作品；（七）工程设计图、产品设计图、地图、示意图等图形作品和模型作品；（八）计算机软件；（九）符合作品特征的其他智力成果。

❸ 陈震. 独创性的幽灵——从某些艺术创作方式谈起 [EB/OL].[2019-07-16]. https://mp.weixin.qq.com/s/CleHc0vvyji77WgiskzZmQ.

制并非版权法复制权所控制的行为，而是在事实层面上不可能以同样的方式再现一个一模一样的图案。摄影又何尝不是如此呢？我们事实上是不可能再次获得完全一样的照片，即使是同一个摄影师使用同样的摄影机、在同样的时刻……也不可能，因为摄影记录的是特定时空的物象，斗转星移，无以重临。

一项创作成为版权法关注的对象，首要因素是"复制"。"版权"的英文"copyright"直译就是"复制的权利"，如果摄影永远停留在达盖尔的"银版摄影法"而不再进步，可能永远产生不了对摄影作品的保护问题，理论界也不会关注其独创性问题。因为使用银版摄影法生成的是独一无二的影像，无法复制。但是有了纸基摄影、蛋白摄影、胶片摄影、数码摄影，最终呈现的影像可以被同质复制，这使得接触的人群范围扩大了，摄影作品因之具有了经济价值，此时对其保护就变得必要了。用电流烧灼而成的木板碳化"作品"，其价值往往在于其不可预见性、唯一性，制作之初，是无法想象出会出现什么样的图案风格，如果以某种方式加以复制，例如用三维打印的方式复制其画面，就不会引起观众巨大的兴趣了。另外一种技艺也可以作等量齐观，这就是所谓的"窑变"现象，这属于传统的陶瓷制作的一部分：由于窑内温度发生变化导致瓷器表面釉色发生不确定性的自然变化，有时会产生奇异的色彩，有时会出现诡异的图案，收藏者往往视之为宝。"窑变"本身也是无法复制的，其产品具有独特性，即使制作者本人也无法再次获得同样的窑变"作品"。无法复制的唯一"作品"很难成为版权法保护的对象。制作者可以通过出售创作物原件的方式获得利益，其他人即使使用拍照、绘画等方式"复制"了图案和色彩，也不会对创作者的利益产生多大的影响，有时"复制件"的流通反而会增加原件的商业价值。

作为版权保护的对象，首先必须具有创作性，是某种创作行为的产物，是"作品"。以客观的外在世界为创作对象时，在形成的作品中应当含有创作者主观性的因素，否则不能被视为"作品"。在视觉艺术中，这些主观性的因素可能表现为对某些内容的主动选择和刻意的安排。前述的木板"碳画"，仅仅是一种制作工艺，制作者无法将其主观性思想、感情等内容表达成独特的碳化图案；如果可以随心所欲地控制电流的方向和烧灼的程度，就很有可能创作出"作品"，那么这也就发展成了一种有用的创作方法。但到那时，电流所带来的神秘性元素也将荡然无存。

一个创造物之所以能够成为版权法意义上的"作品",因为其体现了创作者的独创性,"独创性"被当成作品获得版权属性的决定性因素;而所谓"独创性"是指作品是由作者独立创作完成且具有一定的创造性:前者是指作品来源于创作者,并非抄袭自其他作者,也可称为"首创性";一定的"创造性"是指作品包含着创作者在创作时的自由选择,而且创造性并不要求很多,一点点即可。

摄影不同于上述的"碳画"和"窑变",摄影可以在创作时由摄影者加以些许的选择,尽管这种选择也是"戴着镣铐跳舞",在光学设备所许可的范围内选择不同的构图方式和影调形式,但是这些已经足以体现为某种"表现性因素"。创作者的主观选择使得摄影不再是简单的媒介而具有了不同的气质:一方面是摄影与生俱来对现实对象复制能力——再现的能力,而且随着光学科技能力的提高这一特点更加突出;另一方面在这种对现实的复制中,可以携带上隶属于摄影者的表现性元素,其结果是摄影成为一种艺术表现形式,包含于其间的独创性元素也被版权法当成保护的对象。

但是摄影的独创性幽灵经常随处徘徊,让人难以捕捉。有时好像已经抓住了,例如说是独特的角度、独特的影调、独特的构图……但是不小心又从指缝间滑落了:我使用照相机的自动功能拍出的照片也可以自动地形成"独特的角度、独特的影调、独特的构图……",你凭什么确定我的照片不够"独创"呢?有时觉得已经没有办法确定摄影作品的独创性时,看到某一张具体的照片,其"忧郁而感伤"的色调、让人观之忘俗的构图、令人着迷的人物神态……又让人怀疑莫非这就是独创性因素?摄影复制现实所带来的媒介性特征,使得创作者的主观因素难以明晰地展现出来,其选择已经与复制的对象紧密地结合到一起,难以分离。版权法领域有一个著名的"思想与表达二分法",假设有这样一个筛子能将客观的"思想"筛除,剩下的就是可以给予版权保护的"表达"部分。但对于摄影而言,客观对象属于"事实"等同于思想领域,是不能获得版权保护的,而将"客观事实"筛除后,通常留下的是空空荡荡的筛子;如果将网眼弄得细密一些,又会留下各种诸如特有的拍摄和冲印技巧等也不能给予保护的对象。

究其本质,摄影并非天然的就是一种艺术形式,往往只是一个工具、一种媒介,照片只是一个记录或者是某个程序的副产品,但现代社会中,当照片被置于特定的语境中，例如展览馆、画廊中时，通常地被当成艺术品，摄影也不断地被称为"艺术"。但这仅仅表明：摄影被艺术地对待了，摄影获得的照片不断地被挪用为艺术对象，于是摄影也就成为艺术花园中一朵小花。将摄影纳入版权保护对象时，首先要解决"独创性"问题，这样才不会导致版权理论体系的崩塌。但是对于文字、绘画等形式、主观性因素明显的作品而言，使用"思想表达二分法"可以很容易地找出独创性的因子，但对于摄影这一直接复制现实物象的创作形式，忽然间变得不那么好用了。

摄影的创作方式主要在于对既有的外在事物进行构图选择，也是光圈、快门、景深等技术选择，最后形成了摄影作品。但是这种选择的方式难道仅仅存在于拍摄之前或者拍摄时吗？实际上，许多优秀的摄影作品来自于后期的选择，摄影者不加选择地拍摄了大量的照片之后，披沙拣金，找到一幅最能表达其思想感情的作品，这种选择能否视为一种创作呢？此时，独创性的幽灵又寄居何方呢？

对拍摄对象进行特别安排的"造型摄影"——这其实已经是类似于电影创作了，还有后期对底片进行刮擦、涂抹以及刻意地改变影调等方式，这是将主观因素显而易见地植入最终完成的图像中，构成"主观表达"部分。但是大部分的摄影属于单纯地对现实进行精确复制，仅仅具有文献价值，通常也是以文献方式留存或传播的。这样的作品中有一小部分会随着时间的淘洗，也能呈现出巨大的艺术价值，随之而来的是原本不那么明显的"独创性"幽灵徘徊其间，似乎更容易地被捕捉了：人物神情表现出某种气质，物与物之间的关系设置体现出某种思想，特别的影调设计体现了摄影者的艺术追求……这些选择都被当成独创性存在的依据。

尽管"独创性"标准是作品的可版权性依据，但与作品的艺术性并无直接关系，不能因为某件作品被当成是艺术品就认定其具有独创性，也不能因为某件作品被艺术界嗤之以鼻就认定其缺乏独创性。艺术性和独创性属于看待作品的两个不同的维度。但是在实践中常常会发生使用"艺术性"替代"独创性"的情况，以艺术价值的高低作为认定"独创性"高低的依据。艺术价值的高低可能是决定作品市场售价的依据，但不是是否要给予保护以及如何保护的依据；因为艺术性的标准比起独创性的标准更为复杂，涉及形象、审美、认识等观念层面的因素，甚至主要与欣赏者的主观性相关，所以将艺术性作为版权保护的标准根本行不通。

在造型艺术中，寻找艺术性比起寻找独创性似乎更为容易，在前面所引用的"碳画"和"窑变"均能展现出不同的艺术性，但却不能发现"独创性"——制作方案的独创，并不属于版权法所规制的对象，属于专利法的范畴。更为极端的情况是，选择自然中存在的事物例如雨花石，拣选有意味的图案，取一个好的标题，就成为一个艺术品。此时的独创性的"幽灵"又飘浮到了空中，难以俘获：是拣选的过程具有独创性，还是取名具有独创性，更或是将两者结合到一起体现独创性呢？最后的结论只能是：尽管这能够算得上是艺术但这不是创作，无须索求"独创性元素"，幽灵远去了，大地一片宁静。

许多的生活快照，源自对生活场景的直接复制，从其本身而言，也是难以搜寻到"独创性"的因素，因为大部分快照都很难被认定为创作行为，只是基于一种特定的目的或为档案保留，或为传递信息，或为留下证据……追求的是对场景精确地复制，相机越高级效果越好；照片模糊的时候也往往是拍摄技巧不足，对焦不准、快门速度过低等原因，这些照片首先仅仅是具有文献价值。如果均以系"独立创作"为由而认定这些照片具有"独创性"，必然会无限降低作品的认定标准——就如目前实践中所通常采用的处理方式，那么寻找摄影作品的"独创性"将失去意义。

对于使用既有的材质无论是选择石块还是利用其他照片进行新的艺术创作，如果新的创作具有了"独创性"，应该仅仅归功于后来的创作者，而与先前的创造者无关。对这一过程判断应该从后来创作者的思想与表达入手，去寻找新创作作品中异于现有作品的独创性因素，这通常可以直接表现为某种差异性。当然，这种差异性必须在形式上可辨识，如果仅仅属于单纯的"意义赋予"，很难认定其具有了"独创性"——尽管在艺术上很容易确定其拥有了审美价值，但在版权法语境中并不能给予其这样的待遇。

这样，我们就可以将许多"挪用艺术"从版权独创性角度给予正确的评价。例如，马塞尔·杜尚将从商店里买来的普通小便池命名为"喷泉"，放到美国独立艺术家展览会上，成为审美的对象，被视为"现代艺术"，但小便池并不会因此获得了"独创性"，成为需要保护的"工艺美术作品"；同样，将一幅平庸的、并无独创性的照片放大了挂到展览会的现场，成为一个艺术品，但并不意味着该照片就此获得了"独创性"。可见，艺术的标准不能替代版权法的标准,寻找作品的独创性还须得从作品本身、从作品的创作过程中去探寻。艺术最高的追求是审美价值,具有审美价值的艺术作品并不能当然地具有版权法语境中的独创性。

## 第二节　作品的分类

版权资产的对象必须是能够受到《著作权法》保护的作品,作为《著作权法》保护的客体,作品受保护的范围是逐步扩大的,在《安娜法令》时期,主要保护的是可供印刷的文字作品,而后是戏剧作品、雕塑作品、地图、雕刻作品、口述作品、音乐作品等,截至目前,已经有了更多地为版权法保护的作品形态。《伯尔尼公约》中规定保护文学艺术作品,"文学艺术作品"是指"科学和文学艺术领域内的一切作品,不论其表达的方式或者形式如何"❶。我国《著作权法》所称的作品,是指文学、艺术和科学领域内具有独创性并能以一定的形式表现的智力成果❷。

所以,从内容上看,作品不仅包含文学、艺术作品,也包含科学作品,一部物理学著作受到《著作权法》的保护,不是因为其内容是科学,而是因为它是文字作品,具有作品本质的独特性外在表达。

从版权法的角度,作品可以分成两个类别:一是原始作品,一是演绎作品。

### 一、原始作品

按照汤宗舜的分类,原始作品可以做出下列分类:

#### 1. 文字作品

可以分成书面作品和口述作品。前者是以书面形式创作和存在的作品,

---

❶ 《保护文学和艺术作品伯尔尼公约》第二条(1)。
❷ 《中华人民共和国著作权法》第三条。

也就是以中外文字、数字、符号、标记等来表达构思和情感的作品❶。包括各种小说、诗词、散文、论文、故事、日记、书信、计算机程序等，不论其题材如何、内容是否虚构、体裁如何变化以及是否有文化和艺术价值，也不论其篇幅、用途和外在形式怎样，均属于文字作品，是否正式出版亦在所不论。

后者是指以口头形式创作的作品，主要是指以即兴、口头形式创作的作品，例如讲课、演说、法庭辩论、说书、布道等，如果先有文字底稿，在某一场合做口头表述则不能说是口述作品。❷对于口述作品的复制形式当然包括以文字的方式和以录音录像的方式。

### 2. 音乐作品

主要是指歌曲、交响乐等能够演唱或者演奏的带词或不带词的作品。这种作品包括用于演奏的各种音乐，带词的乐曲中的词句和乐曲本身一样受到保护。音乐作品的载体可以是以书写形式出现的乐谱、也可以是固定在录音、录像制品上的表演，音乐作品的歌词部分，可以分开使用的，也可以被看成是文字作品（诗词）。许多没有乐谱的即兴表演的音乐，尽管符合作品的内涵，但是如果没有被固定在某种载体上，实际上很难获得保护。

### 3. 戏剧作品、曲艺作品、舞蹈作品、杂技艺术作品

这一大类都是以表演作为主要呈现方式的作品类别。戏剧作品是指话剧、歌剧、地方戏等供舞台演出的作品。例如剧院上演出的或者伴有音乐的地方戏、话剧、京剧、歌剧的剧本。在舞台上的即兴演出也属于戏剧作品，但如果未经固定，则很难得到保护。

曲艺作品是指相声、快书、大鼓、评书等以说唱为主要形式的表演的作品，还有数来宝、弹词、坠子、快板、琴书等也属于曲艺作品。以文字形式出现的说唱底本既属于曲艺作品也属于文字作品，即兴创作的曲艺作品可以以录音、录像等形式固定下来。

舞蹈作品是指通过连续的动作、姿势、表情等表现思想情感的作品。这

---

❶ 汤宗舜. 著作权法原理[M]. 北京：知识产权出版社，2005：32.
❷ 此时的口头表述可以视为对文字作品的表演。

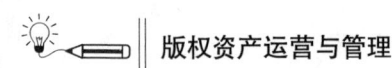

类作品的表现形式可以是书面的舞谱，也可以是其他的方式。例如，用录像将动作固定下来，只要能够具有独创性并能以某种形式加以复制，就能获得《著作权法》的保护。

杂技作品包括杂技、魔术、马戏等通过形体动作和技巧表现的作品。这些作品只要具有独创性并能以某种形式复制就可以获得保护。

4. 美术作品、摄影作品、建筑作品

美术作品是指绘画、书法、雕塑等以线条、色彩或者其他方法构成的有审美意义的平面或者立体的造型艺术作品。绘画有中国画与西洋画之分，中国画有人物画、山水画，有水墨画、着色画等不同的分类方式，西洋画则有油画、素描画、水彩画、粉笔画等。书法是中国的传统艺术形式，通过对汉字的书写、以线条作为表现形式的艺术。司法实践中，将计算机字库中的单字（笔画比较复杂，具有独创性的汉字）看作书法艺术，以美术作品加以保护。雕塑可以细分为雕刻与塑造，在象牙、榄核、石材、砖块上雕刻人物、风景等，均属于雕刻；而以石膏、金属、水泥等材质塑造人物、风景等属于塑造。

摄影作品是指借助器械在感光材料或者其他介质上记录客观物体形象的艺术作品，包括所有通过摄影方式形成的作品。无论拍摄的主题和用途，只要具有独创性均可以作为摄影作品得到保护。但是对于纯粹是机器自动拍摄的照片，例如街头自动相机拍摄的人物证件照片，则不属于作品，因为这里没有摄影者思想情感的表达，不符合作品的一般定义；❶以记录为目的、单纯拍摄文件、物体所获得照片，属于一种复制，不能构成摄影作品。

建筑作品是以建筑物或者构筑物形式表现的具有审美价值的作品。《著作权法》除了保护建筑物本身之外，还保护建筑的工程设计图、草图和建筑的模型。尽管工程设计图、模型作品和建筑作品在我国《著作权法》中分开保护，但有学者主张，三者其实都应该归结为一种作品，相互之间的转化可

---

❶ 但是这一观念越来越面临挑战，许多并非由人拍摄的照片是否具有可版权性呢？例如人造卫星在太空拍摄的星云的照片，能否作为摄影作品加以保护呢？实践中，一般不太区分拍摄的是人还是机器，基本上都会给予保护。在对摄影作品的认定过程中，所谓"独创性"标准被降得很低，几乎与版权法体系国家所秉持的"劳动、技巧"标准一般无二。

以看成是单纯的复制行为。

### 5. 实用艺术作品

在世界知识产权组织编纂的《著作权与邻接权法律术语汇编》中，实用艺术作品被解释为"适于作为实用物品的艺术品，不论是手工艺还是按工业规模制作的作品"。尽管我国《著作权法》没有明确列举实用艺术作品❶，但是对于美术作品并未明确要求不得具有实用性，且采用的列举为非详尽方式，所以《著作权法》所保护的美术作品应该包含实用艺术作品。❷在司法实践中，近年也将实用艺术作品作为美术作品加以保护。实际上，可以将实用艺术作品视为"实用品"与"美术作品"的结合，前者主要是解决功能性需求，后者提供的是审美性元素，作为版权法保护的仅仅是后者，即其具有独创性的艺术部分，而不能保护其功能性的部分，对功能性创新的保护主要由《中华人民共和国专利法》调整。

### 6. 视听作品

这类作品是指，由一系列有伴音或者无伴音的画面组成，能够给人留下活动的动态印象，并且借助适当装置放映或者以其他方式传播的作品，主要包括三类：电影、电视和录像作品。这些作品可以固定在胶片上，也可以固定在激光视盘、电脑硬盘等装置上。"视听作品"的"视"是核心，"听"（伴音）可有可无，最终展示效果中必须有动态画面，即使没有伴音也可以成为"视听作品"。视听作品通过创作者的组织，将人物和情节与音乐、摄影、美术、布景和灯光融为一体，既包括创作者的创作活动，也包含了其他一系列受保护的作品形态，例如，拍摄所依据的剧本就是文字作品，主题歌属于音乐作品，可以独立存在的其他作品形式，可以独立使用，故依照法律可以获得单独保护。

---

❶ 在1992年颁行的《实施国际著作权条约的规定》第六条明确，"对外国实用艺术作品的保护期，为自该作品完成起二十五年。美术作品（包括动画形象设计）用于工业制品的，不适用前款规定。"明确将实用艺术品列为保护对象，但却将美术作品用于工业生产时排除在外。

❷ 国家版权局版权管理司. 著作权法执行实务指南 [M]. 北京：法律出版社，2013：36.

### 7. 图形作品和模型作品

包括工程设计图、产品设计图、地图、示意图等，这些图形作品是指为施工或生产而绘制的作品，通常用于工程施工或者产品制造过程。设计图纸一般不具有审美价值，以此区别于美术作品。对这些设计图纸的复制既包括平面的复制也应该包括立体的复制。地图、示意图等图形作品，是专门反映物理现象、说明事物原理或者结构的平面图形作品，这些作品同样具有较强的功能性，而不具有审美价值。模型作品则是为展示、试验或者观测等用途，根据物体的形状和结构，按照一定的比例制成的立体作品。例如建筑物模型、飞机模型、汽车模型等，模型作品必须以现实的物体为依据，按照比例制作，这与雕塑作品目的及创作方法明显不同。

### 8. 计算机软件作品

是指计算机程序及其有关文档。计算机程序是为了得到某种结果而可以由计算机等具有信息处理能力的装置执行的代码化指令序列，或者可以被自动转换为代码化指令序列的符号化语句序列；同一计算机程序的源程序和目标程序视为同一作品。❶计算机文档主要描述程序的内容、组成、设计、功能规格、开发情况、测试结果及使用方法的文字资料和图表等，如程序设计说明书、设计流程图、用户手册等，尽管是以文字的方式呈现，也属于计算机作品而不归入文字作品范畴。

### 9. 符合作品特征的其他智力成果

是指除了前述的八类作品形式之外，符合作品特征的其他智力成果。此前我国《著作权法》对作品的分类采用限定式立法模式，不符合法定作品形式的智力成果不予保护。新修订的《著作权法》对作品的分类采用开放式立法，即使形式上难以归入例举的作品分类，只要符合作品的定义，《著作权法》也给予保护。

## 二、演绎作品

演绎作品，也可以称为二次作品、派生作品。

---

❶《计算机软件保护条例》第三条。

演绎作品是利用他人已有的作品，进行改编、翻译、注释或整理而形成的作品。这类作品是以他人的在先作品作为基础，通过独创性的劳动，形成新的艺术成果，该作品也受到《著作权法》的保护。

1. 改编作品

是指将他人的作品加以改变，创作出的一种新作品。改编的方式可以有许多种，例如将小说改编成电影、广播剧和电视剧剧本，或者将电影、电视改编成小说。改编作品因其表达形式具有独创性，应当作为作品而得到保护。同时，改编作品属于对在先作品的演绎，故此权利人在行使版权时，不得损害原作者的权利。

2. 翻译作品

就是把作品从一种语言文字转换成另一种语言文字的新作品。翻译并非是机械的文字间简单的转换，而是译者运用自己的理解和知识对原作所做的一种改写，要能够充分表达原作的思想和感情。翻译中要求做到"信""达""雅"，既要忠实于原文，又要通达、雅致，具有审美价值，所以说，翻译作品属于在原作基础上的再创作，是具有独创性的作品。使用计算机软件直接翻译，得到的译文能否构成翻译作品，值得探讨，笔者认为原则上不得视为翻译作品，但是将软件作为翻译的辅助性工具，译者做出校对、调整、改译后形成的译文可以构成新作品。

3. 注释作品

注释是指对他人作品中的单字、词语、文句的疑难点加以解释，对其中的引文、出处等加以说明，帮助他人理解该作品。注释者对于自己独创性的注释文字，享有版权。

4. 整理作品

整理者根据一定的原则将他人杂乱无章的草稿，按照一定的顺序加以编排、以一定的形式表达出来，或者是将会议参加者对某一问题的讨论意见整理成一个文件等，整理者付出了一定的创造性的劳动，这与普通的劳务有所不同，整理者的成果具有独创性的因素，也可以构成作品。

5. 汇编作品

将他人的若干作品、作品片段或者不构成作品的数据、其他材料加以汇编，形成新的作品，只要对其内容的选择或者编排具有独创性，就构成了汇编作品。如果用他人享有版权的作品或者作品片段进行汇编的，必须取得该作品权利人的同意。

## 第三节 限制保护的作品与不予保护的对象

### 一、限制保护的作品

《著作权法》规定，"著作权人和与著作权有关的权利人行使权利，不得违反宪法和法律，不得损害公共利益。国家对作品的出版、传播依法进行监督管理"。对于这些作品，首先必须确定其符合作品的特征，具有可版权性，只是依法不可以出版和传播，其权利的行使受到严格限制。

依据《出版管理条例》第二十五条的规定，任何出版物不得含有下列内容：

（一）反对宪法确定的基本原则的；

（二）危害国家统一、主权和领土完整的；

（三）泄露国家秘密、危害国家安全或者损害国家荣誉和利益的；

（四）煽动民族仇恨、民族歧视，破坏民族团结，或者侵害民族风俗、习惯的；

（五）宣扬邪教、迷信的；

（六）扰乱社会秩序，破坏社会稳定的；

（七）宣扬淫秽、赌博、暴力或者教唆犯罪的；

（八）侮辱或者诽谤他人，侵害他人合法权益的；

（九）危害社会公德或者民族优秀文化传统的；

（十）有法律、行政法规和国家规定禁止的其他内容的。

含有上述内容的作品不得出版发行，可以享有一定的禁止性权利，即当他人非法进行复制或传播时，可以依法要求停止侵权；但不得以传播为目的享有许可权，即不得自行许可他人复制和传播并获得报酬。

## 二、不予保护的对象

基于公共利益的考量和知识、信息传播的需要，我国的《著作权法》不适用于下列对象：

（1）法律、法规、国家机关的决议、决定、命令和其他具有立法、行政、司法性质的文件及其官方的正式译文。这些文件不适用于《著作权法》，目的是促进这些文件的传播，尽快发挥文件的社会治理作用。"国家机关"指的是中央和地方各级国家机关，包括人民代表大会及其常务委员会，人民政府及其各部门、人民法院、人民检察院等。"法规"是指行政法规、部门规章、地方性法规、自治条例和单行条例等。"官方译文"是指以官方名义发表的译文。人民法院的判决书、人民检察院的公诉书属于具有司法性质的文件，也不应该受到《著作权法》的保护。应该注意的是不保护的仅仅是上述文件本身，许多以上述文件为基础，由官方组织编写的文件指南、解读类文章书籍等还是应该受到保护的。

（2）时事新闻。所谓的"时事新闻"，是指通过报纸、期刊、广播电台、电视台等媒体报道的单纯的新闻或各类事实消息。纯粹的事实报道，只有有限的表达方式，含有较少的智力创作可能，因此不能视为文学和艺术作品的范畴。更重要的是，不给予时事新闻以版权保护，可以促进社会信息的传播，符合公共利益。当然，时事新闻的界限有时并不那么清楚，例如，新闻照片是否属于作品，在实践中莫衷一是，但笔者认为，新闻照片因为包含了摄影者的思想和情感，与单纯的事实新闻有所不同，应该属于作品，可以受到《著作权法》的保护。实践中纯粹事实报道是比较少的，对于同样的事实不同的作者会做出不同的选择，最终的新闻也是不一样的，所以也应该获得保护。关于单纯的时事新闻，有一个比较好的例子是，每一次地震发生之后，计算机会自动发出的关于震级与方位的消息。

【延伸阅读】

## 《伯尔尼公约》关于新闻作品版权的规定 ❶

目前,大部分国家批准的是《伯尔尼公约》1971年巴黎文本,中国于1992年10月5日加入的也是巴黎文本。巴黎文本第2条第8款规定,不保护每日新闻或报刊信息事实,其文本为:"本公约提供的保护不适用于日常新闻或纯属报刊性质的社会新闻。"❷ 所谓的"日常新闻",参照世界知识组织的官方解释,仅指新闻事件或事实的单纯信息,因为这类素材不具备可以被确认为作品的条件。

我国的《著作权法实施条例》将"时事新闻"解释为"单纯事实消息",这与西方所谓的"纯新闻"概念相似。所谓"纯新闻"也被称为"直写新闻",是采用客观报道手法迅速而简洁地报道新闻事实的新闻文体,在19世纪末以前,在新闻报道领域一度占统治地位。与其他新闻相比,"纯新闻"以"何事"为报道重点,客观报道新闻事实,其他新闻要素常常一带而过,不直接参与评论,把事实报道与意见分开,引用知情人或权威人士的评价应注明出处。所以,从性质上看,"纯新闻"是为了传递当日或最近信息的纯客观的事实性报道。

当然,《伯尔尼公约(1971年巴黎文本)指南》也强调,"采访记者和其他记者用于报道或评论新闻的文字如果包含充分的智力创作成分,足以看作文学或艺术作品,则是受到保护的"。至于其中的"这种智力创作成分是否充分地表现出来,以及将新闻和事实形诸文字的是带有一定独创性的叙述",还是属于纯粹的关于事实没有独创性的简单报道,则需要法院根据个案判定。

(3)历法、通用数表、通用表格和公式。历法是指对于时令、节气以及年月日的计算方法;通用数表,例如对数表、平方根表等;通用表格,例如

---

❶ 翟真.新闻作品版权研究[M].北京:知识产权出版社,2015:67-69.
❷ 山姆·里基森,简·金斯伯格.国际版权与邻接权——伯尔尼公约及公约外的新发展[M].郭寿康,等,译.北京:中国人民法学出版社,2016:429.

会计表格、银行的存款单等；公式是在数学、物理学、化学、生物学等自然科学中用数学符号表示几个量之间关系的式子，具有普遍性，适合于同类关系的所有问题。这些都是属于公知公用的范畴，不能为少数人所垄断，所以不认为是作品，也不受《著作权法》的保护。至于电话号码簿、列车时刻表等是否属于作品，应该根据实际情况，如果其编排具有独创性，对其内容的选择与编排构成智力创作时，则可以视为作品而获得保护。

# 第四章　版权资产的特殊形态

版权资产包括《著作权法》规定的经济性权利，即该法第十条第五至十七项权利，以及因作品传播而形成的演绎类权利，鉴于人身权利原则上只能由作者本人行使，而不能由其他人行使[1]。对于因接受转让或许可而获得版权资产，原始作者的人身性版权内容构成了版权资产的限制性使用条件，可能成为一种负资产。另外，在网络时代，随着作品使用方式的变化，出现了新的版权资产的形态。

## 第一节　版权资产的延伸

版权资产并不仅仅限于传统的版权经济权利和邻接于版权之上的相关权利，版权资产还可以延伸至版权的人身权部分以及作者的名称权、作品的形象权、商品化权，有时后者可以构成更有价值的版权资产。

### 一、人身权利

版权的人身权利与经济权利在法律性质上有着较大的区别。《著作权法》之所以保护作者人身权利，是承认作品是作者所创作，给予其应有的评价，

---

[1] 关于这一点，有些学者（如杨延超）提出异议，认为著作人身权利具有两个方面，即纯粹的精神权利和财产权利，有些人身性权利，如作品的修改权许可他人行使并无损于公共利益，应当允许。但是传统的著作权理论均不允许将版权人身性权利许可他人行使或转让给他人。

并保护其作品的完整，禁止未经许可的修改（篡改），最终达到鼓励创作、促进文化发展与艺术繁荣的目的。人身权利隶属于作者自身，属于一种精神权利，不可转让，但在作者死后可以由其他人代为保护。有学者认为，人身权只属于自然人，但在立法上，并未明确排除法人或其他组织享有所谓的"人身权利"。

从版权资产的角度看，著作人身权利本身由于不能交易和许可他人使用，所以难以构成版权的积极资产，但在使用作品时一旦侵犯作者的著作人身权利，可能要承担停止侵权、召回产品等法律责任，造成资产的价值损失。所以，从资产角度看，著作人身权可以看作是版权资产的消极部分。

作者之所以对其创作的作品享有人身权利，是因为创作本身是一种智力劳动，每一部作品其实投射或凝结了作者独特的人格特质，是其作为人类所专有的创造性属性，即使作者本人死亡，其人格利益依然应该得到法律保护，其作品不能被歪曲、其人格不能被诋毁。版权的人身性权利可以依法由其继承人或受赠人保护，也可以依照遗嘱由第三人保护。法人和其他组织的作者人身权实际来自法律的拟制，尽管西方很多国家规定法人不能享有作者人身权利，但我国的法律允许法人和自然人成为作品的作者，故其也应该享有相关的属于作者的"人身权利"。

人身权利的具体内容有四项。

### 1. 发表权

这是作者决定是否将作品公之于众的权利。作者有权决定其作品是否发表，何时发表以及以何种形式发表。所谓的"公之于众"，按照最高人民法院的解释，指版权人自行或者他人经版权人的许可将作品向不特定的人公开，但不以公众知晓为构成条件[1]，例如公开销售、出租、出借作品的复制品或录音制品，或者在对公众开放的场所表演或展出作品，或者以有线或者无线方式向公众传播作品的表演，均构成发表。而面对特定的人群公开作品则不能构成发表，例如，老师在课堂上讲课不构成对课件和教案的发表，在家庭聚会上朗诵也不构成对自己创作的诗歌的发表。

只有创作作品的作者才能确定其作品是否发表以及何时、以何种方式

---

[1]《最高人民法院关于审理著作权民事纠纷案件适用法律若干问题的解释》第九条。

发表，这是作者人格利益的体现。未经作者同意，擅自将作者的作品公之于众，是一种侵犯作者发表权的行为。未经作者同意将作品公之于众，尽管作品的内容已经为公众所了解，但仍应认为作品尚未发表。发表权专属于作者本人，但在特定的情形下，也可以由他人行使：一种情形是发表权必须与某种财产权同时让渡、行使，例如，作者将自己撰写的文章向报社投稿，就是委托报社行使复制、发行权和发表权；另一种情形是作者将自己创作的美术作品赠送给他人，持有美术作品原件的人同时也享有了该作品的展览权，在展览的同时也构成发表；第三种情形是作者死亡，其继承人可以行使发表权。

发表权只能针对尚未发表的作品形式，任何经过合法方式将作品公之于众之后，其发表权已然用尽，当然依据该作品重新创作的演绎作品，如翻译作品，译者还是对其译本享有发表权。

从版权资产的角度看，发表权具有天然的财产属性：没有发表权，其他权利就无法行使，"发表"本身就是作品使用的方式之一；转让未经发表的作品版权必然需要同时转让发表权，否则版权受让毫无意义。发表权实际上构成对版权经济性权利的限制，有鉴于此，为了促进版权贸易的发展，平衡各缔约方的利益，《伯尔尼公约》并未规定发表权。

### 2. 署名权

这是指作者在作品上签署名字、表明作者身份的权利。署名的目的就是为了表明签署者是该作品的创作者，彰示作品与创作者之间的联系。我国《著作权法》的规定，"如无相反证明，在作品上署名的自然人、法人或者非法人组织为作者，且该作品上存在相应权利，但有相反证明的除外"❶。署名主要有两个意义，一是确认作者身份，是对其创作行为和对社会贡献的褒扬；二是标明作者身份，有文责自负的意味。

作品的署名还可以排除没有参加创作活动的人在作品上署名，在作品上署名的人必须是真正参加创作的作者以及依法视为作者的法人或其他组织。仅仅为创作提供咨询意见、物质条件，或者进行其他辅助性工作的，都不是创作行为，也无权参加署名。在他人的作品上署上自己的名字属于侵犯作者

---

❶ 《中华人民共和国著作权法》第十二条。

署名权，是一种剽窃行为。

作为一种权利，作者有权签署真实姓名，也可以签署别名、笔名、假名，也可以选择不署名。作者选择不署名并不意味着放弃著作权，只是行使署名权的一种方式而已。对于不同的作品有不同的署名方式，对于以印刷方式发表的作品，可以在作品上加以记载，对于以电影作品（类电作品）、录音录像制品方式发表的作品，也可以在作品或制品上记载，对于音乐演奏或戏剧演出的作品，可以在海报、节目单中或报幕时载明或说明等，有些情况下不适合署名，如纪念币、在一些广告中使用的摄影作品、使用他人设计的字体等情形均不太适合署名，但可以其他方式表明作者。

### 3. 修改权

这是作者修改或授权他人修改自己作品的权利。这种权利当然是指对已经发表的作品修改，对尚未发表的作品修改不能适用此权利。作品发表之后，作者经过一段时间的思考可能对自己作品中的观点、情感和思想倾向已经发生改变，作者有权对自己的作品进行修改。可能侵犯作者修改权的主要是出版机构，因为对已经正式出版、发行的作品作者要加以修改，需要召回已经发行的作品，这往往会损害出版机构的利益，出版机构通常会拒绝作者修改作品的要求。为了保护作者的人身权利，版权立法特别作如此制度安排。

作者可以对自己的作品进行修改，修改权属于一种专有性的人身权利。他人未经许可对作品进行修改、删节，可能出现与原作精神相左的情况，或者影响了作者的声誉，这是对作者修改权的侵犯。当然某些作品在使用的过程中，应该允许使用者做必要的修改，例如文字作品出版时，必须允许对单纯的文字错误进行修改；版权人许可他人将其作品摄制成电影作品的，视为已经同意对其作品进行必要的改动，但这种改动不能歪曲、篡改原作品。

修改权可以产生一种新的权利，即作品收回权，指"作者将作品的使用权让与他人后，在承担受让人损失的前提下有将作品使用权收回的权利"❶。作者行使收回权，会对作品的使用者和传播者产生巨大的影响，需要谨慎行使。

---

❶ 杨延超.作品精神权利论[M].北京：法律出版社，2004：168.

4. 保护作品完整权

即作者保护其作品不受歪曲、篡改的权利。未经版权人许可，不得对其作品进行实质性修改，更不得故意改变或用作伪的手段改动原作品。实践中，经常有在他人擅自修改作者作品的时候，也有在作者同意对其作品进行修改或改编后，甚至是对超出版权（经济性权利）保护期的作品进行改编时，作品被歪曲和篡改，有损作者的荣誉或名声，作者或其继承人可以依据这一精神性权利获得救济。

## 【延伸阅读】

### 侵犯作者的"保护作品完整权"，出版者被判停止侵权 ❶

陈世清（原告）系《老板与孔子的对话》《老板与老子的对话》《老板与孙子的对话》三本著作的作者。2009年12月17日，陈世清委托北京快乐共享文化发展有限公司（被告一）代理出版上述图书，委托合同约定：受托人不得对作品进行修改、删节或增补，作品最终使用名称由双方商定。2011年11月，图书由天津教育出版社有限公司（被告二）出版，书名改为《老板＜论语＞释义》《老板＜老子＞释义》《老板＜孙子＞释义》，而且删除了作者撰写的涉案作品的总序、前言、后记和作者简介四部分。

陈世清以"两被告未经许可更改书名，删除总序、前言、后记和作者简介，并且删除的内容未在目录中体现的行为属于侵犯其对作品享有的保护作品完整权"为由，起诉至法院，要求两被告重新印刷发行《老板与孔子的对话》《老板与老子的对话》《老板与孙子的对话》三本书稿，回收已经发行的《老板＜论语＞释义》《老板＜老子＞释义》《老板＜孙子＞释义》，赔偿经济损失18000元，并在全国性媒体上公开道歉。

法院认为，"《中华人民共和国著作权法》第十条第一款第（四）项规定，保护作品完整权即保护作品不受歪曲、篡改的权利。一般来说，在作品发表之时，原则上必须尊重作品的全貌，如果此时改动作品，会损害作者的

---

❶ 来源于北京知识产权法院《民事判决书》（2015）京知民终字第811号。

表达自由，因为作者有权以自己选择的方式表达思想，此时可采主观标准。采主观标准，有利于加大对著作权的保护，增强公众尊重他人权利、维护他人作品统一性的意识。此外，我国现行著作权法规定的保护作品完整权并没有'有损作者声誉'的内容，应当认为法律对于保护作品完整权的规定不以'有损作者声誉为要件'。另外，是否包含'有损作者声誉'的限制，涉及权利大小、作者与使用者的重大利益，对此应当以法律明确规定为宜；在著作权法尚未明确作出规定之前，不应对保护作品完整权随意加上'有损作者声誉'的限制。保护作品完整权维护的是作品的内容、观点、形式不受歪曲、篡改，其基础是对作品中表现出来的作者的个性和作品本身的尊重，其意义在于保护作者的名誉、声望以及维护作品的纯洁性。从这个意义上说，即使未对作品本身作任何改动，但使用方式有损作者的名誉、声望的，亦属于对作者人格的侵害，可以通过保护作品完整权予以规制。同时，不论使用者是恶意还是善意，是否出于故意，只要对作品的使用客观上起到歪曲、篡改的效果，改变了作品的内容、观点、形式，就应判定构成对作品完整权的损害。"

在本案中，《总序》及三本书的《前言》和《后记》是对于涉案作品在学术理论方面的提炼和升华，体现了作者在涉案作品中想要突出表达的系统化的观点，是涉案作品的有机组成部分。被上诉人快乐共享公司、天津教育出版社未经上诉人陈世清许可，在涉案图书中未使用《总序》及三本书的《前言》和《后记》的行为，使上诉人陈世清的学术思想不能完整、准确、系统地呈现在公众面前，构成对涉案作品的实质性修改，改变了涉案作品的内容、观点和形式，客观上达到了歪曲、篡改的效果，侵害了上诉人陈世清享有的保护作品完整权，依法应当承担停止侵害、赔礼道歉的民事责任。

在本案中，被上诉人快乐共享公司、天津教育出版社未经上诉人陈世清许可，擅自将涉案作品的标题分别由《老板与孔子的对话》《老板与老子的对话》《老子与孙子的对话》改为《老板＜孔子＞释义》《老板＜老子＞释义》和《老板＜孙子＞释义》。上述改动并未改变涉案作品系孔子、老子、孙子思想对于体现现代市场经营管理代表老板的指引、教导的含义，并未达到歪曲、篡改涉案作品的程度，被上诉人快乐共享公司、天津教育出版社的上述行为并未侵害上诉人陈世清就涉案作品享有的保护作品完整权。

在本案中，被上诉人快乐共享公司、天津教育出版社未经上诉人陈世清许可，在涉案图书中没有使用"作者简介"。由于"作者简介"只是对作者陈世清的介绍，而非涉案作品的内容，上述行为也并未达到歪曲、篡改涉案作品的程度故被上诉人快乐共享公司、天津教育出版社的上述行为并未侵害上诉人陈世清就涉案作品享有的保护作品完整权。

鉴于侵害保护作品完整权的民事责任形式中的停止侵害是指不得继续进行侵害行为，而不是指重新出版发行以及回收侵权作品，因此上诉人陈世清关于被上诉人快乐共享公司、天津教育出版社重新出版发行涉案图书修订版各6000册的请求，于法无据，本院不予支持；但上诉人陈世清的该项上诉请求中包含的停止侵害的内容，于法有据，本院予以支持；同时，上诉人陈世清关于被上诉人快乐共享公司、天津教育出版社回收已经出版发行的涉案图书的请求，于法无据，本院不予支持。

鉴于保护作品完整权系著作人身权利而非著作财产权利，故侵害保护作品完整权的民事责任形式中并不包含赔偿经济损失的内容，因此上诉人陈世清关于被上诉人快乐共享公司、天津教育出版社赔偿其经济损失18000元的请求，于法无据，本院不予支持。

最后北京知识产权法院判决：两被告停止发行《老板〈论语〉释义》《老板〈老子〉释义》《老板〈孙子〉释义》三本图书，在《光明日报》上登报赔礼道歉。

## 二、作者名称权、作品形象权及其商品化

作品创作者的名称权包含两方面的内容，其一是作为一种人格的要素，具有人身的属性，可以禁止任何人歪曲和贬损性使用；其二蕴含着财产性因素，对名称权加以商品化，可以获得经济性利益，从这个角度看，作者的名称权也可以构成无形财产权，属于知识产权的范畴。❶

---

❶ 谌远知.文创产业中商品化权与知识产权研究[M].北京：经济科学出版社，2012：52-53.

对于作品形象的商品化权❶，现行《著作权法》没有做出相关规定。由于1990年的《著作权法》对于异体复制的限制，使得采用工业化生产的方式复制他人作品中的人物、漫画形象被排除在侵权行为之外，可以明确地看作是我国法律不保护作品形象商品化权的重要佐证。但是2001年的《著作权法》删除了上述限制，使得各类异体复制行为应该受到法律保护逐渐为我国法院所确认，这就使得作品形象的商品化权保护有了立足之处。

1. 作者名称权

作者名称权不同于作品的署名权，署名权是指作者有权在发表作品时禁止他人在作品上署名，并有权在自己的作品上署名。但是如果是在并非自己创作的作品上，他人硬要署上自己的名字，自己并无"掠他人之美"的故意，也无"掠他人之美"的行为，因为作品本身并非自己创作，所以无论是署名权的积极方面还是消极方面均无法对此进行规制。实际上，这应该属于侵犯作者的名称权（姓名权）。

《著作权法》第五十三条第（八）项将"制作、出售假冒他人署名的作品"行为认定为侵权，损害公共利益严重时该行为可能同时构成犯罪。假冒他人署名，显然不是侵犯他人的署名权，因为署名权只能因创作作品行为而产生，未创作作品时，显然不能享有所谓的"署名权"。这种情形应该是对他人名称权（姓名权）损害，属于侵犯他人受到民法保护的人身权利，也同时损害了他人对自己"名称"的商品化权益。

如果在自己的作品上署上他人的名字，构成侵犯他人的名称权，但如果恰巧自己的名字与某名人的名字相同的情况，该怎么办呢？如果从姓名权的积极方面，自己当然有权利在自己的作品上署名，但是碰巧有一个更加著名的同名者，客观上会造成假冒的结果，不管有意还是无意，可以算得上是"掠美"于他人，后来者对于他人在先的权利有避让的义务。在这种情况下，

---

❶ 湛远知认为，商品化权究其实质就是对"人物或动物角色、形象、著作作品的名称或者片段"的"标志"进行商业化，由此形成一种制度或权利类型，进而认为，商品化权是一种人格性财产权。（湛远知. 文创产业中的商品化权与知识产权研究 [M]. 北京：经济科学出版社，2012：34，38.）但是所谓"商品化权"，并非《著作权法》明确规定属于著作权人的专属权利，这对于作品的使用和版权的运营带来极大的障碍。

名气更大的作者提起诉讼，可以适用《反不正当竞争法》来处理相关的法律关系，要求作者在正当使用自己姓名的同时给予一定的限制，加上明确的标识以与名人相区分。而《反不正当竞争法》调整恰好是经济性权利，从这个角度对于作品作者的名称权的保护具有参考意义。

名称（包括姓名、笔名、艺名或单位、组织的名称等）是作品创作者重要的形象符号，可以作为市场要素，对名称的支配是名称权的重要权能，对名称权进行市场化的运营可以获得经济效益，可以通过许可使用、商业代言等方式直接获得经济利益。作者的名称还具有标示作品来源的重要功能，可以利用既有作品形成的市场优势，影响后面署名作品的市场，如名家创作的畅销小说甫一上市即引来追捧，著名导演的作品，只要他的名字出现就是票房的保证。所以，作者的名称权除了人格性的意义外，也具有经济性的意义，对于名称权的正确使用可以获得较多的市场竞争机会和较好的经济利益，从这个角度看，名称权具有重要的经济性价值。名称权的利用是基于作品和其他渠道而产生的市场竞争优势，依法有权避免他人搭便车，有效地利用这一优势，可以获得额外的经济利益。这显然属于作者名称权的商品化权利，这一权利既可以来自某部特定作品，也可以来自一系列作品。❶

对于创作者名称权的支配性使用不仅仅在于作品的署名与否，更具有市场价值的是作为标识性的使用方式，明示或暗示作品与某人有关系即可获得超出寻常的市场价值。例如，一个名气不大的书法家在作品中暗示或者明示自己是某名家的弟子，实际上并不是；将自己的作品附骥于某畅销作品，以续作自居，实际上并未获得原作者的许可；某作品以某某名家倾力推荐作为幌子等，虽然不符合"假冒他人署名作品"这一侵权特征，但同样是一种攀附他人名声、掠他人之美的搭便车行为，应该作为不正当竞争行为加以规制。

2. 作品形象权

作品形象权是隶属于作品的艺术形象要素在商品化过程中产生的独特的

---

❶ 社会上的体育明星、演艺明星和其他各类人气明星的姓名、形象等商品化权，在我国法律上并未规定，司法实践中相关主体经常依据《中华人民共和国侵权责任法》《中华人民共和国反不正当竞争法》等寻求保护。

私有权利。艺术形象可以分为真实人物形象和虚拟人物形象（包括动物、机器以及拟人化的其他物品形象）。人物形象在作品中展示的方式可以是文字式的形象，例如，文字作品中所塑造的艺术形象，以文字的方式呈现，人物的名称、个人独有的经历、个性特质等都是其主要的形象要素；人物形象另一种展示方式为视觉化的形象，如美术、雕塑、摄影作品、电影作品中的人物形象❶，可以直接为观众或读者所感知，其独特的外在特征是其主要的形象要素。

作品形象是艺术作品具有独创性的核心构成要素，作品的形象应该受到保护。但是由于我国的《著作权法》及相关法律均没有明确规定艺术形象（角色）的商品化权，在司法保护上只能采取保护作品的复制权、发行权作为裁判依据，但是对从平面的艺术形象转换为立体的形象，例如采取工业化模型制造，甚至是建造成建筑物等方式，早期法院对这一类的侵权指控一概不予支持，但目前法院基本上转变了态度，大多将动漫形象本身作为独创性美术作品加以保护，以侵犯作品的复制权、发行权为由，要求使用动漫形象的侵权人承担责任。问题在于，所有美术作品本身是平面的，而制作成的卡通玩具则是立体的；有时候，作品使用者会刻意将动漫形象做出一定的修改，单从形象上可以看出来源于某作品，实际上又与原作者的任一幅美术作品均不相同，勉强说是复制，却凿纳不入，难谓圆通——我们把临摹都排除在复制之外了。

利用既有作品的艺术形象元素创作新的作品，例如利用动漫作品的人物形象开发游戏作品，利用文字、漫画、影视等作品的人物名称等元素创作新的所谓"同人小说"❷，或者利用他人作品独创的艺术形象元素拍摄电影等，无不是掠他人之美，搭他人之便车。现有的《著作权法》无法单独解决这一问题，许多情况下必须借助《反不正当竞争法》来调整。

作品艺术形象显然是属于一种艺术创作成果，其价值首先来源于作者的

---

❶ 作品中独特的声音形象是否也应该获得保护，例如配音演员李扬为电视剧《西游记》孙悟空独特的配音，形成一种具有识别性的声音形象，而后很多的商家刻意模仿制作广告，对这一现象是否应该加以规制，值得探讨。

❷ 同人小说（FAN FICTION），指的是利用原有的漫画、动画、小说、视听作品中的人物角色、故事情节或背景设定等元素进行的二次创作小说。

独创性劳动，但其本身基本上难以单独构成作品，艺术形象的价值还来源于广泛的社会传播，使其获得了受众的认同。在这样的背景下，利用艺术形象才可以获得市场机会和经济利益。所以，作品形象的利益隶属于作品，可以作为版权的延伸部分由版权人享有，其权利也可以构成版权人资产的一部分。

## 【延伸阅读】

### 角色商品化权

1994年12月，世界知识产权组织发布《角色商品化权报告》，对角色的商品化权相关问题做出了解释。

角色商品化的对象主要是熟知的人物形象，这种人物形象的构成包括姓名、形象、外形或者声音、其他代表性的元素。广义的角色包括虚构的人物、虚构的非人形象和真人。虚构角色则主要来源于文学作品、连环漫画、艺术品、影视作品。对角色知名度的开发在20世纪以前就存在，但并非直接出于销售目的，如代表产品或服务、宗教目的等。对虚构角色的商品化最早始于1930年美国迪士尼开发的卡通形象米奇、米妮、唐老鸭，用于生产销售大量廉价的商品；对文学作品角色的开发可能源于比特阿丽克丝·波特或者爱丽丝梦游仙境。

虚构角色的商品化是最早和最知名的商品化使用，包括在商品或服务的销售和宣传中，使用虚构角色的重要人物特征，如卡通、绘画之类的虚构角色的名称、形象、外貌进行二维、三维再生产；或者将文学作品改编为卡通、卡通电影，电影角色改编为卡通形象；以及其他影视作品中的虚构卡通角色等。权利人将角色的重要人物特征在产品或服务中进行使用或开发，意图激发相应顾客的购买欲，使其因喜爱该角色而购买相关产品或服务：如米老鼠三维再现为玩具，T恤印有忍者神龟的名字或形象，香水瓶印有阿兰迪伦，埃尔顿约翰喝可口可乐的广告片。

角色商品化的主要方式是，角色权利人（包括角色创作者或者被授权的第三方）对角色进行第二次开发利用或对角色的主要个性特征，包括但不限于昵称、外表肖像、语言风格、特殊习惯、个性动作等进行改编，将角色与特定商品或者服务联系起来，利用角色自身的知名度与受欢迎程度销售推广该商品或者服务。

角色的相关权利包括：财产权（经济、开发权利）；使用该角色（姓名、形象、外貌等）并从中获益、处分的权利。但是各国的立法均没有专门立法保护"角色商品化权"，也没有相关的国际条约，各国主要是以著作权法、商标法、专利法、反不正当竞争法等进行分散保护。目前我国对文学、动漫等虚构角色的"商品化权"的保护主要是依赖于《著作权法》，将动漫、文学、影视等形象，当成具有独创性的作品加以保护，对于侵犯其"形象商品化权"的，以侵犯作品的复制权、发行权、信息网络传播权处理；也有部分案件是以违反《商标法》或者《反不正当竞争法》加以处理的。

## 第二节 网络时代版权资产的新形态

版权资产的形态是由一系列权利组成的"权利束"构成的，既包括创作者的版权，也包括传播者拥有的邻接性权利。这些权利在网络时代以异于传统的方式呈现出来，网络版权是版权资产的重要组成部分。

### 一、从"复制权中心主义"到"信息网络传播权中心主义"的变革

从理论上看，版权资产的权利形态可以分成三大基本权利，即：复制权、传播权、利用权（演绎权）。复制权是以印刷、复印、拓印、录音、录像、翻录、翻拍或其他方式直接、间接、永久或暂时地将作品制作一份或多份的权利。复制权是其他权利的基础，对于作品的传播和利用都离不开对作品的复制，即使是对作品的网络传播也离不开在服务器端形成一个作品的复制件。

与复制相比，传播对于作品而言有着更加重要的意义，所谓"无传播也就无权利"已然成为学界通说，传播是复制的最终目的。传统上以复制权为版权保护的核心，控制了复制也就控制了作品的传播。出版行为包括了"复制"和"发行"两个行为，表演其实也包括了"复制"和"表演"两个行为，所有的传播行为本质上离不开包含于其中的"复制"的，利用复制权这

一工具，就抓住了作品经济属性的根本。所以说，传统的版权保护制度实际上是建立在对作品复制行为的控制上的。

传统的传播方式是单向度的，几乎每一次传播均伴随一次复制；在网络时代，传播方式发生了巨大的变化，呈现下列特点：①即时性。在网络数字环境下，所有作品信息是以数字方式存储在光、磁等介质上，通过计算机网络高速传输，使得位于网络上的任何终端均可以获得作品。传输速度与网络硬件技术速度相关，在高速的网络和硬件条件下，其延时性几乎可以忽略不计，用户发出请求后，可以即时获得作品的复制件。②交互性。这是相对于传统传播方式的最为显著的特点，信息的发布者与信息的接受者之间可以进行双向的、实时的交流。作品的需求者可以在自己选定的时间、地点、以自己确定的方式获得作品，而且作品的接受者也可以将作品以自己选定的方式传播给任何人。任何人都可以成为再次传播的源头。故此，在互联网上，不存在单纯的接受者，任何人都可能是传播行为的参与者。③个人性。数字传播的个人化特征明显，技术进步带来的优势使得受众可以从容地在浩如烟海的互联网世界中各取所需，各种检索工具可以很快地定位目标作品的所在，个人还可以通过设置条件和目的，个性化地定制特殊的作品，甚至一些网络内容提供商利用后台大数据技术直接向特定个人推介经过筛选的作品。④全球性。联通国际的互联网络，使得世界成为地球村，作品的传播可以方便地跨越国界和区域进行，跨境获取作品或传播信息越来越容易，作品全球同步发行成为常态。

在传统社会，控制复制能够取得很好的版权保护效果，是因为复制作品是明显且有意的外在行为，也是发行作品的前提。"正因为如此，在传统的物理世界中，复制成为版权侵权的准确预报和前提；控制复制也就成为有效而便利的控制手段——控制对作品的其他侵权行为"❶。在数字网络技术时代，如果继续以复制权来控制作品的获得，将会导致重要的冲突：① 在数字网络时代，存在着各种类型的复制，例如网络服务器的复制、路由器的复制、个人浏览器的复制，交织着所谓的"临时复制""私人复制"等

---

❶ 吕炳斌.网络时代版权制度的变更与创新[M].北京：中国民主法制出版社，2012：44.

情形，如果一概交由复制权加以控制，将妨碍技术进步，有悖于公共利益。② 由于互联网络具有天然共享的属性，每一个存在于服务器上的作品都可能为世界各地的受众所访问，对作品的复制和传播，可以在很短时间呈几何级数的增长，既难以被发现也难以被计量。尤其是数字化的作品复制几乎没有成本，在一瞬间就可以完成大量作品的复制，以控制复制来行使作品的版权，几乎是不可能完成的任务。③ 互联网是一项改变了人类生存方式的伟大发明，是促进文化传播和科学发展的重要工具，以复制权作为作品创造的激励手段的传统模式已经落后，取而代之的是以浏览量、作品的分发量为主要的激励方式，网络经营者和网络内容提供者均有鼓励作品传播的内在动力，切断作品的复制，并不符合网络参与各方的利益。解决问题的关键在于建立起以网络传播为核心的版权新形态，在数字网络环境下，传播行为对实现作品经济利益发挥着更为重要的作用，控制传播远比控制复制更能有效地实现版权经济价值。可以说，数字网络技术从根本上颠覆了以复制权为中心的版权利益平衡格局，控制传播行为对版权利益的分配起着无比重要的作用。

2003 年，我国修订《著作权法》时增加了一项新的权利即"信息网络传播权"，并颁布了《信息网络传播条例》。对于文化企业而言，信息网络传播权正式成为企业版权资产的核心部分，其重要性已经超过了复制权、发行权、表演权等其他传统权利。

与传统出版业的明日黄花境遇相比，以信息网络传播权的行使为主要手段的数字出版业却呈现出方兴未艾之态，"在 2006 年—2016 年的十年，我国网络核心版权产业行业规模从 2006 年的 163.8 亿元增长到 2016 年的 5086.9 亿元，年增长率保持在 30% 以上，产业规模增长超过了 30 倍，形成了泛娱乐等跨界版权运营的独特商业模式，并且带动了智能硬件、线下 IP 授权开发等实体经济转型升级。"❶

## 二、新技术条件下的版权特征

在数字互联网环境下，版权的生产、流通和保护均与传统环境下有所不同，主要有下列特征：

---

❶ 赖名芳，中国新闻出版广电报. 我国网络核心版权产业去年增长 31.3%[EB/OL]. [2017–04–25]. http://data.chinaxwcb.com/epaper2017/epaper/d6492/d3b/201704/77178.html.

### 1. 海量化的生产规模

版权作品的生产变得更加灵活和高效，文化企业组织版权生产的方式也据此发生了变化。在网络环境下，每个参与者都可以成为作品的创作者。许多作者利用微博这一平台发布自己创作的作品，吸引粉丝阅读欣赏。文学类的网站提供创作平台，任何人均可以签约成为作品的创作者，圆自己的作家梦；漫画类网站，允许普通作者上传其创作的漫画作品；视频类网站接受普通网友制作的视听作品……随着数字新媒体的进一步发展，横亘在作者与读者之间的沟壑几乎被荡平，新技术激发起普通人的创作热情，每天都会生产出海量化的作品。

版权企业应该因势利导，可以在海量的作品中披沙拣金，发掘优质的版权资产。

### 2. 碎片化的传播方式

一方面，传统媒体的市场份额逐步收缩，传统媒介的传播效能不断降低；另一方面，新兴媒体的兴起，使得作品的传播渠道激增，尤其是自媒体交流方式的兴起，使得多元化的意见表达成为现实。版权内容的传播可以根据读者的个性化需求拆分成许多的碎片，分别加以利用。例如，一本完整的图书可以拆分成一篇篇文章、一幅幅图表分别加以利用，传播给不同人。

这使得文化企业对版权作品的利用更加精细化、集约化，需要借助信息技术处理版权作品的传播问题。

### 3. 个性化的版权利用模式

个性化是每个人文化需求的重要特征，信息网络技术为作品利用个性化提供了强大的支撑，借助互联网和新媒体，这种需求得到了充分的释放。为了迎合版权使用的个性化需求，许多文化企业对于版权的运营方式，也体现出高度个性化的特征。例如，出版企业可以利用数字出版技术向特定的读者提供具有个性化的产品，根据其所需要的内容，单独出版一本书，这在传统时代几乎是不可能实现的。

### 三、作品使用形式的多样化催生了新的版权资产形态

作品有多少种使用方式，作者就有多少种权利。历史上，作者版权内容的每一次扩张无不是基于技术的进步而催生出作品新的使用和传播方式。在数字网络时代，对作品的使用或利用的既有方式被完全颠覆，产生了许多对于作品使用和传播新的方式，这也使得版权资产有了新的内容形态。

#### 1. 作品的数字化使用方式

数字作品是以能够为计算机识别的二进制编码方式呈现的作品，可以分为数字化作品和数字式作品。数字化是将传统的文字和图形、影像、声音等形式存在的作品，转化为能够为计算机识别的二进制编码的数字化信息的过程。几乎所有的作品都可以通过数字化而成为一段数据被存储在计算机的硬盘中。作品经过数字化之后便于编目和保管，也便于检索和提取，也很容易利用网络进行传播。目前，还有一些作品的创作是以数字方式直接进行的，例如利用数码相机拍摄照片、直接在电脑上绘制图形、美术作品，或者直接在电脑上写作，直接就是属于数字化的作品。随着技术的发展，数字化的作品将越来越多，成为作品的主要表现形态。

传统的作品经过数字化以后，对于数字作品的利用和传播，产生了一系列新的著作权利和邻接权利，例如信息网络传播权、数字广播权、基于各种终端的机械表演权等，这些新产生的权利形态，构成了权利人的版权资产。

有些本身只能以数字式的作品，以数字代码为作品的外在形态。例如软件作品就是一种典型的数字式作品。软件作品是专门为计算机开发的、为实现某种功能的数字作品；专门为计算机开发的网络游戏、手机游戏、单机客户端游戏等，均是只以数字形式存在的计算机程序。软件作品属于只能通过计算机才能使用的作品形式，复制、传播均与传统作品有所不同。

#### 2. 同一种权利针对不同客户端的多重使用授权

互联网技术的不断发展，促使许多新的设备诞生，除了 PC 终端外，还有智能手机、掌上 IPAD、电子书阅读器、可移动的视频播放器、IPTV 等可穿戴的终端设备，为我们的作品使用和传播提供了新的渠道。

在此之前，版权人只要做一次授权例如信息网络传播权就可以了，但现在需要对不同的终端进行多次授权，以获取超额的版权利益。例如一部电影除了传统的院线、DVD 光盘发行等渠道外，可以授权给网站进行网络独播、授权 IPTV 运营商在特定区域的数字电视系统上播放，还有手机端的播放权、掌上 IPAD 的播放权，等等。

客户端的细分就意味着市场的细分，就像广州人精明地将一条鱼分成鱼头、鱼身、鱼尾，分别标价出售，可以获得比一整条鱼出售更高的价钱。例如可以将电影作品的分发分成首轮播映权、二轮播映权等，按照不同地区、不同网站分别授予不同的权利，实现版权产品在市场的全覆盖，借此赢得更多的市场利益，实现版权资产价值的最大化。

### 3. 数字网络时代因新的作品利用方式而催生新的权利形态

传统的出版业中，图书印刷发行之后，待收回投资并获得盈利，主要的流程就基本完结了，好的图书可以以再版、加印的方式获利。在数字网络时代，作品不仅拥有传统的实体图书的发行渠道，还可以利用网络传播，例如作为电子书在网络上销售，以连载的方式由专门网站提供给读者付费阅读，还可以提供给数字图书馆供读者付费使用。

数字网络时代，对于动漫行业也是一个巨大的机遇，不但动漫作品的传播途径更加宽广，而且对于动漫形象的深度开发利用成为可能，可以开发出电脑游戏、网络在线游戏、手机端游戏项目，也可以将动漫形象植入网络教育以及各种泛娱乐产业。

对于音乐版权作品而言，数字网络带来了更多的作品利用方式，广泛化的传播导致音乐作品被侵权使用的情况激增，但如果加以有效的管控和授权则可以增加资产的价值回收率。

所以说，网络数字技术给传统的版权资产增加了新的内容，版权人获得了新的盈利机遇。

# 第五章 版权运营战略与版权获取途径

版权资产是文化企业的核心资产，其价值实际上远远超过企业的固定资产。图书出版、新闻制作、影视剧拍摄、动漫制作等属于版权核心产业的文化企业，其主营业务无不是建立在版权的获取与使用的基础之上。随着互联网的发展和文化企业改制的进一步深入，越来越多的文化企业开始有意识地将目光聚集在版权的运营上，希望通过整合更多的版权资源，拓展广泛的版权运营模式，获得丰厚的版权收益。

## 第一节 企业版权资产运营战略的制定

文化企业针对自身的特点和市场定位，应该优先制定版权资产的运营战略。西方版权产业发达国家的企业在互联网数字技术快速发展的背景之下，对版权资产的运营出现了多元化、科学化、专门化等特点，版权的力量得以呈现，因此获得了良好的经营效益，值得我国文化企业借鉴。

1. 版权运营的多元化

版权运营的多元化是指企业追求对版权演绎、版权贸易中的多元开发，例如对单一的版权作品，可以开展进一步的数字版权开发、翻译版权开发、影视录像改编权开发、多媒体版权开发等多方位的开发，还可以针对不同的销售对象进行各种语言的版权许可，以及各种不同使用方式的版权许可；多元化的版权资产的开发战略，可以充分地利用市场的广度和深度，提供各种差异化的版权利用策略，以获得最大的效益。

## 2. 版权运营的科学化

版权运营的科学化是指利用现代的信息网络技术，对于版权资产进行科学的分析和管理。例如利用大数据技术，分析研究市场动态和客户需求，有针对性地开发版权产品。

## 3. 版权运营的专门化

版权运营的专门化是指设立专门的版权管理部门，对企业内部的版权事务进行综合管理，对于企业的版权进行集中经营，发挥企业版权的最大效用。西方国家大型的出版企业通常都设有专门化的版权管理机构，专门从事版权业务的方方面面工作，例如，具有一定规模的英美企业一般均设有法务部，主要负责知识产权相关管理事务，有的企业还专门设置版权权利许可部，负责企业所有的版权的对外授权。

对于我国文化企业而言，做好版权运营的前提是企业版权战略的确立。文化企业可以根据新的技术条件下版权运营的特点，从下列几个角度出发，构建适合企业发展的版权战略管理体系。

### 一、建设特色鲜明的企业版权管理文化

由于特殊的历史状况，我国的版权文化和版权管理意识曾落后于西方发达国家，对于版权的理解和版权所蕴含的巨大经济潜力、战略意义的认识不足。许多企业对于版权的认知仅仅停留在纸面上，缺乏对版权管理重要性的深层次思考，缺少以市场为主导的版权文化体系。文化企业只习惯于产品经营而非版权经营，图书出版者眼睛只盯着图书能不能卖出去，电影制片者只盯着票房，对于版权的衍生品毫不在意，这样的经营模式很难说是一种完善的版权经营模式。

文化企业必须明确版权资产对于企业发展的重要意义，重视版权文化的建设，构建独具气质的版权文化氛围。首先，要加强对版权管理的人力和物力投入，组建专业的版权管理部门，参与企业的运营和管理，促进版权资产的激活和版权业务的发展。其次，建立完善的版权管理制度，建设专业的版权管理队伍，对企业员工进行版权业务知识的培训，强化员工的版权意识，使之能够在日常的工作中重视版权和运用版权。我国文化企业普遍缺乏版权

管理人才，尤其缺乏既懂经营又懂版权、既善于掌握市场又了解国际惯例、能够独立运用版权知识进行版权业务的复合型人才，所以，必须重视对版权人才的引进与培养，重视其在企业经营中的作用。再次，版权运营与版权获取过程中需要充分尊重和维护作者的版权，这是企业的根本所在。

## 二、建立多元化的版权运营策略

版权产品天然具有多元化的特点，每一种使用方式均可以对应一项权利，每一项权利都可以增加版权资产的价值。所以在版权获取的过程中，在尊重作者人身权利的基础上，尽可能地争取对版权资源的全面获取，尤其是一些新出现的作品的使用方式，例如手机客户端的使用方式、与现代科技（例如3D打印）相关的作品利用方式等，其相关版权都必须要明确获取。因许可和转让而获得的版权资产，未明确授权和转让的部分依然掌握在作者手里，在需要的时候重新从作者处获得授权往往要付出更高的代价。

版权企业所拥有的版权资产可以进行多元化的开发和运作，不仅版权产品的翻译权、复制权、发行权等传统权利可以利用，而且聚集在作品之下的诸如信息网络传播权、作品的连载权、摄制权、作品形象使用权等均可以开发和利用。充分地发挥版权在整个产业链条中的核心地位，获取了超额的经营利润。所以，加强版权价值链条的开发和利用，避免对版权资产的浪费，应该成为文化企业未来的发展方向。

## 三、建设功能完善的版权信息管理系统

版权信息是版权企业发展的重要资源，具有时效性、共享性、积累性和循环性等特征。现代信息网络与计算机技术的发展，为企业建立版权信息管理系统提供了技术支撑。版权企业需要根据自身的业务特点，建立功能完善的版权信息管理系统，对自有版权资产的信息的收集、储存、检索、查询、传播实现数字化、网络化、系统化，使得零碎的、处于孤岛状态的版权信息得以集成起来，成为企业的资源性信息。

版权信息管理系统目的是实现企业内部对版权信息资源的快速获取、版权信息资源的充分共享。企业还可以利用版权信息系统的集成性，对于信息

进行加工分析,为版权开发和版权的运营提供依据。例如,通过分析,了解到数字出版业务的近期增长较快,企业就可以投入更多的人力、物力以拓展数字出版业务。

### 四、制定和完善版权保护策略

作为一种由法律授予、在一定时空内有限的垄断性权利,版权资产是一种特殊的无体物,离开了法律的保护,其价值就成了空中楼阁。企业必须在法律的框架下采取措施,对作品版权进行有效保护,版权保护与版权运营如同硬币的两面,不可或缺,版权的适当保护有利于激发版权资产更大的价值呈现。

版权保护主要有两个方面的内容:一是法律保护。例如在自有的版权资产上标注权利声明,这样依据法律可以明确权利的归属和权利的边界,加强对侵权行为的发现与追究。企业需要建立对于版权资产侵权的打击制度,既可以采取诉讼的策略,也可以是协商合作的策略;二是技术保护。主要利用科技手段限制用户对作品的获取或复制、传播。

## 【延伸阅读】

### 中央电视台的版权运营管理战略 ❶

2013年12月26日,中央电视台第一次以全台大会形式举办了高规格的版权工作会议。时任中央电视台台长的胡占凡在会上作了题为《确立版权工作的重要地位,打造央视发展新的增长点》的长篇专题讲话,系统阐述了版权工作的重大战略意义,强调了新形势下加强版权工作的迫切性,分析了目前存在的问题,并提出了全面推进版权工作的一整套战略措施。本文节选自胡占凡的讲话。

#### 充分认识版权的财富市场价值

版权是实实在在的权利。版权是知识产权的重要类型之一,它代表的是

---

❶ 原题为《加强版权管理 打造央视发展新的增长点》,http://news.hexun.com/2014-02-13/162126467.html

财富、价值、市场，和我们的住房、汽车等一样是财产，是文化艺术产品的创作者对于作品所享有的权利。如果管理得当、充分开发，产生的价值将会远远大于房屋等有形财产。

版权是文化产业的基础。文化产业具有低能耗、高附加值、行业整合能力强、反经济周期等特点。在市场经济条件下，文化产业发展的基础在于产权制度的建立和完善。如果缺乏版权保护，盗版横行，市场主体无法通过生产文化产品获益，这个行业便无法得到真正的发展。因此，进一步"加强版权保护"，是文化产业发展的前提和基础。

版权是广电影视单位的核心资产。影视作品是当今传播环境下经济价值最大的作品类型之一。当前，影视版权国际贸易非常繁荣，美国的好莱坞、印度的宝莱坞以及近些年的韩国，都是盛产影视作品的中心，这些国家通过本土和海外的版权运营充分提升和实现了影视产品的版权价值。这说明，对于文化生产单位而言，核心价值在于所拥有的享有版权的优质内容，好的版权作品往往能为权利单位带来长期稳定的收益。

### 全媒体时代下加强版权管理的必要性

大数据、全媒体时代已经来临。在此背景下，版权必将成为央视未来生存发展壮大过程中不可替代的核心竞争力。

加强版权管理是应对新媒体挑战的迫切需要。近年来，传播技术的革新，以网络为平台、多屏为终端的新媒体传播方式发展迅猛。从传播方式上来看，新媒体传播的非线性、交互性，正在颠覆"客厅习惯"，受众越来越不满足于被动的收看方式，传统电视的市场份额正被逐步蚕食。从广告创收来看，新媒体通过大数据的收集还原，细致分析顾客的消费能力、消费习惯，从而实现对有需求、有支付能力的用户进行广告精确投放，对传统电视广告广谱性的传播模式形成挑战。从产业发展来看，"三网融合"是大势所趋，传统电视媒体和新媒体的边界将进一步模糊。内容提供商越过运营商，越过一切中间服务商，将内容直接传送至终端。传统电视拥有的强大平台和渠道优势正在削弱，传播再次回归"内容为王"。

加强版权管理是推进产业全面发展的迫切需要。广告收入、收视费、版权开发是国际各大电视媒体收入的三大来源。广告收入受经济波动的影响很大，收视费收入相对稳定，而节目版权开发正日益成为电视媒体创收的重要来源。世界各大传媒机构正在利用版权优势，建立立体的版权开发产业链，实现版权商业价值最大化。我们应下大力气盘活版权资产，建立全产业链的版权开发体系，使版权开发成为央视创收的新的增长点。

加强版权管理是国际传播能力建设的迫切需要。国际传播能力建设是一项复杂的系统工程，涵盖海外频道播出、海外落地、节目的海外植入式播出、央视网的无国界传播、节目版权的海外销售等。所谓海外传播，本质上是版权的转移，丰富的版权储备是开展海外传播的基础，有效的版权管理是开展海外传播的保障。而这需要大力储备有效的版权资源，加大内容传播力度。

加强版权管理是适应社会法制环境发展变化的迫切需要。当前我国在立法和法律实践层面上，都加大了版权保护力度。越来越多的版权人开始自觉地主张自身的权利。央视作为国家电视台从实现传播效能、确保安全播出、维护自身形象角度出发，亟须全面加强版权管理，有效避免版权法律风险。

## 按照"一二三四"总体思路推进版权战略

节目版权是电视媒体的核心资产，是电视媒体核心竞争力的组成部分。在全媒体发展格局下，加强版权工作尤为紧迫。央视将按照"一二三四"的总体思路，即一个提高、两个明确、三个加强、四个完善，全面加强版权管理工作，推进版权战略发展目标的实现。

**"一个提高"：打造全台共识，提高版权意识。**

版权是电视台的核心资产，是提高媒体竞争力、抢占竞争制高点的重要战略资源，是全媒体时代央视进一步增强传播力和影响力的重要保障。版权工作既涉及全台方方面面，又涉及节目制作、购买、播出、销售等多个环节，是一个典型的系统工程，我们应把"版权"写在制度上，执行到具体工作环节当中。全台每一个人都要充分认识版权工作的重要战略意义，大大提升版权意识，牢牢树立版权理念，把尊重版权、保护版权、善用版权变成下意识，变成规章制度，形成人人都要维护版权、人人都不侵犯版权的大环境。

**"两个明确"：明确全台近中远期版权工作目标、明确版权管理职能归口与机构配置。**

一是要明确全台版权工作目标，提高版权管理的前瞻性和科学性。

"预则立，不预则废"。抓紧制定我台近期、中期、远期版权工作目标。

2014年实现近期目标：明确版权管理部门职责，实现版权归口统一管理，强化版权管理职责，加强干部人员配备，完善版权管理制度，完成版权管理系统一期设计，建立节目采购和综合利用协调机制，统筹重大版权资产购买，规范公司版权经营授权体系，统筹管理全台版权开发业务，制定版权资产开发管理办法，开展媒资销售开发业务，建立版权维权协调机制，建立外宣节目储备机制，扩大与国际一流媒体的版权业务交流。

2016年实现中期目标：版权管理制度体系完备，全流程版权管理体系建立，全员版权意识基本确立，版权开发收益明显增加，维权工作取得显著成果，侵犯他人版权现象基本消除，版权管理工作为频道建设、栏目建设、节目创作和运营提供有力支撑。

2020年实现远期目标：全台知识产权创造、运用、保护和管理能力获得较大程度提高，知识产权制度建设日臻完善，拥有完整的电视媒体版权产业链，版权成为我台产业链的核心和收入的主要来源之一，我台节目创新能力、版权经营能力、品牌影响力显著提高，国际竞争力显著增强，建立起适配国际一流媒体发展战略目标。

二是明确版权管理职能归口与机构配置，为版权管理提供强有力的组织保障。要尽快解决多头授权、管理权限不统一问题，由版权管理部门负责全台版权工作的归口管理，负责统筹协调并处理涉及与版权相关的各项版权管理事务。央视所有部门、单位、公司、个人，包括单位部门负责人、分管台领导，都无权决定版权授予转让，杜绝长期存在的多头授权问题。对所有涉及版权问题的节目、项目和活动，版权管理部门都必须参与并前期介入，从源头开始维护版权利益。这要形成制度，坚决不走样执行。要建立全台版权管理联席机制，统筹版权的联合购买、资源调配、新媒体应用、外宣和外销、开发和广告经营、维权等工作，形成合力。进一步加强版权管理部门的人员定编、干部配备和机构设置，着手考虑成立版权管理中心，集中管理我台版权资产和相关事物。

**"三个加强"：加强节目版权资源的积累、加强节目版权的维权保护、加强版权资产的开发利用。**

一是加强版权的生产创造和统筹购买。在全媒体时代，不仅要定位于优秀的节目播出平台，还应成为强大的内容生产者和提供者。要切实增强自身版权创造能力，加强节目自制能力，保证拥有数量众多的全版权的节目。要加强节目生产的版权规划。充分考虑电视播出、新媒体传播、开发经营、海外传播等各方面的需要，在节目的规划立项阶段即确定版权等级，在节目生产过程中严格执行各项版权要求。同时要健全对外合作的版权分享，与社会制作公司合作以及创新节目引进的过程中，任何部门和个人无权让渡节目版权。此外，要建立"版权开发节目储备机制"和"海外传播节目储备机制"，加强各类节目版权采购管理，制定并定期调整节目采购版权基准，明确各类节目需要购买的权利，增加版权储备。

二是加大版权权益保护力度。版权作为无形资产，如不加以有效保护，就无法实现其价值。今后，央视要建立版权维权协调机制，进一步明确版权维权工作中各部门的职责，特别要加大对我台新闻、综艺晚会、纪录片、体育赛事等核心节目资源的维权保护力度。综合利用技术、司法、行政、商业、舆论等多种手段，有策略、有选择地开展维权。同时要逐步采用数字版权保护技术等新技术手段，加强节目制作、传播、开发利用过程中的版权保护，密切关注并积极参与相关法规修订工作，争取政策支持。

三是加强版权资产的经营开发。电视媒体版权开发就是要加快节目内容和形式的创新，以品牌节目、栏目带动版权的综合利用，实现"一鱼多吃"，形成充满活力的版权产业链，努力使版权产业成为全台创收的重要支柱和新的增长点。

"四个完善"：完善版权规章制度体系、完善新媒体版权利用制度、完善版权服务支持体系、完善版权管理系统建设。

一是完善规章制度体系，规范版权管理流程。一是要尽快修订完善现有版权工作制度，保证版权适配节目生产的新需求；二是针对新媒体快速发展的实际，尽快制订节目网络传播、新媒体版权使用、台属公司版权开发及收益返还、节目版权采购协调、版权维权、图书出版、版权信息记录、音乐和图片作品使用等管理制度，保证版权工作有章可循；三是要切实增加版权管理各项规定的执行力度，建立版权工作的奖惩机制。

二是完善新媒体版权利用制度，实现版权价值最大化。新媒体版权管理与开发问题是当前我台存在的突出问题，应特别加以重视和强调。要把新媒体的版权管理与开发纳入全台发展战略，应理顺新媒体的管理和资产关系。特别是要深入研究新媒体传播特点，制定电视首播、重播、新媒体直播、新媒体点播、新媒体付费点播等传播方式之间的窗口期制度，使版权效益最大化。同时针对新媒体版权保护工作较为严峻的局面，要通过行政和司法手段，重点开展对新媒体侵权的维权工作。

三是完善版权支持体系，即在版权合同管理上、版权定级上、版权查询上、风险防控上完善，以提高版权服务的水平。

四是完善版权管理系统，提高工作效率。要积极利用软件等新技术，加快版权管理系统建设，科学设计版权管控节点，优化版权管理流程和功能实现，使版权管理系统在权利保护、风险防控、资源储备等方面发挥重要作用。

## 第二节 版权资源的获取途径

对文化企业而言，获取版权资源是企业发展的前提。企业的版权资产可以来源于多种途径，主要有自行组织创作和生产、通过版权贸易获取、通过企业并购获取等。

### 一、自我开发

文化企业根据自己的业务特点有计划地组织版权开发，是版权企业获取版权资产的首要途径。

针对不同的产品类型具有不同的生产特点，对于那些需要利用企业的资金、人力、资源来进行创作的作品，例如视听作品、大型动漫作品、大型软件作品等，既可以由企业根据计划统一安排开发，也可以合同的方式与其他单位或个人进行联合开发，依据约定享有版权利益。

个人可以独立完成同时可以作为工作任务组织职工创作的作品，属于职务作品。依据《著作权法》的规定，职务作品的版权原则上归作者所有，单位可以在其业务范围内免费使用，单位也可以与职工就职务作品的版权归属作概括性的约定；对职工因履行职务创作的作品经济性的著作权利归单位拥有，职工保留对作品的人身权利；也可以在作品创作完成时，与职工作者专门约定版权的经济性权利归单位所有，单位给予职工一定的奖励。

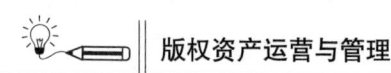

在将职工的职务作品转化为企业版权资产的情形下，应该及时对相关版权信息进行采集和登记，对于作品的存储介质予以妥善保管。职工提交作品的原件或者创作笔记、发表的证据等要分类保管，防止遗失。这个工作之所以重要，一方面是对企业版权资产情况加以确认的手段，在企业内部的版权管理系统上对版权信息加以登记，避免将来既有的版权资产再度沉没，造成浪费；另一方面也是为了避免将来出现的版权权属纠纷。有的企业因为单个作品的价值难以确定，甚至终其保护期也无法为企业带来实际收益，于是对于作品的登记造册、作品载体的保管没有足够的动力。实际上，尽管确实单就某个作品而言，价值难以实现，但是对于整体而言，做好版权信息的登记，其收益将会远远大于成本。

## 二、版权贸易

通过版权贸易获得版权资产是文化企业进行版权开发和运营的重要途径，甚至是某些企业的唯一途径。主要方式是版权企业从版权的所有人或者是持有人那里，通过建立合同关系，获得版权资产。许多出版类、传播类企业，大部分版权资源均来自于作者的自由投稿，依据格式的《出版合同》《发行合同》《播出合同》等许可使用合同，获得作品一定期限的复制、发行、广播或者信息网络传播等权利。

版权贸易也是企业间进行优势互补、资源对接、效益最大化的产权交易途径，主要是利用版权许可合同、版权转让合同、版权互易合同等方式，获取特定时间和空间以及以特定方式对于版权资产的占有和使用。

### 1. 版权许可

"版权许可"也被称为"许可证贸易"。《著作权法》规定，"使用他人作品应当同著作权人订立许可使用合同，本法规定可以不经许可的除外"❶。许可合同可以是书面的，也可以是口头的。订立许可合同，获得版权作品在特定时间和地区内的特定权利，企业可以按照合同约定的方式使用作品，这些权利显然构成了被许可企业的版权资产。例如，影视企业获得了某作家一部

---

❶《中华人民共和国著作权法》第二十六条。

小说的影视改编权，该企业可以利用该作品进行剧本改编和影视拍摄，形成新的演绎作品，借以谋利。许可证贸易是版权贸易领域主要形式，许多精明的版权人将作品的各种权利分拆许可不同的人使用，谋求最大利益。

版权许可合同就其权利的性质而言可以分为普通许可合同、排他许可合同、独占许可合同。三种合同的授权范围和权利主体稍有不同，拥有的权利也有不同。普通许可合同，被许可人仅仅获得普通许可，不能排除权利人对其他的主体再次对相同权利进行许可，没有独占市场的机会，这一类合同可以采取口头形式也可以采取书面形式，对未经许可的侵害版权的行为，没有诉权，只能将相关的侵权事实告知原始版权人，由原始版权人进行维权；排他许可合同，就合同约定的作品和权利，被许可人有权排除除权利人本人之外的其他任何人以相同的方式使用作品，这类合同应该采取书面的方式订立，如果发生其他人的侵权行为，在权利人不起诉的情况下，被许可人有权以自己的名义提起诉讼。独占许可合同，就合同约定的作品和权利，被许可人有权排除包括版权人在内的其他任何人以相同的方式使用该作品，这类合同显然也应该以书面的方式订立，对于发生的侵权行为，被许可人有权以自己的名义提起告诉。"独占性许可"，《著作权法》中称为"专有性权利"。《著作权法实施条例》第二十四条规定，如果合同对于许可的权利没有明确约定是属于专有性的权利还是非专有性的权利，或者约定不明的，"视为被许可人有权排除包括著作权人在内的任何人以相同的方式使用作品"，统一视为独占性许可。关于被许可人是否有权再次许可他人以合同约定的方式使用作品，类似于分销权，这涉及被许可人的经营模式，要获得该权利也必须先取得著作权人的同意。

依据《著作权法》的规定，"许可使用合同"主要包括下列内容❶：

（一）许可使用的权利种类；

（二）许可使用的权利是专有使用权或者非专有使用权；

（三）许可使用的地域范围、期间；

（四）付酬标准和办法；

（五）违约责任；

---

❶ 《中华人民共和国著作权法》第二十六条。

（六）双方认为需要约定的其他内容。

以上是合同必备条款，合同双方可以依据各自的经营模式增加其他条款，例如关于权利分销以及权利人的取酬方式就需要做详细的约定。版权许可合同可以向著作权行政管理部门备案。

2. 版权转让

现行《著作权法》规定，版权人可以全部或部分转让该法规定的权利，并应当订立书面合同。版权转让的对象可以为某个单项权利，也可以是某特定区域的权利，还可以明确一定的期限。❶"版权许可合同"尤其是独占性许可合同与版权转让合同很相似，权利的被许可人在特定时期内权利与权利的受让人似乎并无二致。其区别在于，版权转让是针对特定权利发生版权主体的变更，版权的权利人从一个主体转变为另外一个主体，版权一经转让，权利人就没有权利了；而版权的许可则可视为对版权人权利的一种限制，许可合同期限届满或者在特定的情形下，相关权利又回到权利人手中。版权转让的受让人取代了原始版权人的地位，可以依据法律的规定对版权进行运营和处分，无须再取得权利转让人的许可。

依据版权转让合同受让相关权利，可以使企业获得更大权利运营的自由度，使得版权资产拥有了更高的价值。

《著作权法》规定，权利转让合同包括下列主要内容❷：

（一）作品的名称；

（二）转让的权利种类、地域范围；

（三）转让价金；

（四）交付转让价金的日期和方式；

---

❶ 我国的《中华人民共和国著作权法》对于版权转让的对象和期限并未予以限制，这与同样主张版权可以转让的英美国家的立法有所不同：英国《版权法》90条"权利转让与许可"规定：版权所有人享有专有权只能转让一项或多项，但不是专有权的全部；版权转让只能是版权的存续期的一部分，而不能是全部存续期间。美国的法律规定，权利人享有一定条件下对"转让版权协议"的"终止权"，一经行使"终止权"，版权则为权利人所收回。

❷ 《中华人民共和国著作权法》第二十七条规定的是"转让本法第十条第一款第（四）至（十七）项规定的权利，应当订立书面合同"。

（五）违约责任；

（六）双方认为需要约定的其他内容。

需要特别指出的是，法律所规定的转让合同的标的仅仅是作品的经济权利而不涉及作者版权的人身权利，我国法律对于人身权利是否可以转让未明确规定，但就法理而言，显然不能包括人身权利❶。版权转让合同可以向版权行政管理部门备案。

### 3. 版权互易

互易合同是指当事人双方约定互相移转金钱以外的财产权的合同。互易合同的双方当事人均称为互易人。采用这种版权贸易方式并非为《著作权法》所明确规定，但是签订版权互易合同可以优化企业版权资产结构，激活沉默资产，不失为一种值得推广的合同形式。《著作权法》对于该合同的具体条款和是否需要备案没有规定，可以由当事人自行约定，属于"无名合同"。

我们可以将"版权互易合同"看作是版权转让合同的变形，即以对方为版权权利受让人的两个版权转让合同的合体，转让标的对价相互抵消。该合同应该采取书面的形式，可以向著作权行政管理部门申请备案。

版权互易合同应该包括下列条款：

（一）双方互易作品的名称；

（二）互易权利的种类和地域范围；

（三）权利交付方式；

（四）权利交付时间；

（五）违约责任；

（六）双方需要约定其他条款。

### 4. 版权的交叉许可

主要是指拥有版权资产的双方依据合同许可对方在一定的区域和时间内自由使用自己的版权，这在涉外版权贸易中比较常见。例如国内一家拥有

---

❶ 尽管有学者在学理上对此做出分析，认为著作人身权具有经济性属性，但立法上并未明确承认人身权利可以转让；再考察《中华人民共和国著作权法》的立法渊源，主要是以"作者"为其旨归，在版权的经济性权利能否转让尚不明确，可以据此判断版权的人身权内容不可转让。

摄影作品版权资产的公司可以允许境外的某家公司独占性地使用其作品的版权，以换取对方许可自己在本国独占性地使用其作品的版权。

通过版权的交叉许可，企业可以扩大自己的版权资产规模，发挥自身的优势，同时规避对于陌生区域或市场难以掌控的风险。

### 三、股权并购

文化企业间进行股权并购也是获得版权资产的途径之一。中国创意产业研究中心发布的 2013 年《北京文化创意产业发展报告》指出，随着前期兴起的文化创意企业逐步走过发展期，具有一定实力的文化创意企业大都发展到了资源再整合的新阶段，如何优化资源配置、进一步开拓市场摆在这些企业面前。企业需要通过并购行为，扩大生产经营规模，规避风险，降低成本费用，提高市场份额，以达到快速扩张的目的。❶通过对其他版权资产企业的股权进行并购，可以迅速获得目标公司拥有的版权资产，扩大自身可以掌控的版权资产规模。"以获取版权为目的的企业并购已成为文化创意产业提升竞争力的一种重要手段。迪士尼公司（Walt Disney）以 42.4 亿美元的价格收购惊奇娱乐公司（Marvel Entertainment），其主要目标即在于取得对方的蜘蛛侠、钢铁侠等 5000 多个全球著名的漫画角色的版权无形资产。"❷

视觉中国是一家国际领先、以视觉内容为核心的互联网科技公司。该公司整合全球高质量版权内容资源，通过互联网版权交易平台（www.vcg.com）提供超过亿级的海量图片、视频、音乐素材。对其他公司的股权并购，一向是其获得优质版权资产的重要手段。2012 年，公司收购大中华区领先的娱乐通讯社东星娱乐。2015 年 9 月参股湖北司马彦文化科技有限公司，2015 年 11 月收购上海卓越形象广告传播有限公司，2016 年收购比尔·盖茨创办的全球第三大图片库 Corbis Images，并战略投资全球领先的摄影社区 500px❸。通过一系列的股权并购，公司获得了大量优质的版权资产，在市场上取得了竞争优势。

---

❶ 参见 http://www.cs.com.cn/ssgs/hyzx/201311/t20131107_4199275.html

❷ 徐棣枫，陈瑶. 版权并购交易的风险及其防范 [J]. 中国出版 .2013，12（上）.

❸ 参见《视觉（中国）文化发展股份有限公司 2016 年年度报告》.

# 第六章 文化企业的版权运营策略

严格意义上来说,"版权运营"并不是一个学术概念,而是一种约定俗成的认识。版权运营被认为是一种"利用产业运营中相关的具体理论、操作方法和手段,把版权作为经营操作对象,进行带有商业性质的、以获取经济利润为目的的行为,版权运营模式正是基于以上版权产业的商业运作或非商业运作的模式或产业链流程"❶。

## 第一节 "全版权运营"模式

所谓的"全版权运营",就是建立一个由多元业务组成的完整产业链,将版权经营覆盖到版权产业的各个环节,通过产业链条中各种资源的有效整合,实现版权价值的最大化:既可以包括线上资源与线下资源的整合,也可以包括传统媒介与数字媒介的整合,还可以是跨行业的资源的整合。"全版权运营"是对版权资源全面而充分的开发,可以把版权作品的经济价值和社会价值发挥到极致。

全版权运营的出现与互联网技术的快速发展密不可分。在传统纸质出版的时代,作品版权的使用基本局限于图书的形式,极少会有其他方式来延伸价值。随着信息技术的升级应用,大众娱乐的形式越来越多样化,优秀作品具有较大的市场开发潜力,通过对作品进行多种形式的授权和改编,可产生更多的作品,形成以原作品为中心的产业链条。如此运营,不但提高了作品的社会

---

❶ 张阿源. 数字出版的版权运营研究 [D]. 北京:北京印刷学院, 2011.

影响度和占有率，提升了作家的知名度，而且也通过多层次的挖掘满足了不同阶层的文化需求和娱乐需求，充分地实现了其经济效益和社会效益。❶

从西方版权产业发达国家的经验看来，他们"全版权运营"的跨度非常大，充分地发挥着版权资产的力量，在尽可能多的领域获取利益。以迪士尼为例，每一部作品至少包括以下内容：

（1）图书（包括文字故事、插图、漫画、真人连环画）；

（2）电影及衍生影片；

（3）动画；

（4）有声读物；

（5）游戏；

（6）饮食、家具、玩具、首饰、服装；

（7）品牌授权；

（8）主题公园、旅游。

迪士尼在全球拥有4000多个特许经营权的商家，范围扩及家具、玩具、服饰等诸多领域。

另一个成功的案例是系列小说《哈利·波特》（Harry Potter）的版权运营，《哈利·波特》是英国作家J·K·罗琳（J. K. Rowling）于1997—2007年所著的魔幻文学系列小说，共有七部。围绕这一系列小说所形成的全版权产业链总产值超过了220亿美元，其中包括图书、电影票房、游戏收入以及主题公园和相关的饮食、服饰、玩具、旅游等产业收入。无论是迪士尼还是哈利波特，我们都可以看出它们产业运营所涉及的商业模式非常多，所以伴随而来的衍生版权也非常丰富。

由此可见，"全版权运营"，实际是一种跨媒介的综合商业模式，版权资产企业利用有效的版权资源，充分利用市场的广度和深度，最大限度地获取经济利益，将版权资产的效益发挥到极致。不同的版权资产企业，拥有不同的盈利模块及不同形态的作品资源，当然也可以有不同的商业模式。并不是所有的作品形式都能以"全版权"模式运营，但是所有的版权资产企业都应该具有"全版权运营"的意识，尽可能多地拓展版权的应用领域，创新商业

---

❶ 李文怡. 全版权运营模式初探[J]. 出版广角，2018（4）.

模式，使得版权产品的价值获得最大程度的市场表达，这也是所谓"OSMU"模式。"OSMU"来自英文"One Source Multi Use"的缩写，意为"一个来源，多个用途"。一个来源是指一个核心版权，多个用途是在版权跨界运营中可划分出电影、电视剧、游戏、动画制作、漫画出版、音乐、表演、形象产品、明星造型等多个版权衍生产品。这些子项目在投资、上市时间、宣传推广计划上互相配合，互相推进，围绕核心版权，形成一条各要素相互依存又有区别的产品链❶。

进行"全版权"的跨界经营，就是要形成一个成熟的版权产业链，文化企业必须与许多的市场主体打交道，使得权利效用得到最大的发挥。属于核心版权产业的文化企业进行"全版权运营"，具有得天独厚的优势。

"全版权运营"，就是要将版权的资产价值向其他依托版权产业传递，实现价值与资产增值的目的。这种跨界性的实现有赖于国家文化体制改革和产业政策的支持，2011年中国共产党十七届六中全会通过的《中共中央关于深化文化体制改革、推动社会主义文化大发展大繁荣若干重大问题的决议》着重强调促进社会资本、金融资本和文化资本的对接，加快构建文化创新体系，通过文化科技创新，促进文化产业与旅游、通讯、会展、商贸、教育、培训、休闲等版权相关产业的融合，这是"全版权运营"的制度保障。

"全版权运营"得以实现的另一块基石是管理技术的进步。随着互联网信息技术的快速发展，不仅作品的复制与传播获得了新的技术支撑，而且版权交易信息的分享与传播为版权人和版权运营者提供了公开、透明、平等的交易氛围，极大地方便了版权从传统的核心版权产业向其他依托版权产业的漫溢，实现了版权价值的增值。

目前，"全版权运营"亦存在诸多问题，例如版权价值难以确定，同一件版权作品运用不同的评估方式最终评估出的经济价值可能是天壤之别，那么在版权融资、版权贸易等场合就难以进行，这需要在实践中有更多的探索。又如，"全版权"的运营策略可能会导致版权的过度膨胀，侵害公共利益的空间，反而降低了版权的社会价值。

版权资产企业追求的版权与其他相邻产业的融合，需要利用版权的价值

---

❶ 崔波. 版权跨界运营模式应用评析[J]. 经济论坛，2012（4）.

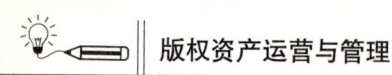

作为杠杆，创造新的商业模式。不同的产业有不同的运作模式，一家出版企业，未必会懂得旅游企业的盈利模式；而一个动漫企业也不一定懂得玩具企业的销售模式和盈利方式……将一个动漫形象授权给一个服装企业以生产主题童装，童装厂考虑的可能是动漫形象的版权价值究竟在多大程度上提升童装的价值，动漫形象的权利人考虑的可能是授权如何收取费用，如何合理地进行版权价值回收。

"全版权运营"对于我国版权产业尚属于新兴的事物，最早是互联网企业以网络版权为核心，进行了有益的尝试。

早在2009年，盛大文学就开始尝试对作品进行"全版权运营"，以争取良好的社会效益和经济效益，慢慢形成成熟的运营模式。盛大文学以极富吸引力的报酬从作家处获得版权资产，用这些版权建立起由多元业务建立起的产业链条：将版权运营从网络延伸到实体书、动漫、影视、游戏、音乐等多个环节，一次生产，多次利用，全版权获利。❶ 时任盛大文学首席执行官的侯小强曾如此解释："全版权运营，也就是一个立体运营，在线上线下，在影视公司的各种模式上，都要去做。通俗地说，一旦有一个产品，一定要想办法把它嫁出去。"

2010年，借助冯小刚同名贺岁片电影的势头，小说《非诚勿扰》以纸质出版、线上阅读、手机阅读和手持阅读器阅读四种方式同时推出，被认为是"全媒体出版第一书"，是版权运营的新尝试。《非诚勿扰》的全媒体发行取得了不错的销售业绩，引发了社会关注的热潮。现在许多文化企业已经意识到所谓"全版权运营"的重要性，但植根于中国法制土壤上的中国版权资产企业还有相当长的路要走。

## 第二节 出版行业的版权运营策略

所谓"出版"，依据《著作权法》的规定，指"复制和发行"，出版企

---

❶ 陈端.我国网络全版权运营发展衍变脉寻[J].传播与版权，2015（1）.

业就是从事出版物的编辑、复制、发行的整个过程的企业,其主要产品是图书、期刊、电子音像制品、数字出版物、网络出版物等。在实践中出版行业主要是指出版社、出版集团、出版公司等从事作品复制与发行业务的企业。

### 一、出版行业现状

随着经济社会的持续发展,我国的出版行业快速增长了近20年,已经成为全球出版大国,每年出版图书44万种,是美国的2倍,日本的4倍。我国出版的期刊接近1万种,在全球排第2位。到2014年,全国共有新闻出版单位32.5万家,出版图书44.84万种,图书出版实现营业收入791.18亿元,利润总额为117.07亿元;全国输出出版物版权为8733种,引进出版物版权为16321种,两者比例为1∶1.7[1],存在着巨大的逆差。这使得我国在世界出版格局中处于不利的弱势地位,亟待改观。仅仅就版权运营而言,目前大多数出版机构的版权运营更多地依赖于少量的版权贸易,对外输出部分作品的版权,营收很有限,像能够全产业链运营《杜拉拉升职记》的民营出版公司博集天卷却寥若晨星。

形成这一状况的原因很多,首先是大部分出版企业为国有企业或者是事业单位,由于传统体制下的出版社之间缺乏竞争,对于版权资源的获取和版权资产的管理相对简单。在企业化转型后,出版企业首先面临的就是优秀版权资源的争夺。那些高度重视版权运营的企业能够占有大量优质的版权资源,形成高价值的版权资产,而大部分的出版企业未能尽快适应市场的要求,未能从传统的版权管理模式中走出来,处境艰难。与之相反,许多民营的版权企业长期贴近市场需求,很早就学会在市场的大海中畅游,无论在图书的选题、优秀版权资源的获取,还是在版权的运营上均表现出极大的适应性。

其次,在新技术条件下,尤其是互联网经济时代,出版业和网络传播业之间的产业融合和良性产业生态链还没有建立起来。在一个宣称"内容为

---

[1] 国家新闻出版广电总局. 2014年中国新闻出版产业分析报告[M]// 中国版权年鉴编委会. 中国版权年鉴(2015). 北京:中国人民大学出版社,2015.

王"的时代,作品内容却往往是最不值钱的,出版机构在与网络传媒业合作的时候,往往缺乏话语权,有人很委屈地介绍说,"2012年年底,一个中介服务公司想与中国科技出版传媒集团合作,准备建一个6000本科普图书的数据库,放在某通讯运营商的网站上。对读者的销售价格是100本图书一个月付2元钱,但还不是全付给出版集团,其中中间商6毛钱,通讯运营商6毛钱,到出版集团这儿只剩8毛钱了。"❶我国的互联网产业是在"免费为王"的基础上发展起来的,许多作品以免费的方式在网上传播,培养了新的市场,开发了新的作品出版模式,但是这是以损害出版企业版权利益为代价获得的。许多读者愿意付钱买实体书,却不太习惯于为电子阅读付费,长期的网络盗版行为也助长了这种风气。许多作品可以通过非法的共享、侵权的网络传播等方式获得,很少有人愿意出钱购买正版的数字化作品,这不是仅仅通过道德评判方式,批评国人不尊重版权就可以解决的。出版业和网络传播业的良性生态链的形成,需要各方面的努力,促进各方面的利益融合,形成新的产业模式。通常而言,网络传播业可以通过网络流量、客户大数据、互联网广告等方式获得利益,而作品内容提供者的出版社却缺乏其他的营利模式,这些亟需要改变。近年来,有些出版社与网络运营商合作,以数字版权管理系统(DRM)的方式,在互联网上经营版权作品,从控制客户端获得作品入手,促进作品的正版化运行,取得了一定的进展。

再次,版权管理的专业化意识淡薄,没有将版权资产作为企业的核心竞争性资源加以重视,忽视对版权资产价值的充分开发。在出版社层面设立版权管理机构的还是少数。早在2009年,版权学者王志刚以访问企业网站的方式,调查了我国24家出版集团及其下属的163家出版社,发现在集团层面设置统一的版权管理机构的只占所调查的集团总数的16.7%,在出版社层面设立专门的版权管理机构的仅占所调查的出版社总体样本的1.84%。❷而在西方国家出版企业往往设立专门的法务部门或者版权部门专门处理版权的对外授权、版权纠纷和侵犯事宜,例如德国的出版巨头贝塔斯曼、施普林格,都设有专门的版权部,负责处理所有版权管理的专门化问题。

---

❶ 柳建尧.重视版权经营 助力融合发展[EB/OL].[2015-01-04].http://media.people.com.cn/n/2015/0104/c392155-26320825.html.

❷ 王志刚.出版企业版权战略管理[M].北京:社会科学文献出版社,2012:3.

出版企业对于版权的管理往往止步于一本书的印刷完成，经营收益主要来自书籍的售卖，而对书籍的版权运营没有概念。一本书的出版仅仅是版权表达的一个方面，下游往往还有许多可以开发的使用方式，例如多种文本翻译出版的授权、简写本（缩编本）授权、广播权、录音权、电影摄制权，可能还有电子出版的渠道、新媒体渠道，甚至是其他衍生品的授权。而这些版权的运营方式必须有专业的版权管理能力相配套，有相应的版权管理的专业人才支撑。

最后，对于盗版行为的打击缺乏决心和手段。长期以来，图书出版市场一向是被盗版行为侵害最为严重的区域之一。根据国家新闻出版广电总局统计，2016年，全国各地方版权行政管理机关共收缴各类盗版品1291.97万件，其中查缴的盗版书刊1004.25万册。网络盗版现象更是严重，根据艾瑞咨询2016年发布的《中国网络文学版权保护白皮书》，2014年盗版网络文学如果全部按照正版计价，PC端付费阅读收入损失达43.2亿元，移动端付费阅读收入损失达34.5亿元，衍生产品产值损失21.8亿元，行业损失近100亿元。[1]盗版是制约出版业发展的重要因素，其内在根源是市场旺盛的需求，还有一个重要原因是出版企业不重视打击盗版。大部分出版企业没有专门开展打击盗版的工作，许多出版社的网站上看不到反盗版的联系方式，反盗版的意识亟待加强。实际上，许多出版企业对于反盗版经常有"老虎吃天，无从下口"的感觉，由于缺乏反盗版的专业技能，发现盗版已然不容易，更不善于如何进行证据固定，不明确如何推进维权程序，导致后期索赔很困难，各地法院对于侵权的判赔尺度掌握不一，企业费了九牛二虎之力却常常收获甚微，这也挫伤了企业反盗版的热情。不能有效地打击盗版行为，必然会影响正版市场的发育和成熟，出现所谓的"劣币驱逐良币"的现象。

### 二、版权获取策略

对出版企业而言，充分地获取优质的版权资源是其开展良好运营的关键性要素。无论国内还是国外，所有重视版权并将版权运营作为核心发展动力

---

[1] 任晓宁，网络文学与盗版战争曙光初现[N]. 中国新闻出版广电报，2017-03-09（7）.

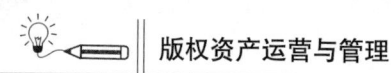

的出版企业，无不重视版权资源的充分获取。

出版企业必须制定符合自身发展定位和长远规划的版权资源获取策略。依据著作权法的规定，目前，出版活动主要涉及三类权利。

**第一是核心权利**。主要是复制权和发行权，大规模的复制与发行是出版行为的核心；还有一个权利是"信息网络传播权"，这是近年来随着互联网络传播而发展起来的一项权利。这三种权利构成了出版企业的基础性权利。前两者是传统的出版权利，可能会因为出版的介质和读者对象不同细分为精装书出版权、平装书出版权和图书俱乐部权❶，还可以有简体版、繁体版出版权；后者依据不同的传播媒介生成相应的权利，例如PC端传播权、手机端传播权、平板电脑传播权等。

**第二是出版作品的附属性权利**。主要包括：翻译权，将作品从一种语言翻译成另一种语言的权利；连载权，出版企业将作品部分或全部授权给报纸或者杂志进行连续刊载的行为，在实践中还可以细分为第一连载权和第二连载权，前者是在图书尚未发表前出版社授权报纸或杂志部分刊载新书内容，后者是图书出版后授权报纸或杂志对其内容进行连载或摘登；汇编权，授权他人将其新书的部分内容编入其他作品集；缩编权，授权他人将作品缩写为其他出版物，供文摘类的报纸杂志登载；影视改编权，授权他人将作品改编为戏剧剧本或影视剧本的权利；摄制权，授权他人以作品为蓝本拍摄视听作品的权利；数字出版权，将作品进行数字化改编后，以光盘、数据库或电子书等方式发行；广播权，授权广播组织以无线或有线的方式公开广播或传播作品的权利。

**第三是衍生权和邻接权**。主要有作品形象使用权，通常是版权人授权其他商品或者媒介使用图书中人物、动物、器物等形象的权利，例如以作品的形象创作新的游戏作品，使用作品的名称命名产品等；版式设计权❷，这是出版者专有的一项邻接于作品之上的权利，许多作品在进行版权贸易中，出版

---

❶ 图书俱乐部权是指版权人许可一家图书俱乐部将其作品单独印成俱乐部版的权利，仅仅在俱乐部会员中发行。这种权利在我国著作权法中未予规定，但在西方的版权运营实践中属于一种常见的权利，其特点是价格低于正常版本的图书价格，是对俱乐部会员的优惠。

❷ 版式设计权是指对版心、排版、用字、行距、标题、引文、标点符号等的权利。

者会要求一并许可版式设计权。

出版企业在获取版权的时候还有一项附随性的权利也应该注意,即"未来版权的开发权"❶。有时候一本书出版后,大受欢迎,出版其续集或同类的图书可以获得更好的市场预期,但是作者往往会待价而沽,抬高版权许可的报价,增加企业版权获取的成本。如果在早期版权获取时就将"未来版权开发权"置于合同条款的约束之下,就可以做到未雨绸缪。

出版企业在获取的过程中首先应该追求版权获取权利的全面性。许多出版企业只重视版权中的出版权即复制与发行权,对其他可以赢得市场效益的权利内容经常忽略,而这些被忽略的版权内容却可能是会带来巨大市场效益的重要领域。例如,有的出版企业与作者签约推出一本书,经过出版企业的精心策划、编辑加工和营销推广后,成为一本受到市场认可的畅销书,出版社也仅仅获得其发行利益,而后期作品的翻译权、汇编权、改编权、广播权等一系列的权利利用之门相继打开,但利益上基本上已经与出版企业没有关系了。出版企业完全可以在获得复制、发行权利的同时,获得该作品其他的附属性权利,否则,等到市场有了巨大影响后再向作者求取相应的权利,水涨船高,其代价就大大增加了。而且处于版权产业链下游的作品利用方式,例如影视的开发、形象权的使用等,已经超出了传统出版企业的业务范围,但这些使用方式均与第一步的出版行为密切相关,出版企业也应该储备相关的衍生性、附属性的权利,使得自己的资产内容丰富起来。

于此具有借鉴意义的是美国出版界对版权全面性获取的努力,他们非常重视对版权权利内容的全面性引进,为后面版权的充分运营打下了坚实的权利基础。大部分的美国出版商可以凭借自身信誉和实力,以及承诺给予版权合作者以富有竞争力的条件从而获得几乎全部的权利内容。

出版企业在信息互联网的技术背景下,以数字形态表现的信息网络传播权及其一系列的相关的作品利用方式,需要引起出版企业极大的重视。这一权利已经成为与复制权、发行权同等重要甚至更为重要的权利,新的技术形态带来了阅读模式和阅读习惯的改变,纸质书籍的阅读方式已经受到电子阅读的冲击,而且电子阅读有着传统阅读不可比拟的优越性,例如,便于携

---

❶ 这是属于"预期版权",是一种合同性的权利。

带，一本电子书阅读终端就可以容纳成千上万本书的内容；环保，对资源消耗最少，不用砍伐森林制作纸张，还可以反复使用；便于查阅，可以快速检索到具体的句子甚至词汇等。以数字出版方式直接在网络上传播作品，以付费阅读模式取代传统的实体书籍在未来将成为现实。出版企业可以有针对性地获取数字作品的权利，尤其是信息网络传播权。

就版权作品的内容上，专业性应该成为基本的策略。出版业是一项风险比较高的行业，其风险主要在于一本图书可能在一个地区成为畅销书而换一个地区就市场惨淡，有些图书，编辑觉得可能会大卖，但是市场反响平平。所以强调对于版权资源获取的全面性，并非指不加选择、不讲手段地盲目获取，而是应该在专业化、市场化的原则下，有针对性地获取版权资源。

专业化就是选择版权作品的过程中要有专业性的判断和决策机制，既要进行市场调研，了解市场需求，又要根据出版社的特点对目标作品做出有针对性的区分，避免版权运营中可能存在的市场风险和法律风险。市场化就是从市场的角度，以最小的代价获取最优质的版权作品，出版企业应该像精明的商人那样取舍，在签订版权贸易合同时针对不同的权利给以不同的处理方式。目前许多大型的出版集团签订的版权获取合同中，除了一些特定的权利例如复制权、发行权、翻译权等需要即时给付款项外，其他的权利通常采取利润或者销售额分成的方式，这样可以极大地降低出版企业的市场风险，相当于作者和权利人与企业共同承担了作品市场营销失败的风险。

每一个出版企业都会有自己获取版权资源的渠道，可以说是"八仙过海、各显神通"，但是更高效地获取优质的版权资源，就要加强渠道建设，实施正确的渠道战略。

版权资源获取的来源无非两类，一是国内的版权资源，二是国外的版权资源。

（一）国内版权资源的获取

国内版权资源的获取渠道首先是原始版权人主要是作者的授权。许多出版社主要是接受作者的投稿，继而与作者签订《出版合同》，以此获得作品的复制、发行权及其他权利；有时出版社会以组稿的方式委托作者就特定的专题进行创作，与作者签订合同以获得作品版权；还有的出版企业与作家签约，获得该作家今后一段时间的所有作品的优先出版权，这就是所谓的"签约作家"，其未来的版权为"预期版权"，这可以使得企业排他性获得优质的版权资源。许多出版企业将发现、培养、维护作者资源当作核心工作任务，这是很有眼光的做法，作者是图书产品创作的承担者，是版权开发的源头，拥有一流的作者队伍，就意味着占领了一流的版权市场，获得良好的经济效益和社会效益就有了保障。

国内版权资源获取的渠道还有其他出版企业的授权。一家出版企业在出版相关的图书之后，可以将其拥有的出版物的其他权利，例如精装版出版权、简体版出版权、连载权、缩编权、数字出版权等全部或部分转让给其他出版企业，这样可以实现优势互补和资源的有效利用，因为各家出版企业的侧重点不同，对于作品的利用方式、能力也各不相同，例如一家传统的书刊出版企业对于利用作品录制音像制品就不如一家音像出版社在行。所以一家出版社弃之不用的权利可能在另一家出版社就会变成宝贝。

国内版权资源获取的第三个渠道是版权的代理授权。版权代理机构是版权人代表，可以以其自己的名义许可他人使用版权作品。版权人依据合同将自己作品的版权委托给一家版权代理机构或者某个人，由代理人或代理机构代替自己行使相关权利。通过与代理人或代理机构签订版权许可合同，出版企业可以因此获得版权资源。

国内版权资源获取的第四个渠道是其他媒体的授权，即出版企业可以从报刊、广播、电影、电视、网络等其他媒体获得相关作品的权利许可。在其他媒体上传播的许多原创作品有些也适合以图书或音像制品的方式出版发行，这就需要其他媒体给予授权。这一方式近年来颇为流行，例如将报刊的某一专栏的文章结集出版，某一电视剧很受欢迎，出版社马上推出了同名的图书，网络上受欢迎的小说将版权卖给出版企业推出实体图书等。现在许多出版企业比较重视的数字版权资源一般都是先存在于网络上，网络上有许多专门发表原创作品的网站，例如盛大文学公司旗下的起点中文网、红袖添香网、小说阅读网、榕树下、言情小说吧、潇湘书院等原创网站，均有许多作者从事网络写作，许多后来引爆市场的优秀作品最早都是发表在网站上，数字出版商受制于国内的出版管理制度，无法将优秀的数字作品出版为纸质图书，所以也愿意与传统的出版企业合作，共享优质的版权资源。

（二）国外版权资源的获取

国外版权资源的获取主要有三种方式，版权贸易、合作出版和国际组稿。

版权贸易的方式是我国出版企业获得国外版权的主要方式，出版企业与国外的版权人（作者、出版商、版权代理人）签订版权许可合同，获得作品的翻译权、复制权、发行权等相关权利。出版企业利用各种渠道❶获取国外图书版权信息，发现心仪的作品就与相关权利人联系，引进国内出版。

合作出版是指国外出版商与国内出版企业签订合作出版合同，许可国内出版企业使用他们的书版印刷并销售其拥有版权的图书，而在中文版的版权页登载两家出版商的版权记录。这种合作方式一般由国外的出版商提供编辑和制成作品的磁盘、胶片等，并且承担作者版权费用以及其他印前准备费用，而国内出版企业主要负责安排印刷、营销，并承担这些活动的费用。这种合作方式，可以以较低代价获得国外出版商的版权资源，合作双方通过作品销售分成的方式，国内的出版企业可以很快地获得收益。

国际组稿是一种专业的获取版权资源的模式，对于出版企业的版权管理能力和人才要求很高，可以因此获得质量较高的版权资源。早在20世纪80年代，清华大学就聘请海外著名华人数学学者编写《数学丛书》，开创了国际组稿的先河。1986年，中国出版对外贸易总公司、中国摄影出版社与澳大利亚开文·威尔顿洲际出版公司合作编辑出版的《中国—长征》大型画册，这本画册定位世界图书市场，因此在画册的撰稿上，出版社采取了由国内专家提供素材，邀请安东尼·劳伦斯来执笔的办法，经过双方反复磨合，也为了符合国外读者的阅读习惯，采用对方提出的方案，以长征为主线，并配以

---

❶ 获取国外图书信息的方式有很多，例如：（1）相关的外文报刊及书目；（2）参加国际书展；（3）与版权代理机构合作；（4）浏览网络；（5）阅读书评；（6）专家、学者的推荐；（7）合作出版社的间接提供；（8）各种驻外机构推荐。

大量反映沿线人民生活、风俗以及山川为主的编排形式推出❶，画册以七种文字出版，获得了极大的成功。

## 【延伸阅读】

### 作家和出版社"组团"全版权运营渐成趋势 ❷

甘肃著名作家雪漠在2017年北京图书订货会上，宣布与他的出版方中国大百科全书出版社成立"雪漠图书中心"。现在这些负责作家全版权运营的机构正在不断兴起。

"雪漠图书中心"将着眼于品牌运营和全版权运营，围绕雪漠多元产品建设，进行品牌化运营，包括雪漠作品的影视改编权、翻译权和数字出版权等诸多版权方面的运营。

在国内，作家和出版社这种紧密的合作源于2013年。作家出版社成立了"尹建莉工作室"和"王海鸰工作室"，而天天出版社则在2014年设立"曹文轩儿童文学艺术中心"。2016年至今，许多作家设立了工作室。像汤素兰、冰波、方素珍、郑春华、商晓娜等国内一线儿童文学作家均成立了工作室。

这些"工作室""图书中心"的定位、功能以及运营模式等不尽相同。如"曹文轩儿童文学艺术中心"针对曹文轩作品进行全版权运营，浙少社的"沈石溪工作室"偏重于市场拓展，"汤汤工作室"则偏重于作品的编辑、出版和版权开发。儒意欣欣图书公司推出的"名人工作室"模式，为新作家提供发展平台，不仅对畅销书作者资源进行全版权运营，还为作者提供影视、数字及海外出版、个人形象代言等服务。

全版权运营是未来作家工作室的一种趋势。一方面，作者和出版社合作设立工作室，工作室里有大量版权运营方面的专业人士，帮助作家全力投入创作，并且在全版权运营之中获得收益；而另一方面，通过与作家成立工作室，出版社也掌握了作家的全版权，在合作运营之中，出版社也能获得收益。

---

❶ 缪立平.国际组稿：出版走向世界的先声[J].出版参考，2002（19）.

❷ 郦亮.作家和出版社"组团"全版权运营渐成趋势[EB/OL].[2017-01-14].http://app.why.com.cn/epaper/webpc/qnb/html/2017-01/14/content_16736.html.

### 三、版权运营策略

出版企业获取了一定数量的版权资源,如何有效地利用这些资源进行有效的运营,以获取最大的经济效益和社会效益,这是摆在所有的版权企业尤其是由传统的事业单位改制为市场主体的诸多国有出版社面前的必答题。与此同时,一些民营出版企业,早已在市场大潮中沉浮,具有完全不同的市场敏感度。许多国有出版社拥有了大量的存量优质版权资产,却苦于没有优秀的运营人才和高明的运营手段,成了捧着金饭碗去讨饭吃的奇葩"乞丐"。

一般说来,对于权利内容进行分割开发可以获得更高的收益,出版企业需要对版权内容做全面的演绎和多层次立体开发。

#### 1. 版权运营的前提是对版权核心内容的开发

出版企业应该优先获取的版权资产中的出版权,复制权、发行权是传统出版业的基石,通过一系列的市场化运作,将作品制作成图书向市场销售,获取营收利润,这种传统模式大部分出版企业都是驾轻就熟。但是我们许多出版企业对于出版的一些小技巧尚需进一步提高,国外许多出版物的版本是很有讲究的,并且能够充分地挖掘市场潜力。例如,先发行昂贵的精装本,那些拥有经济能力并且愿意先睹为快的读者可以先买到作品;然后是比较便宜的平装本,让普罗大众购买;再以后出版简装本,卖给价格敏感的读者;最后是缩写本或口袋书,卖给有特定需求的读者,如果作品市场反应好,还可以制作更为昂贵的礼品装,用于收藏。仅仅通过各个版本推出的时间差,就可以对市场的各种需求做出不同的回应,这是符合经济学原理❶的安排。

#### 2. 信息网络传播权的开发

对于许多出版企业而言,缺乏既有的成功模式和可供借鉴的成功经验。在网络文学公司将网络文学事业做成一个产业,赚得盆满钵满的时候,许多

---

❶ 这就是所谓的"价格歧视"(price discrimination),实质上是一种价格差异策略,通常指商品或服务的提供者在向不同的接受者提供相同等级、相同质量的商品或服务时,在接受者之间实行不同的销售价格或收费标准。价格歧视是一种重要的垄断定价行为,是垄断企业通过差别价格来获取超额利润的一种定价策略。

传统出版企业却还在摸索数字出版的路径。❶

　　信息网络传播权是数字出版的法律基石。数字出版基于作品的数字化，以网络传播代替传统的发行模式，需要利用客户的电子终端进行阅读。根据2016年4月4日咪咕和浙江新闻出版局联合发布的《中国数字阅读白皮书》提供的数据，2015年11家大型数字阅读平台约占我国数字阅读83%左右的市场份额，约93亿人民币，而其中89.2%是通过手机等移动设备阅读。传统出版业的式微，代之以数字出版业的蓬勃发展，出版企业必须予以足够的重视，2016年我国的数字出版总收入已经达到5720亿元。近年来，国家相继颁布了一系列鼓励、扶持和推动数字出版发展和传统出版业转型的文件，如《关于推动新闻出版业数字化转型升级的指导意见》《关于推动传统出版和新兴出版融合发展的指导意见》《网络出版服务管理规定》等，推动数字出版的发展，但是实践中却还是存在很多困难。许多出版企业已经意识到这一点，例如辽宁出版集团基于版权内容的多屏融合、多路径传播和变现，建设了集团的版权内容分享云平台。推动电子书、有声书、微课程等版权内容全平台传播运营，提升集团数字版权内容的互联网热度。目前集团已经与三大运营商平台、掌阅、亚马逊、腾讯、喜马拉雅等主流数字阅读平台，进行数字图书、有声图书、视频等全媒体产品的全面合作，有效保证版权创作方和版权代理方的权益。❷

　　数字出版前端依然是传统的作品制作方式，包括前期选题、组稿、编辑、审稿、排版、校对，这其实是传统型出版企业的强项却是网络出版者的弱项。后期的主要工作是根据传播的网络和最终推送的客户端的不同的内容加以数字化的制作，最后根据传播的途径可以将出版物交给成熟的电子阅读运营商，例如方正阿帕比、亚马逊的kindle、汉王电子书等经营，也可以通过新兴的电子书经营平台例如当当网、京东网等拥有大量读者的平台进行销

---

❶ 2010年，我国数字出版产业总产值已超过1000亿元，占新闻出版业总产出的近10%，成为重要的经济增长点。但传统出版企业的数字出版产出占比偏低。2010年，数字期刊收入7.49亿元、电子书24.8亿元、加上数字报也只有38.3亿元，仅占3.46%。目前，尚未见到传统出版单位独立运作的成熟的数字出版商业模式。（见http：//tech.ifeng.com/trends/detail_2011_09/02/8895734_0.shtml）

❷ 杨建军. 媒体融合进入深水区 出版企业如何开启版权运营新模式[EB/OL].[2017-07-27].http：//media.people.com.cn/n1/2017/0727/c40606-29432629.html.

售。还可以由出版企业自己建立数字版权运营平台，利用自己出版的图书建立数字内容资源库，将图书的电子版本供读者付费下载阅读，成为永不下架的图书。有实力的出版企业利用手机 App，将自己出版的图书推送到客户的移动终端，便于携带阅读，这种"出版无处不在"的状态，可能成为企业重要的盈利点。

数字出版制作成本低廉，所以读者获得作品一个副本的价格相对于传统出版而言更为低廉，但是也脱离了传统的发行渠道，需要和新兴的网络媒体及其他专业的数字出版商合作，扩大作品的市场切入面，随着一些电信运营商强势进入数字版权市场，其背后是巨大的手机阅读客户群，这使得任何一个数字出版者最终可能都无法拒绝与之合作。目前流行的主要合作方式是利润分成制，出版企业与运营商按作品的销售额以一定的比例进行分成。

很多出版企业在进行出版时，将传统出版与数字出版同步或不同步推出，这样可以充分发挥两种出版方式的优势，降低出版成本。

数字出版技术将会带来出版业的革命，"按需出版"已经成为可能。出版企业可以根据某些读者甚至某个读者的需求，利用自己丰富的版权资源，快速地制作一个独立的满足客户需求的版本，并借此获取最大的利益。

### 3. 出版物附属权利的开发和运营

这一向是国内许多出版企业的痛点，属于看上去很美但做起来很难的项目。目前部分出版企业做得最多的是将自己持有的版权资源以版权输出贸易的方式授权其他语种的出版，这也成为各大出版企业进军国际版权市场的主要方式，目前我国图书的版权输出已经呈现出稳步增长的态势，这主要获益于国家"文化走出去"的战略，但版权输出的目的国还主要是亚洲地区的韩国、日本与越南等国，对于欧美的版权输出还占比较低，这与我们作品的原创性不足有关，输出较多的还是传统文化、中医、中药等图书，这在欧美国家比较难以接受。同时，国际版权贸易需要既懂法律又懂贸易的，还要突破语言的障碍，尤其要懂得编辑出版业务，合格的版权贸易人才难求，这一窘境极大地制约着许多出版企业版权输出的工作成效；另外，由于没有专业化的处理程序，目前对外输出的主要为翻译权、复制权、发行权等必不可少的权利，但信息网络传播权少有涉及，其他一些能够带来丰厚利益的附属性权利大多没有或者较少涉及，这极大地影响了版权输出的收益。

出版企业需要发展和提升自己的跨媒介运营能力，以开发版权的附属性权利，对于许多自己不擅长的领域，可以主动向其他行业推销、给予授权利用。例如对于文字作品可以授权其他媒体以连载、摘编的方式利用作品（复制、发行权），也可以许可电台以作品为蓝本制作录音制品播出（表演权、广播权），还可以许可影视机构以作品作为蓝本进行改编并拍摄视听作品（改编权、摄制权）。博集天卷公司就充分开发了《杜拉拉升职记》的各种附属性权利，该公司仅仅将小说的电影摄制权、放映权等转让给电影公司，就获得了超过七位数的收益。

出版物的衍生性权利主要是形象权开发，这在近年来成为出版界的奇观，对于衍生性权利的许可，获得的收益有时要远远大于出版行为本身所带来的收益。英国作家J.K.罗琳创作的《哈利·波特》系列小说，该小说已经被翻译成七十多种语言，累计发行三千五百万册，这个额头有一道闪电型伤疤的少年和他的小伙伴的故事，引爆了全世界的眼球。小说的电影改编权和角色形象权被许可给了美国时代华纳公司，时代华纳公司投入巨资将小说改编成电影，制作了卡通电视片、图画书、玩具等，对相关衍生性权利进行运营和开发，取得了巨大的商业成功，也带动了周边相关产品、品牌的开发，包括游戏、道具、周边玩具、系列景点、系列公园、游乐园、相关书籍、相关主题城市等，例如美泰公司、乐高与孩之宝就分别以千万美元的价格，购买了制作铅笔盒和魔法帽的制作权。《哈利·波特》已经成为图书出版物"全版权运营"的经典性案例，有数据统计，《哈利·波特》带动的巨型产业链规模已经达2000亿美元。《哈利·波特》的原作者J.K.罗琳因此成为亿万富豪，最早出版图书的布鲁姆斯伯里出版公司也获得了巨大收益。

作品形象权的开发对于我国许多出版企业而言是个新课题，对于优秀的版权资产和广受关注的版权产品如何进行作品形象权的运营，需要进行深入的市场调研，充分地激发版权的内在力量，获取最大的经济利益，这是所有出版企业应该研究和面对的新课题。

### 四、版权保护策略

出版企业的版权保护应该包含两个方面的内容：一是自己出版、传播的作品如何才能不侵犯其他作者合法的在先权利，二是对自己出版、传播的作品如何限制或追究他人的侵权行为。

如何保证出版、传播的作品不侵犯或者尽可能少地侵犯他人的在先合法权利，必须保证所有的作品都是来源清晰、授权完善的，如果是间接授权则必须保证整个链条的完整性，前一手权利的范围应该大于或等于后一手的权利范围，例如前一手仅有复制权、发行权、翻译权，后一手就不可能据此获得信息网络传播权；必须保证出版、传播的作品没有剽窃、抄袭他人作品的情形，即使作者已经对此做出声明，愿意承担责任，出版企业也需要按照既有流程审查作品的合法性，避免因侵犯他人作品的版权而引起纠纷，从而招致损失。

容易被忽视的是版权内容中的人身权利，这些权利属于作者自己，按照我国的《著作权法》规定，主要有"署名权、发表权、修改权、保护作品完整权"四项，这些权利原则上不可以转让，属于版权资产中的消极财产。如果出版企业出版、传播作品时，作品包含了别人的作品，例如摄影作品、美术作品，在法律上可能属于合理使用范畴，不构成对作品复制权、发行权、信息网络传播权等内容的侵害，但是如果忘了标注作者名称，这就侵犯了作者的署名权，如果被侵权人据此提起侵权诉讼，要求停止侵权，被诉企业就会面临召回已经发行的产品的可能，蒙受不可估量的损失。

出版企业有时为了追求更优质的版权资源，经常会自觉不自觉地降低审稿要求，例如看到某些作品的市场需求广阔，未经调查核实，径自出版发行，殊不知该作品已经与其他出版社签订过专有出版合同，这样就非常被动，可能会遭受巨额损失。

有经验的出版社在版权资源的获取过程中，总是尽力地寻找真正的作品权利人，以保证在使用作品过程中风险降到最低。德国爱希博恩出版社的版权部经理茱达·维兰（Jutta Willand）女士在介绍该出版社进行版权运营的工作流程时提到一个例子，对我们的出版企业应该有所启发。

爱希博恩出版社的一个项目负责人发现了美国女作家——玛塔·都特的作品，她在1933年作为美国大使生活在柏林，亲眼看到了纳粹的上台。在1933年到1937年，她生活在柏林的这段时间每天都写日记。这本日记在1939年被英国伦敦一家出版社出版，紧接着又被美国纽约的一家出版社出版，1946 年出过一个缩略的德文译本，是由苏联的知识行政出版社出版，现在这一机构早已不存在了。爱希博恩出版社希望把原书最早版本翻译成德文出版。女作家逝于（20 世纪）60 年代，但是按照《国际版权公约》规定，在作者身后五十年她的著作权还是受到保护的。所以爱希博恩出版社想出这本书，就必须找到这本书的版权继承人。首先，爱希博恩出版社版权部的人就和出这本书的英国出版社联系，但是英国出版社早已不具有这本书的版权了。他们又继续找到美国的那家出版社，从那里获知这本书的电影著作权早在 40 年代又卖给了另一家公司，于是，爱希博恩出版社又去找到这家公司，但是无论通过什么方式都得不到任何的反馈。最后，他们在华盛顿的国会博物馆里花了比较高昂的检索费用来搜索这本书的版权遗产继承人。通过这种检索，他们知道了当时女作家在布拉格的女秘书和她的律师，并找到了他们。但是，这两位也无法在女作家的遗嘱中找到关于这本书的版权遗产继承人。爱希博恩出版社尽管付出大量的努力都没有找到这本书的版权遗产继承人。但是，爱希博恩出版社还是不肯放弃出版这本书，于是通过了一种专业的咨询，找到了下面的解决方法：爱希博恩出版社把各个检索的文件、记录都做成档案，还虚拟了一份版权合同，并在银行开了一个账户。在那里把通行的版税数目存在这个账户上，同时，在出书的版权页上作了声明："爱希博恩出版社作了如下的努力还是没有找到版权遗产继承人，如果这个人看到这本书自己站出来，他或者可以得到爱希博恩出版社为他设立的那笔版税，也有权利在法庭上控告爱希博恩出版社，爱希博恩出版社愿意承担这样的风险。" ❶

出版企业版权保护的另一方面是面对自己的权利被别人侵犯时怎么制止侵权。几乎所有的出版企业都会面临这样的境况：自己出版的作品被他人非法盗版盗印或者被其他同行侵权，对于前者由于缺乏证据固定、证据收集的专业能力，经常投入很大的人力物力却无法追究侵权者的责任，多数情况下获取的赔偿不够补偿维权成本。后一种情形是其他正规出版社侵犯自己出版社出版物的权利，例如改编权、复制权、发行权等，由于在过去的体制下

---

❶ Jutta Willand. 爱希博恩（Eichborn）出版社的版权工作经验 [EB/OL].[2009-05-01].http：//www.docin.com/p-16607875.html.

大家都是事业单位，许多人相互熟识，面对对方的抄袭、侵权行为习惯于容忍，甚至默认，这样一种心态导致企业的版权保护在一种低水平下徘徊，使得版权资产被无谓地消耗，实际是非常不明智的。

企业版权保护比较有效的维权手段有两个：一是行政、司法保护，一是技术保护。

前者包括通过行政投诉的方式，出版企业在发现侵权事实之后可以向各级著作权行政管理机关投诉，行政机关经过立案、调查等程序后，可以对侵权人做出行政处罚，行政机关发现侵权人的行为已经涉嫌触犯刑法时，则会依法将案件移送到公安机关立案侦查。出版企业也可以直接向公安机关报案。更多的情况是企业就自己的权利受到侵害直接向人民法院提起民事诉讼，可以要求侵权方停止侵权、赔偿损失。这需要出版企业能够掌握一定的证据和固定的技能，制定完善的诉讼策略，必要的时候可以委托专业的版权律师代理取证和诉讼。

技术保护是通过开发版权保护系统，提升仿制或非法复制的难度，以此来限制侵权行为的发生。例如人民文学出版社在出版畅销书《哈利·波特》时就专门采取许多的技术方式，例如使用异型裁切，防伪水印等，使盗版成本大幅增加，以此来制止盗版行为。数字出版物也可以使用数字水印技术、数字加密技术、数字签名技术、数字指纹技术、数字认证技术等方式，对非法复制行为进行追踪，或者限制获得作品的资格，以此防范可能发生的侵权行为。

## 【延伸阅读】

### 《杜拉拉升职记》的全版权运营 ❶

民营出版公司博集天卷是"杜拉拉"的发现者，公司副总经理王勇偶然间看到一个博客，博客上有一部2000多字的网络小说，博主文笔轻松且个性十足，把大公司职场里的故事讲得有起有落、活灵活现。从事图书出版行业多年的王勇看中了这个励志故事，随后由编辑人员联系作者，双方很快达

---

❶ 向勇．"杜拉拉"2000字片段已创3亿元产值 向勇：难成经典（图）[EB/OL].[2010-07-19].http：//www.china.com.cn/culture/2010-07/19/content_20523648.htm.

成合作意向，在编辑的建议下，作者给小说的主人公改了一个更时尚的名字，叫杜拉拉。小说推向市场后取得了不俗的销售业绩。编辑团队又利用杜拉拉的故事编排了话剧和电影，由徐静蕾导演并主演的电影《杜拉拉升职记》上映 13 天票房破亿，这部制作成本 1500 万的电影，最终以 1.3 亿票房的成绩收官。至此，"杜拉拉"成了一个文化符号，变成了一个城市中产阶级成长的代言人、一个深受城市白领喜欢的角色。电影的成功也极大地促进了图书产品的销售，仅仅杜拉拉系列小说发行量已经超过 400 万册，在图书领域至少创造了 1.4 亿的市场价值。随后，博集天卷公司又对系列小说做了一系列的版权开发与运作，着重对该作品的衍生品进行开发和利用，仅《杜拉拉3》电影版权许可获得的收益就达 7 位数。三年时间内，《杜拉拉升职记》系列小说完成了从图书向文化产品的全方位转型，形成了一个品牌和符号，在漫长的产业链中，话剧、电影、电视剧、服装、鞋业、游戏、音乐剧、网络剧、无线增值等多个文化消费领域都被涉及，已经创造了数亿元的产值❶，其版权的价值依然不断地在向下游产业链漫溢。

## 第三节　新闻传媒企业的版权运营策略

新闻传媒企业，指各类新闻机构，主要是报纸、通讯社、广播电台、电视台、新闻期刊社、新闻电影制片厂等专门机构。新闻传媒企业大多是内容生产者，是版权作品的生产大户，但是企业对于版权资产的发掘和运营均有较大的潜力。

### 一、新闻传媒企业的版权运营现状

目前，许多新闻媒体对于版权运营水平较低，主要源于许多现实的困难。

---

❶ 经济半小时. 业内人士从《杜拉拉升职记》谈文化产业链开发 [EB/OL].[2011-09-27].http: //book.ifeng.com/shangshufang/special/s0017/detail_2011_09/27/9513332_0.shtml.

## （一）时事新闻困局

长期以来，受制于版权界将时事新闻归入"事实作品"，使其版权保护受到极大的阻力，更不用提作为"版权资产"形态出现在财务报表上。而"所谓的事实作品，一般认为是指对物质世界进行真实描述与代表（Representation of Reality）的作品。地图、电话号码本、数据库与新闻纪录等作品，通常被视为'事实作品'"。❶《著作权法》第五条规定，"本法不适用于时事新闻"，明确排除了《著作权法》对时事新闻的保护和适用；《著作权法实施条例》第五条第一款的定义是："时事新闻，是指通过报纸、期刊、广播电台、电视台等媒体报道的单纯事实消息。"这一制度安排使得许多新闻从业者皆误认为新闻作品不受版权保护。

实际上，版权法不适用于时事新闻，主要是基于两点理由，一是时事新闻是基于对客观事实的描述，而客观事实不能被垄断，妨碍他人依据该事实进行创作或传播，则有损于公共利益；二是时事新闻对于客观事实的文字表达无须展现作者的个性，无法达到作品所要求的独创性。版权法有个基本原则，唯一的或者有限的表达方式不受保护，对于一个客观事实的表达，如果仅仅只有一种例如按照时间顺序进行表述，则这样的表述不能获得版权法的保护，因为这样会阻碍信息的传播进而损害公共利益。

但是在司法实践中，时事新闻以缺乏独创性而被认定不受保护的例子并不多，法院一般都支持新闻记者所撰写❷的新闻作品具有可版权性，并且给予保护。新闻产业内涵很丰富，从信息载体上分，有文字新闻、图片新闻、音频新闻、视频新闻；从内容上分，有政治、经济、法律、军事、科技、文教、社会、体育等类型；从体裁上分，又有消息、通讯、专访、特写、新闻专题、深度报道等。其中大部分的新闻体裁均需要采编人员付出极大的智力投入，才可创作出独特的新闻作品。

许多新闻媒体对此没有更为深入的认识，对新闻作品总是一概以不受版权保护作为基本判断，这导致两种后果，一是使用其他媒体发表的新闻作品

---

❶ 刘海明. 报纸版权问题研究[M]. 北京：中国社会科学出版社，2013：27.

❷ 与撰写不同，摄影记者拍摄新闻照片当然不属于《中华人民共和国著作权法》所定义的"单纯的事实消息"，使用其他报纸的摄影作品应该获得许可。

非常随意，不仅不主动要求获得授权，有时连署名都会有意无意地被遗漏，更为恶劣的是，将别人采访发表的稿件随便改个标题就以自己的名义发表；二是自己的新闻作品被他人剽窃使用也同样无动于衷，视之为合理。笔者曾经代理某公司起诉一家报社，要求其对未经许可使用他人的版权摄影作品承担侵权责任，对方的代理人一直以合理使用、时事新闻不受《著作权法》保护等理由抗辩，但是最后法院依法判决其承担赔偿责任。

（二）新闻媒体转载的"法定许可"

《著作权法》第三十三条第二款规定："作品刊登后，除著作权人声明不得转载、摘编的外，其他报刊可以转载或者作为文摘、资料刊登，但应当按照规定向著作权人支付报酬。"这一规定，是为了促进信息传播而对新闻媒体尤其是报刊业所做的权利限制，但是，仅仅是指"其他报刊"的转载，也应该指合法的报刊出版机构。

我国对于新闻采编权实行二元管理体制。根据《互联网新闻信息服务管理规定》，互联网企业要发布新闻首先要必须取得互联网信息服务许可，而申请互联网新闻信息采编发布服务许可的，应当是新闻单位（含其控股的单位）或新闻宣传部门主管的单位。❶ 所以许多网络内容提供商没有新闻采编权，其新闻主要是从传统的纸面媒体进行转载。而关于转载能否将法定许可扩大到网络世界，仅就《著作权法》第三十三条规定的字面意义应该不能扩大到网络转载，但是 2000 年 11 月，最高人民法院通过了《关于审理涉及计算机网络著作权纠纷案件适用法律若干问题的解释》（下称"2000 年网络著作权司法解释"），成为我国网络版权保护立法的一个里程碑。该解释第 3 条规定："已在报刊上刊登或者网络上传播的作品，除著作权人声明或者上载该作品的网络服务提供者受著作权人的委托声明不得转载、摘编的以外，网站予以转载、摘编并按有关规定支付报酬、注明出处的，不构成侵权。但网站转载、摘编作品超过有关报刊转载作品范围的，应当认定为侵权。"该解释实际上是将《著作权法》中关于报刊转载的法定许可扩大适用于网络媒体的转载。2003 年 12 月，最高人民法院《关于审理涉及计算机网络著作权纠纷案件适用法律若干问题的解释（2003 修正）》（以下简称《2003 年网络著作

---

❶ 《互联网新闻信息服务管理规定》第六条。

权司法解释》),其中第三条修改为:"已在报刊上刊登或者网络上传播的作品,除著作权人声明或者报社、期刊社、网络服务提供者受著作权人委托声明不得转载、摘编的以外,在网络进行转载、摘编并按有关规定支付报酬、注明出处的,不构成侵权。但转载、摘编作品超过有关报刊转载作品范围的,应当认定为侵权。"仍然承认网络转载的法定许可。2006年7月1日起,《信息网络传播权保护条例》颁布施行,该条例基于国外通行的"除了极少量的合理使用的作品和极少量的属于法定许可范围内的作品,大多数的作品都应该是先取得授权,然后再在网络上进行传播"基本原则,将作品网络转载的类似法定许可制度的范围严格限定于为了发展在校义务教育和扶助贫困需要,网络转载的法定许可制度再度被否定。基于此,2006年12月,最高人民法院再次修改了《2003网络著作权司法解释》,删去了其中第三条的规定,关于网络转载法定许可的司法解释被取消。目前,网络媒体转载纸面媒体或者其他网络媒体的新闻作品需要获得新闻作者或原载媒体的许可。

基于上述两点分析,新闻传媒企业作为内容产品的生产者,其新闻作品的版权应该是受到法律保护的,只是受到了一定的限制,并不存在版权资产运营不可逾越的难题。

作为内容生产商,传统的传媒企业有着所有新兴媒体难以企及的优势,例如成熟的采编团队、完善的作品发行传播渠道和海量的版权资产,但是大部分传媒企业隶属于党的宣传部门和国家机关的事业单位,习惯于旧的市场与管理体制,面对新技术、新时代的需求应对不力,以市场主体身份加入多元化的竞争市场中还需要一个适应和改变的过程,尤其是对将自身的版权作为企业的核心资产和核心竞争力,仍缺乏有效的应对措施。

主要表现为,大部分版权企业均没有完善的版权管理措施,甚至没有开展过版权管理相关业务。许多传统传媒企业没有设立专门的版权管理机构,通常是由总编室统管,粗放式、触发式管理模式,只是在本单位被其他权利人投诉或起诉时才简单地做出应对,以至于主动式地进行版权资产的运营,还是一片空白。

整体而言,平面媒体积累了大量的文字性新闻作品,新闻摄影作品,以及其他文艺性、娱乐性的作品;电视媒体积累了大量新闻采访素材、纪录片素材、访谈节目录像、晚会节目的录像等,形成了许多历史资料;广播组织则会有大量的录音资料，有的甚至是非常珍贵的历史性资料，以及大量播出的素材录音带、录音制品等。所有的作品形态有差异，对于版权的运营情况各有不同。

## 二、纸媒的版权运营策略

纸质媒体主要指传统以纸张印刷和发行的报纸和杂志。单向性的传播方式、滞后的时效、高昂的印刷成本等制约因素，使得纸媒在与新媒体的竞争中感到越来越力不从心。国外许多百年报业轰然倒塌，或许几年以后，所有传统报业均会进行不同程度的转型。如何利用自身的优势避免在与新媒体的竞争中全面溃败，这应该成为所有传统纸媒的共同目标。

纸媒的版权主要由下列几部分构成：一是本单位新闻记者采写的新闻作品、拍摄的新闻照片、美术作品；二是通讯员的投稿；三是自由作者（包括本单位的员工）的投稿；四是编辑的约稿。本单位记者采写的新闻、拍摄的新闻照片属于职务作品❶，依据《著作权法》的规定，职务作品的版权属于作者自己，单位只是在两年内享有优先使用权，除非与作者有合同特别约定其版权归单位享有。但是在实践中，许多媒体并未与记者签订有关版权归属合同，甚至连劳动合同关系都未能完善，在这种情形下，其作品的版权并不必然归属于单位所有，在进行具体运营时就存在先天的瑕疵；而许多纸媒获得的大多是作品的复制和发行权，主要依据与作者之间的版权许可使用合同确定其权利的界限，许多文章或图片并不享有更多的专有性版权内容。所以对纸媒的版权运营应该主要立足于新闻作品，挖掘其版权价值，以实现最大的经营利益。

传统的纸媒机构均有固定的采编模式和采编制度，经过选题、采访、编辑以及审稿，最终才能将新闻作品呈现在读者的眼前，长期以来，纸媒依靠附载商业广告的方式获取利润，但由于新媒体的繁荣，各种移动终端的用

---

❶ 实践中，记者根据自己的采访素材加以深度创作形成的新的综述性的、研究性的文章以及在采访过程中拍摄其他照片能否构成职务作品，值得斟酌；有时是摄影记者在休假期间，拍摄的照片提供给其他媒体使用，他所供职媒体能否以职务作品主张优先使用权，值得讨论。

户不再订阅报纸,报刊的发行量大幅降低❶,2005年,中国的报业经营出现所谓的拐点❷以后,商业广告的投放量江河日下❸,许多报刊出现了亏损的局面。与此同时,许多新媒体对"时事新闻不受法律保护"予以扩大化的解释,无偿使用纸媒制作的时事新闻,或者以很低的代价获得纸媒作品的网络转载权,获得了巨大的收益,将传统的纸媒当成"免费的奶妈"。"纸媒也意识到报业的主体产品——原创新闻并没有给自己带来应有的经济效益,原因之一是网络等新媒体低价甚至免费获得纸媒的内容后再次开发增值,并与纸媒竞争。"❹有人抱怨说,每篇精品新闻的财务成本平均一万元,记者采写一篇优秀稿件需要付出大量的汗水和思考❺,但是被网络媒体随便使用,非常不公平。

目前,大部分纸媒在推出纸质报刊的同时,也同步推出了电子报刊,但是由于阅读面局限,基本上是将纸质媒体的内容直接搬到网络上,缺乏新媒体的运营方法❻,故此关注度和网络访问量远远不能与互联网门户网站和新媒体相比,况且,电子报的发行带来两个后果,一是冲击了传统的报刊订阅,

---

❶ 世纪华文对全国70个城市的报纸零售终端(包括报刊亭、报摊、便利店、超市、书店等)的持续监测数据显示:2015年,全国各类报纸的零售总量与2014年相比下滑了31.03%。2015年上半年较2014年下半年销量下降13.85%,2015年下半年较2015年上半年销量继续下降27.29%,其中都市报类报纸下滑幅度最大,居于各报之首。

❷ 吴海明.中国媒体大变局:报业的未来走势和京华时报的战略选择[J].今传媒,2015(12).

❸ 依据《2015年1—12月中国报纸广告市场分析报告》,2015年传统媒体广告市场降幅达到7.2%,其中,下降趋势依然严峻的平面媒体中,杂志广告下降19.8%,资源量下降27.3%,报纸广告降幅在传统媒体中最大达35.4%,资源量(广告占版面积)降幅达到37.9%。报纸广告的下降始于2012年,当年下降了7.3%,到2014年降速加快达到两位数,下降了18.3%,而2015年则大降35.4%,呈现出"断崖式"跳水趋势。"4年连续下降,降幅越来越大,与2011年相比累计降幅达55%,报纸广告已经被腰斩"。

❹ 尹明华.合作共赢是发展的必然逻辑:对报业"内容联盟"的思考[J].新闻战线2006(9).

❺ 于汉青.传媒版权管理研究[M].北京:中国人民大学出版社,2017:178.

❻ 互联网技术颠覆了传统媒体一对多的传播模式,大量的读者原创内容加入到传播中来,内容的传播已经不再是记者和编辑的专利,读者也参与到信息的生产和传播中来,互动性成为新媒体的重要标杆;碎片化的信息生产和传播方式已经成为信息时代的基本特征,纸媒如果不能适应这一发展潮流必然会遇到更多的困难。

导致订阅用户进一步下滑；二是使得网络媒体的转载更加方便，能够与电子报同时推出新闻作品，读者可以在新媒体平台"一站式"订阅感兴趣的新闻频道和新闻作品，而无须到各个纸媒的电子报上搜寻。传统纸媒发行电子报，尽管消除了与网络媒体、新媒体的新闻发布的时间滞后性，但并没有赢得新的竞争优势，尤其是没有找到有效的盈利模式，有点儿"好看不好吃"的意思，与新媒体的竞争中屡屡处于下风。

许多报业集团纷纷推出"全媒体"平台，例如，南方报业传媒集团于2007年设立新媒体部作为全媒体转型的驱动部门，经过5年的探索发展，集团的全媒体渠道已经包含了《南方日报》、南方网、南方日报彩信手机报，南方日报移动客户端。以视频、音频为主的广电媒体，南方报业户外LED联播网和电子阅报栏等76条产品线，南方传媒集团记者逐步适应了从为报纸供稿转向为六条生产线供稿。❶ 羊城晚报对于媒体的融合发展也做了有益的探索，建立起"具有'多元采集、多态生成、全程把关、立体传播'特质的采编大平台，能够在整合报纸和新媒体资源实现内容融合的同时，实现高效率集约化运维。全媒体指挥中心作为采编大平台的中枢和大脑，所有全媒体新闻、信息、数据都在这里汇集，依托流程再造后实现多终端发布。而各类新闻解读式图表、3D制图、新闻热点地图、动漫设计、音视频集成等新形式的新闻则由新闻可视化中心生产。多功能演播中心更是实现了内容制作从单一文字、图片，向文图音视频等全介质生产的跨越"❷。许多纸媒进行的探索，基本上都是为了求取出路而转型，却没有将版权作为技术进步和企业竞争的核心资源来看待，实在是"舍本而逐末"。

实际上对自有的版权资产加强管理和运营也是重要的途径，有人甚至声称，"版权是纸媒的最后救命稻草"❸。

**第一，要力争成为新兴媒体的内容供应商。**

作为新闻内容的生产者，纸媒有着得天独厚的优势，强大的采编团队和新闻获取渠道，应该成为核心竞争力。但是每一个新闻作品基本上都属于

---

❶ 柳剑能.中国报业全媒体转型的三大路径[J].传媒，2013（3）.

❷ 刘海陵.羊城晚报媒体融合发展的探索与实践[EB/OL].http：//news.ycwb.com/2017-07/13/content_25210006.htm.

❸ 龙敏飞.版权：纸媒的最后救命稻草[J].社会观察，2009（7）.

小版权作品，单独交易和维权的代价与取得的收益不相匹配，所以，作为单一某家纸媒与方兴未艾的新媒体谈判往往是显然力不从心。单独的一家纸媒与许多新媒体公司同时对垒，进行新闻作品的许可使用、进行许可使用费结算，针对非法使用的交涉、维权诉讼，实在是胜任❶，巨大的谈判成本和烦琐的合同管理程序，足以使得传统的纸媒企业望而却步。解决这一问题的办法是纸媒企业不但要抱团取暖，还要组成舰队出海。多家纸媒❷联合形成一个联盟，类似于"著作权集体管理组织"，将所有的新闻作品许可使用业务均委托给一个平台、一个实体去运营，这个联盟可以利用现代的计算机软件技术，制作一个DRM（数字权利管理系统），联盟媒体不断地将新闻作品上载到系统中，所有的媒体可以从系统中获取新闻作品，按照统一标准支付版权许可使用授权费用。版权运营的联盟，可以有效地发挥新闻作品的集团优势，可以联盟、平台等方式与单个的新媒体签订新闻作品使用合同，包括如何获取新闻信息、如何进行许可费用的结算，甚至可以为新媒体提供新闻的深度加工和个性化的定制服务。这样可以大幅度减轻纸媒企业对外谈判压力。另外，可由联盟进行统一维权。对侵权的新媒体一定要积极维权，不能害怕诉讼：只有通过诉讼才能体现版权的力量，才能建立尊重他人版权的社会风气，才能促使新媒体抛弃过去"免费搭便车"的心态，最终体现纸媒作品的版权价值。

纸媒还可以通过与网络媒体的深度合作实现既有版权或未来版权的价值，例如《新京报》提出"版权换股权"，就是版权运营中值得借鉴的方式。《新京报》和腾讯公司合作建立大燕网，在这桩合作中，腾讯看中的是新京报社的资源、资质、品牌和内容的生产能力，而《新京报》则看中腾讯的渠

---

❶ 例如，2007年10月，《新京报》曾以浙江在线网站未经授权使用其采编原创作品共7706篇为由，向北京市第一中级人民法院提起诉讼，并提出近200万元赔偿。浙江在线通过以管辖权异议等为由，迫使《新京报》将起诉法院更改为杭州中级人民法院，又经过近两年的拉锯战，2010年浙江省高院做出二审裁定，要求将案件拆成7706件诉讼主张。《新京报》代理律师刘家辉曾愤怒地说，按一年250个工作日算，每天审一个案子，要30年才能审完。最后《新京报》无奈撤诉。

❷ 以某个报业集团版权资产的体量还不足以在与新兴媒体的谈判中取得优势，其生产的新闻总量对于整个网络需求而言还远远不够，必须要数家甚至数十家大型报业集团联合行动才能有足够的新闻产品的供给能力，从而规范整个新闻作品消费市场。

道、技术、资金，双方优势互补，一拍即合，共同建设了面向京津冀地区的区域门户网站大燕网，《新京报》持股49%，腾讯持股51%，新京报以此获得了版权的最大效益。

**第二，挖掘版权的缝隙市场，对专业化领域进行精耕细作。**

新媒体的优势在于快速、与读者互动性强，其不足点是对信息的挖掘深度不够，无法满足读者对深度信息的需求。而许多专业化市场需求，即使是新媒体也无法充填的领域，这为传统的纸媒提供了缝隙市场❶的机会，值得纸媒深入挖掘。许多专业性的、有深度的报刊，尽管发行量未必很大，但面对的是有专业需求的读者，不可能被网络新媒体取代，例如《南方周末》通过刊登优秀而有深度的文章，赢得许多读者的青睐。对于这些专业领域的作品，可以采取特殊的运营方式，在网络传播、汇编出版、摘编、翻译等方面针对不同的主体，单独许可以此获取版权的最大价值。

**第三，利用自身采编专业优势，接受客户定制新闻产品。**

时事新闻本身不属于版权保护的范畴，但是对于时事的表达而形成具有独创性的作品，可以得到版权的保护。媒体不能刻意制造新闻，但是可以运用自己对新闻事实的了解、背景资料的掌握，撰写出具有思想深度的新闻分析、时事解读，编写某一新闻事件的背景综述等；也可以利用自己独特的采访途径和技术能力，专门为用户拍摄独到的新闻图片，例如用户需要获得某地震灾区某建筑倒塌的情况，就可以由媒体直接指示前方的摄影记者专门拍摄照片提供给用户，以此获得收益。

## 【延伸阅读】

### 如何"卖新闻"？❷

一位名为菲莉斯的女子，从小被收养，身边的人都告诉她，她的父母死于肺结核。但她相信，自己的妈妈一定还活着，并坚定地想要找到生母。

---

❶ 缝隙市场：指向那些被市场中的统治者或者有绝对优势的企业忽略的某些细分市场。

❷ 杨振华. "旧闻"如何增值变现？——以《每日镜报》版权运营实践为例[J]. 传媒评论，2016（10）.

当长大成人并成家后，成为护士的她开始寻找自己的出生信息，并找到了生母——一个曾经声名狼藉的酗酒者。这并不是结局，而是开始。在此后的 9 年多时间里，菲莉斯一直照顾着自己的生母，陪她走完了最后的人生……而自始至终，菲莉斯都没有点破两人的关系。这一温情感人的故事，被英国三一镜报集团下辖的一家地方报纸发现并报道，同属一个集团的全国性报纸《每日镜报》刊登后，瞬间吸引了全英国的关注。

报道出街，卖"新闻"的故事也开始了。首先是报道卖给集团外的报纸杂志刊登，然后趁热打铁，对这个故事扩展出书，销量喜人，精装版销售了 3 万册、简装本 4.5 万册。出完书，接着拍电影、电视，目前这个故事的改编版权已经卖给了电影公司，未来上映还将有收入。

这就是一个卖"新闻"——新近生产的内容产品的鲜活案例。《每日镜报》网络版新闻总监 ANN CRIPPER 介绍，镜报近年来启动了 360 度战略的版权运营，通过再包装，把新闻报道内容进行再扩大，把内容价值进行再提升。《每日镜报》以前也有版权运营，不过只是做一个简单的内容打包转卖，如今内容运营的内涵更加广泛、形式更加多样，特别是在内容产生之后就会开始考虑如何卖"新闻"：这些内容还有哪些目标受众，还能开发成其他什么相应的产品？

实践证明，版权运营的回报是喜人的。十年前，镜报赚钱第一是卖报纸，第二是卖广告，现在，版权运营已经成为镜报的第三大盈利源。

## 《南方都市报》智库产品 2018 年创收 5000 万 ❶

《南方都市报》积极探索媒体转型，从"办中国最好的报纸"到打造"中国最具影响力智库型媒体"转变。2018 年，南都智库产品经营收入近 5000 万元。

《南方都市报》转型目标是"内容智库化、传播智能化"。2018 年 2 月成立了"南都大数据研究院"，目前已形成数据新闻、榜单评价、民意调查、咨询研究、鉴定评测、评估认证、数据库、轻应用八大产品形态；内部以"产

---

❶ 传媒产业研究 .2018 传媒经营案例：南都智库创收 5000 万，新京报版权收入覆盖采编成本 [EB/OL].[2019-01-15].http：//www.cm3721.com/toutiao/4064.html.

品、民调、技术+课题中心"为主要架构，围绕城市治理、区域经济、新经济新业态、新生活、鉴定评测5个领域，组成垂直研究团队，对50多个立项课题展开研究。2018年年底，"南都智库产品发布周"活动在北京、广州、深圳三地举行，展示了一年的研究成果和产品，发布了8份智库报告，将调研与研究成果精准传递到政府和企业决策层、行业群体，渗透到多个垂直领域。

南都智库化媒体转型，为传统媒体创新发展提供了参考路径。

## 第四节　电视媒体企业的版权运营策略

电视媒体是指以电视为载体，进行信息传播的媒介或是平台，目前主要是各级电视台。广播电视媒体作为一大产业，主要有两大特点，一是频道资源稀缺，广播电视频率、频道数量和传输能力都受制于物理条件；二是技术投资巨大，具有专有性，一旦投入就不能移为他用。上述特征使得电视媒体具有天然的垄断性，结果是电视台对电视产业的各个环节具有主宰能力。

电视媒体传统的盈利模式主要是广告业务收入，以免费提供作品附带商业广告的模式，使得电视的作品版权运营摆在次要位置。关于电视媒体有一个"二次售卖"的理论，即电视台将媒介产品售卖给观众，然后又把观众售卖给广告主，通过对广告主收取费用来获得收益。据估算，我国电视媒体的90%以上的收益都是来自电视广告，其他的是收视费和版权收入，这明显是版权的销售和开发力度不足。而发达国家和地区的情况则显然不同，例如美国的维亚康姆集团横跨电视、电影、出版、户外广告等业务，其广告收入接近集团收入的50%，香港无线电视台（TVB）也有一半收入来自节目版权发行和海外付费收视业务。而且随着网络新媒体的兴起，终端用户可以更加方便地利用各种移动设备在任何时候获取资讯，突破了电视单向传播的局限性，网络广告也方兴未艾，而且网络广告具有投放精准性的特点，故而越来越受到广告主的喜爱。2014年互联网广告营收规模超过1500亿，而电视广告收入1200多亿，前者超出后者的幅度很可观，甚至有报道说2014年互联网广告已超过电视和报纸广告收入之和。

作为一个内容产业的电视媒体，拥有着巨大的版权资产，但是大部分都处于沉默状态，本媒体的节目播出最多属于一种产品销售行为，尚未进入到版权运营阶段。沉默的版权资产没有真正地释放出蕴藏其中的价值，需要予以充分地发掘与经营，提高其为企业的增值能力，提升企业的盈利水平。

电视媒体的版权资源从作品类型上看主要有三大类，一是新闻作品，主要是电视媒体利用自身新闻采编的资质和采编能力制作的各类新闻报道，既有简单的对新闻事实的客观呈现，也有深入挖掘制作的新闻调查、新闻综述、新闻背景等节目，依托新闻报道制作的各类访谈节目似乎也可以归入新闻作品之中；二是娱乐类作品，电视台所制作的各种综艺节目例如湖南卫视的《天天向上》《快乐大本营》，江苏卫视制作的《非诚勿扰》，中央电视台的《星光大道》《春节联欢晚会》等娱乐性的节目。对于娱乐类节目究竟应该获得何等的法律地位，学术界多有争议，现在倾向于将上述节目定义为"电影作品（类电作品）"，因为其具有独创性形式❶，尽管在司法判决中对此认定常常语焉不详，但基本上都是给予了保护。三是视听作品，主要是电视台采取自行摄制或者因版权贸易获得的各种影视剧、电视纪录片、动画作品等，这些都属于电视媒体的版权资产。

还有一些可以为电视台带来营业收益的重要资产，但其版权属性一向让版权学者迷惑不已，一是体育比赛的直播和转播，二是电视节目的模式。前者，电视媒体向体育比赛的组织者缴纳费用获得在某个时间段的电视直播权，这一权利主要是基于电视信号的特有的使用权：独家的直播可以给电视媒体带来巨大的收益，许可其他电视台对自己的直播进行转播也可以获得许可费收入，比赛的录像还可能为其他的媒体以转播或者信息网络传播的方式利用。体育比赛本身当然不能构成作品，所以体育组织所许可的并非作品版权而仅仅是依据合同而授予的信号使用权利，但是电视组织将相关的信号进行剪切、组合加上解说、配音等程序，最终是否构成了电影作品，还有很多的争议，但是对于这些资产完全可以依据版权法的原理，无论是作为电影作品还是作为录像制品或者仅仅主张广播组织权，都可以使其成为有效的版权

---

❶ 欧阳宏生等：《电视综艺节目的版权客体界定及侵权界定》（中国广播影视出版社，2015年12月版）通过分析电视综艺节目的特点，得出结论："具体的综艺节目作为电视节目之一，毫无疑问是作品"。

资产。就后者而言,具有独创性的电视节目模式可以培养出固定的观众群体,为电视台带来巨大的收益,有时节目模式就是收视率的保证。目前国内电视台从国外引进了许多的节目模式,例如央视的《谢天谢地你来啦》来自澳大利亚、《喜乐街》来自德国、《开门大吉》来自爱尔兰、《黄金100秒》来自英国、《幸福账单》来自荷兰。电视节目模式目前没有一个被广泛接受的概念,学术界和司法界对它的法律保护路径也莫衷一是,在实践中引进海外的节目模式是支付"版权费"的,在同一法域中剽窃他人的节目模式显然会对电视节目模式的创作方带来损失,即使依据版权法无法获得支持,也可以采用《反不正当竞争法》来获得保护。

电视媒体对于版权资产的"全版权运营",近年也有一些成功的案例。例如2005年湖南卫视的《超级女声》,围绕其版权参与方进行了多层次的开发,与电信分成的短信与彩信,收取版权费的彩铃,采用商标授权形式开发的服装、食品、玩具,签约选手的商业演出、代言以及图书、影视、唱片等多种类型。有人估计2005—2009年,由《超级女声》所带来的产值超过10亿元。全媒体平台给版权资产提供了多样的数字化开发渠道,而这样的聚合式版权产品的传播也会带动其他非媒介类文化产业的兴起,如商演、展览、玩具、游乐场等。以媒体为依托的版权衍生品的传播带动了用户对非媒介类版权周边产品的消费,而此类更有商业气息的文化产品又反过来扩大了全媒体版权产品衍生品的影响力。据不完全统计,仅《爸爸去哪儿》这一个热门版权产品的全产业链条开发,就给湖南卫视带来了23.5亿元的总收益。

但整体上说来,整个电视媒体对于版权的运营还处于觉醒期,产业链的开发还处于较低的层次,依靠广告作为企业盈利的基本模式还没有改变。大部分还仅聚焦于全媒体、全渠道的覆盖,而没有上升到全产业链的高度,对版权的衍生品如图书、音像、玩具、游戏等的开发则相对较弱。例如中央电视台属于国内版权开发中的佼佼者,其版权的经营除了播出、节目广告招商、节目音像发行等传统领域,还逐渐延伸到了多层次、多渠道、多平台,涵盖了网络播出点播、视频点播系统(VOD)、多终端点播、IPTV、移动终端、App应用、互联网机顶盒、智能电视等,❶但对衍生品的开发尚未形成规模。

---

❶ 曹素妨. 央视:版权管理大动作[J]. 中国传媒科技,2014(9).

电视媒体的版权运营可以从以下几个角度着力。

（1）与新兴媒体的深度合作，以版权贸易或版权合作的方式，尽可能地将版权的价值放大。

新兴媒体的兴起，对于传统媒体无异于一场革命，多平台的传播方式、无孔不入的传播途径、令人眼花缭乱的盈利模式，彻底颠覆了传统电视媒体的盈利习惯和盈利模式。电视媒体可以将自己的版权作品通过许可、转让的方式交由新兴媒体运营，新兴媒体所占据的市场往往是传统媒体所难以进入的缝隙市场。新媒体大多数是商业媒体，在传统媒体尚未觉醒时，已经接受市场的洗礼，在不断的试错过程中，积累了大量的经验，许多新媒体培养了庞大的粉丝群，这些先发优势都不是传统媒体进行全媒体拓展时所能比拟的。所以，与新媒体的深度合作是开发作品版权价值的有效途径。

央视制作的电视片《舌尖上的中国》就是生动的例证。《舌尖上的中国1》在2012年播出时，就借力微博这一新媒体平台受到了广泛关注，获得了良好的宣传效果。《舌尖上的中国2》首次与多家视频类网站合作，为其前期宣传工作开辟了新渠道，网络视频类网站这一传播枢纽，拓展了《舌尖上的中国2》的推广平台，乐视网、优酷视频、PPS影音、腾讯视频等多家视频类网站在《舌尖上的中国2》正式开播前推出时长4分钟，名为《好久不见》的宣传片，预告了《舌尖上的中国2》的拍摄时间、拍摄地点、素材时长以及拍摄理念等，截至2014年7月3日在乐视网累积播放88742次。各渠道受众可以通过手机、数字电视、移动电子设备即时关注《舌尖上的中国2》的动态。由于新媒体的推动，其版权在海外受到热捧，版权使用费翻了好几倍，而且依据该纪录片的衍生作品（图书）也取得了不错的销量，甚至还带动了餐饮业相关产品的销售。

（2）与上下游企业建立合作关系，生产优秀作品，开发作品版权的价值，延伸版权的产业链。

电视媒体的传统优势是播出渠道以及接入千家万户的网络系统，这是一种天然的垄断优势，也是长期以来电视媒体获取利益的基础性资源。传统的"一对多"的传播模式，在信息资源有限的时代，播出什么，观众就只能看什么，电视台制播一体，不用考虑作品好坏。从播出角度看，电视台居于垄断性地位，引进他人的影视动漫作品到电视台播出具有较突出的谈判优势，但是随着技术的发展，电视频道资源增加，电视产业规模也不断扩大，互联网络的高速发展更是带来颠覆性的革命，频道资源已经不再稀缺，数字化技术不再依赖受电磁频率制约的频道资源，容量可以无限地扩大。这一背景下，一方面对于优秀作品的市场需求越来越大，制播分离成为必然的选择；另一方面电视媒体的垄断性地位开始瓦解。市场对于优秀作品的渴望推高了优秀作品的价格。2017 年即将播出的《如懿传》90 集卖出 13.5 亿天价，每集价格为 1500 万元，然而 2007 年《金婚》总价格才 0.4 亿，每集价格才 70 万元。❶ 而 2006 年央视购买的 80 集情景喜剧《武林外传》价格更低，但短短的 20 来天，却给央视带来广告收入超过亿元❷，是一次成功的交易。

电视媒体可以利用自己的播出渠道和专业的制作公司合作，共同创作优秀的电视节目，由此获得联合版权的作品。这样做的好处很多，一是可以分担单独制作节目的风险。除了新闻作品之外，电视台播出的各类的版权作品（包括电影作品和其他录像制品）投资较高，市场收益遵循"二八定律"（即 20% 的作品收获 80% 的收益），我国每年生产了数百部的电影作品，但真正能拿到影院播放的不到十分之一，而在这十分之一中能够拿到丰厚票房回报的更是寥寥无几，所以通过合作可以降低投资风险。二是可以获得较多的利润。合作伙伴要么拥有作品的制作能力，要么拥有特定的受众群体，要么拥有衍生品开发的经验，通过合作进行版权生产，可以实现优势叠加，产生 1+1>2 的叠加效应。

与下游的衍生品生产商合作，可以极大地利用自己的版权资源，扩大其市场价值。例如对一个有社会影响的节目，可以取其精华，与出版社合作推出有影响的纸质图书；也可以与游戏厂商合作推出有市场需求的网络游戏软件；还可以将作品改编成其他的艺术形式，满足不同的市场需求。总之，要跳出广播电视本身带来的局限性，从全产业链的角度思考如何发挥版权的巨大价值。

---

❶ 中商产业研究院.2017 年精品电视剧价格排行 TOP5[EB/OL].[2017-03-27].http：//www.askci.com/news/chanye/20170327/17062094419.shtml.

❷ 财经时报.央视：买小剧卖大钱《武林外传》带来亿元收入 [EB/OL].[2006-02-18].http：//biz.163.com/06/0218/13/2A8E4P8A00020QDM.html.

【延伸阅读】

## 《中国好声音》全产业链版权运营[1]

《中国好声音》是由浙江卫视联合星空传媒旗下灿星公司制作共同打造的大型励志类专业音乐评论节目，中国好声音不仅仅是一个优质的音乐选秀节目，更是中国电视历史上真正意义的首次制播分离。

《中国好声音》不是传统意义上的"制播分离"，单纯制播分离是播出平台跟制作方买片，中间制作过程播出平台完全不管。而浙江卫视从头到尾参与了《中国好声音》，从节目策划、编排，还是节目宣传，以及政府、上级部门的报批，到找选手、制作、后期处理，浙江卫视都参与投入。节目自播出至今，创造了近几年娱乐节目收视之最。节目成功的背后，与制作团队高度专业化分工操作及宣传方式密切相关，同时我们也发现，节目还赢在了其对版权的尊重与保护及在音乐版权的经营方面，尤其在尊重知识产权方面做出了正确的示范。

### 一、节目及歌曲版权引进与保护

重金投入购买引入海外版权：《中国好声音》并非原创，是购买的荷兰节目——《荷兰之声》的版权。在此之前，该节目在国外已经取得了比较好的影响力，该节目一经播出就创下了300万的收视奇迹，而荷兰全国人口才1600多万。随后在2011年4~6月以《美国之声》（The Voice）为名在美国NBC电视台播出，另外其他很多国家也陆续推出本地版本，而中国的本土娱乐节目在这方面一直比较匮乏，2012年星空传媒旗下的灿星制作公司从注册在英国的版权代理公司IPCN手中购买下（The Voice）的三季中国版权，价格共计350万元。比起过去选秀节目花巨资在宣传造势上，《中国好声音》选择把钱砸在了节目本身上。节目的版权引进，充分尊重原创制作团队，大众接受度高且拥护度高。

节目中合法使用歌曲授权：节目制作组在运营之初就从全产业链的角度进行版权的保护与经营。依据国际版权公约以及中国著作权法相关法律条款

---

[1] 张雷，陈波.产业链视域下的《中国好声音》栏目运营策略分析[J].浙江传媒学院学报，2013，20（4）.

要求，充分尊重原创制作团队、歌曲词曲作者、原唱者等多方的著作权权益。因为节目涉及大量翻唱，《中国好声音》在节目制作初期即统一向音著协交付了版权许可费，获得了在国内使用作品的合法授权许可，维护了原作者、原唱者等权利人的合法权益，同时也提升了音乐版权行业的知识产权保护及防范意识，获得了业界一致好评。

植入全新的制作理念与流程：《中国好声音》节目首次采取了"制播分离"的方式，浙江卫视和灿星制作共同合作，风险共担，收益共享，保证了合作方对节目制作品质的高要求和高水准。据悉，除了前期350万元购买原版版权外，制作成本也高达8000万元，音响设备、导师转椅都是全国顶级设备，6个导演奔赴全国各地遍寻2000多个好声音，花重金聘请了造型师、音响总监等，各个环节的精益求精和大投入最终呈现了与以往不一样的视觉盛宴和听觉享受。特别值得一提的是，依照版权方的规定，摄制组在演播室内外布置了近40个机位，全程记录节目摄制过程中的几乎所有精彩瞬间，每期96分钟的节目内容来自于长达1000分钟的可调用素材，片比高达130~140∶1，是国内同类节目的40倍以上。

**二、节目版权运营**

跨界合作，实现电视节目与出版的跨界整合：《中国好声音》与中国人民大学出版社合作，针对电视资源进行二度开发和利用，通过图书形式详尽解读"中国好声音"，成功实践了电视节目与出版的跨界整合，推出《中国好声音》系列图书在全国新华书店和当当、亚马逊及京东三大网站同步售卖。该系列图书一经上市，读者和粉丝纷纷给予好评。另外中国移动手机阅读基地也针对《梦工厂——音乐电视真人秀节目运作秘笈》的同步发行推出移动终端的电子图书，为全国歌迷和听众带来了新的阅读和互动体验。

以衍生产品开发，全面延伸音乐产业链：任何一档节目都有一定的生命周期，延伸产业链是维系品牌生命力，实现经济效益最大化的重要手段。《中国好声音》节目播出后，节目组趁热打铁，相继推出《酷我真声音》《舞动好声音》等相关衍生节目。新节目推出后，又衍生出高价的广告冠名费。并通过巡演、代言等后续演艺收入。除此之外，早在节目播出之前，《中国好声音》就与移动运营商展开合作，为消费者提供打包付费彩铃下载业务。

《中国好声音》的全产业链运营，吸引了各行各业的参与，赢得了市场，也实现了价值最大化。从最初开始制作、节目运作到后期营销,制作方非常注意版权保护。节目尊重与保障了原作者和原制作方的知识产权,激发了歌手、导师、制作方以及全媒体的版权零售与创作的积极性。《中国好声音》的版权保护模式是中国流行音乐市场中一次较为全面的探索,涉及法律政策制定者,数字和社交媒体平台,设备制销商、制作方、艺人、电视台、网络内容服务商,移动运营商等各方面。

(3)创立新的盈利模式,发挥版权作品的"长尾效应"。

传统的电视媒体在 2004 年开始实行制播分离的改革之后,激发了社会力量对娱乐节目、影视节目制作的产能,娱乐节目、影视节目可以由社会主体制作完成,但是新闻作品的采编、播出依然掌握在电视台手中,大量的电视新闻要么以作品受到保护,要么以录像制品受到保护。电视媒体在长期的采编过程中都会留下数量庞大的声音、影视资料,大多在资料馆中沉睡,无法实现其价值。而且大部分新闻作品都属于小版权作品,经常被其他媒体无偿使用,使得电视媒体毫无办法。有些网络媒体在用户观看其转载的电视台制作的新闻时,也不忘插上一条广告来牟利,但是却不会向新闻的制作方支付报酬或者支付很低的报酬。这些电视媒体的新闻作品的版权价值难以实现,也属于一种国有资产的流失。

电视媒体可以利用其海量的影视、新闻作品资源,建立许可使用平台,用现代发达的信息管理技术,建立内容数据库,利用 DRM 系统进行版权作品在线销售,一向被忽视的小版权作品的价值也能得到实现。

## 【延伸阅读】

### 中央电视台媒体内容资产的产业化经营尝试[1]

中央电视台音像资料馆是亚洲最大、世界一流的视音频内容资源库,目前拥有 1 万小时胶片素材、150 万小时标清视频素材、9 万小时高清视频素材、

---

[1] 刘晓姣. 数字化背景下媒体内容资产经营策略研究 [D]. 北京:北京交通大学,2014.

此外还拥有 1.7 万小时的音频资料。自 2003 年建馆以来，运用先进技术和管理理念，自主开发搭建了亚洲一流、世界领先的集节目资料数字化存储、加工、修复、管理和应用于一体的媒资管理系统，实现了存放在胶片、磁带、硬盘等各类介质上的视音频资料永久性、高质量、无衰减的数字化保存。经过 10 年的大规模数字化加工，已形成 92 万小时的节目资料数据，成为目前世界最大的节目资料视音频数据库。从 1898 年的北京前门市井影像到中央电视台播出的各类精彩节目资料，音像资料馆珍藏着跨越年、贯穿近现代中国社会发展进程的重要历史影像和国外视频资料，保存着中央电视台自开播以来采制的所有新闻、晚会、赛事、直播、专题片、纪录片、影视剧以及各类栏目的节目内容和拍摄素材。

目前，央视媒体资产市场开发的主要业务模式有下列几种：

1. 节目资料销售

音像资料馆内容分发平台及门户网站系统整合了编辑制作、转码传输、存储迁移、数据接口、流媒体发布、CMS、内容发布、在线交易、数据统计、运营管理、远程监控、动态维护和版权保护等先进技术，提供包括视音频图像筛选、内容加工整理、数据交换传输、在线交互服务等端到端的内容资产增值业务的全面技术解决方案，为媒资新业态的发展和内容资源产业的保值增值提供坚实的技术支撑。2013 年 10 月 18 日，中央电视台正式启动电视节目资料有偿社会化服务，正式成为全国最大的电视节目内容供应商。借助内容分发平台进行节目资料销售，以国内外广播电视媒体、节目制作公司为主，兼顾企事业单位及个人用户，主要为广电播出机构、节目制作公司和国外媒体和节目制作公司。

2. 媒资来料加工服务

媒资来料加工是指面向社会机构、提供音像资料的数字化转储、编目加工以及音像资料修复等服务。利用音像资料馆先进的媒体资产管理系统和视频标清修复处理设备，在满足本台节目资源数字化生产任务的基础上，可接收社会用户的委托加工订单，提供资料存储、内容数字转化、版权保护、版权销售等服务。

3. 媒体管理咨询与培训服务

音像资料馆在媒体资产管理实践中，积累了丰富的系统设计、运行和管

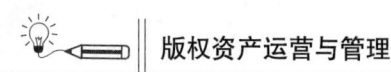

理经验。作为行业的先行者，可以为行业提供相关的技术和业务咨询，将音像资料馆的技术设计理念、运营管理经验和媒资价值评估方法等进行知识管理，为行业实现显性知识和隐性知识提供新的途径。

4. 媒资与服务平台

媒资云服务平台全面支持综合节目融合媒体生产平台、新闻融合媒体生产平台、新媒体内容集成发布平台的新媒体业务数据的入库、编目加工、存储管理以及下载使用。媒资门户云服务平台可采取会员收费制向社会提供资料检索有偿服务，主要面对大客户及专业机构收取费用。

5. 资料编辑产品定制生产与销售

针对新媒体、教育科研机构、图书馆、博物馆等行业以及各种庆典活动对中央电视台独有的高品质视频内容资源的个性化需求，量身编辑制作视频资料产品，如各种资料片、宣传片等。

## 第五节　动漫企业的版权运营策略

动漫是指动画和漫画，动画卡通、动漫影视、网络游戏、动漫衍生品、动漫多媒体行业均是动漫产业的代表。

### 一、我国动漫行业现状

我国的动漫产业开始得很早，但是一度处于停滞不前的境况。近年来，在国家产业政策的扶持下，许多动漫制作企业纷纷成立，成立了多个国家级的产业基地、教学研究基地[1]。动漫的传播途径大大地拓宽，传统的幽默漫画杂志《幽默大师》《漫画月刊》《儿童漫画》《漫画大王》等多年来稳定发展，发行量较大，此外《漫画PARTY》《漫画世界》《知音漫客》一跃成为幽默

---

[1] 广电总局批准设立了20个国家动画产业基地，8个国家动画教学研究基地；文化部设立了8个国家动漫游戏产业振兴基地；新闻出版总署规划了11个国家级动漫创意产业基地，包括4个国家网络游戏动漫产业发展基地和7个国家动漫产业发展基地。（参见 http：//www.chyxx.com/industry/201610/454634.html）

漫画界的三剑客；动画的播出平台也呈现增加之势，一大批省级电视台的卫星频道开始播放国产动画片，随着《喜羊羊与灰太狼》系列动画片最先在浙江卫视成功播出之后，各地电视台也纷纷仿效，出现了动画专业频道、少儿频道、动画栏目等众多动画播出途径。2011年，年产动画作品261224分钟，生产能力呈现几何式的飞跃。2014年，我国动漫行业总产值突破千亿，2016年突破1300亿元，成为中国文化产业发展的中坚力量。

尽管我国的动漫产业快速发展，但是问题很多：粗制滥造、无人问津、严重积压的动漫作品越来越多，获得国际大奖的作品屈指可数，动漫作品主要面向低龄儿童的定位❶，使得动漫作品的表现力和题材的选择受到限制，也使得动漫产业的潜力难以发挥。

以百度搜索风云榜动漫榜单为例，在前25名中，有16部日本动漫产品、6部国产动漫产品、2部欧美动漫产品和1部其他国家动漫产品，市场份额分别为64.0%、24.0%、8.0%和4.0%，但如果关注一下前200名的榜单，日本动漫、国产动漫、欧美动漫和其他国家动漫产品的市场份额分别演变为45.5%、33.5%、20.0%和1.0%。❷日本动漫产品的市场占有率遥遥领先。

动漫产品属于艺术作品，以独创性作为其核心，符合著作权法所确定作品的定义。所以动漫企业必须以版权运营作为企业经营的主要抓手，以锻造产业链条为主要经营手段，以此收获经济效益和社会效益。

动漫作品的版权运营的方向立足于两点，一是动漫作品本身价值链条的伸展，二是以动漫角色形象权为核心的周边产业群的开发。

## 二、动漫作品本身价值链条的打造

动漫作品本身具有与电影作品、美术作品等艺术作品相同的基因，是社会群体中接受度较高的作品类型，具有进行产品价值链打造的先天优势。可

---

❶ 中国动漫的受众年龄一般在0~14岁，在剧情设置上因此受到很多限制，而日本的动漫产品的受众的平均年龄为33岁，受众几乎是全年龄。当然，这一现象近两年有所好转，有些动漫企业开始开发全年龄的作品资源，电影《大鱼海棠》《西游记之大圣归来》《哪吒之魔童降世》等，已经超越了原有的低幼化年龄设定。

❷ http：//www.bh.gov.cn/html/whcy/DMYX22822/2014-08-05/Detail_563118.htm.

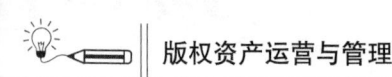

以从作品的获取、传播、版权贸易等多个角度发掘动漫作品的版权价值，以漫画为核心，带动出版、动画、传媒、广告、游戏、衍生品等全产业链开发、跨产业融合的版权运营体系。

1. 获取优秀的版权作品

版权的价值高低首先来源于作品的价值，如何获取优秀的且受到公众欢迎的作品，应该是动漫企业首先需要考虑的问题。我国在动漫作品诞生之初与西方国家尚处于同一层次。中国动漫的开拓者是万氏兄弟，万籁鸣创作自己的第一部动漫电影《大闹画室》两年后，华特·迪士尼才创作出米老鼠的形象；日本的著名动画家手冢治虫在自传中说，是因为看到了万氏兄弟创作的《铁扇公主》后才决定投身动漫事业的。但是后来因为各种各样的原因，中国的动漫制作水平和产业规模慢慢地落在了后面，优秀作品越来越少，时至今日已经很少有作品能够在国际上获奖，许多动漫作品以抄袭、模仿为主要"创作"手段，观众对此甚为反感。2011 年中青报曾做过调查，70.8% 受访者给国产动画差评的主要原因是"抄袭严重，缺乏创新和策划能力"，❶ 国产动画电影《汽车人总动员》抄袭迪士尼《汽车总动员》事件，更是激起舆论的广泛批评。

实际上，考察一下能够获得观众广泛好评的作品，基本上都包含独创性元素、鲜明的民族性。例如，中国动漫艺术历史上的巅峰之作《大闹天宫》就取材于四大名著之一的《西游记》，创造了许多经典的艺术形象。我国拥有海量的民族文化素材❷，信手拈来到处是可以创作动漫作品的题材，何苦去抄袭呢？我们的花木兰、熊猫等文化元素，被美国人拿去创作了动画电影《花木兰》和《功夫熊猫》大赚中国人的钱。号称"中国首部原创三维动画电影"的史诗动漫巨篇《魔比斯环》，从故事情节到整体风格无一不是好莱坞模式，北京电影学院教授郑洞天评价说，"追车场面像《星球大战》，城市

---

❶ http：//news.ifeng.com/a/20150707/44119337_0.shtml.

❷ 皇甫晓涛称，中国的本土国学与中华六艺、习艺（酒艺、茶艺、药艺）、园艺、书艺、丝艺的文化资产储量达到 700 万亿元人民币，而美国的总资产约有 135 万亿美元。中国的文化资产的价值一旦释放，将远远超过美国的资产总量。（皇甫晓涛. 版权经济论 [M]. 北京：光明日报出版社，2016.）

构造像《第五元素》，战争场面像《指环王》。故事是从国外学来的，整部影片没有表达中国文化的精髓，除了投资方是中国人以外，几乎看不出是中国制造。❶ 这样的动漫自然不会受到国人的欢迎。

动漫产业的整体落后，与我们缺乏一个科学的动漫作品创作评价体系有关：许多企业创作的大成本的作品，能否获得市场的认可，前景不明，而将别人的作品从形象到情节进行抄袭，似乎可以降低投资风险，但这样的结果往往是让观众反感，适得其反。美国迪士尼动画作品的创作则是建立在对动画市场大量的前期调研的基础上，当确定好故事创意之后，就会对故事情节、人物形象等开展四五轮的市场调查，以了解不同的受众对作品的风格、造型设计和剧情设置的认可程度，然后进行多轮的讨论和修改，最终才能开始制作过程；日本的模式是由数人或数十人组成的工作室制作动漫作品，然后向权威的动漫杂志投稿，动漫杂志对在杂志上发表的动漫作品的人气进行市场吸引力调查，将读者喜欢的作品做成连载，那些生命力强、读者众多的连载，会被制作成动漫图书，销量好的动漫图书会被制作成电视连续剧……美、日成熟的动漫创作机制对于我国的动漫企业颇有借鉴意义。

随着数字互联网时代的到来，动漫的创作者的队伍越来越扩大，某种意义上模糊了创作者与接受者的界限，人人都可以成为意义的解读者，也可以是文化产品的生产者。出现了许多灵活的动漫小型工作室和个体动漫创作者，他们将作品发表在一些专门的动漫网站上，例如成立于2009年的著名的动漫网站"有妖气"，定位为"原创动漫梦工厂"，原本是为动漫爱好者提供上传自己作品的交流平台，经过多年的发展，如今已经是集原创漫画、动画播映、衍生品购物、游戏、互动社区的多功能平台，在这个平台上，许多个人原创作品变为知名动漫品牌，许多漫画爱好者成为知名的专业漫画师。

动漫产业链或者起源于影视动漫，或者起源于平面漫画，而创意和优

---

❶ 陈滨.《魔比斯环》除了投资 还有什么是中国的吗？[EB/OL].[2006-07-28]. http：//www.cctv.com/performance/20060728/100544.shtml.

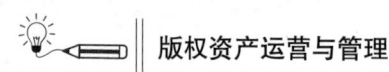

秀的原创版权作品是一切的起点，如何获取优秀的动漫作品必须是动漫企业的核心。此处，日本企业的做法很值得借鉴。日本以漫画为源头，不断激发原创，测试市场，并培养粉丝用户。漫画的生产成本较低、类型多元、创作自由、出版周期较短，用漫画连载的方式可以有效地测试市场，调整创作方向和剧情走向，契合市场需求。长篇连载漫画更适合改编成长期播放电视动画，进一步培养粉丝和形成粉丝忠诚度。

2. 与电视媒体合作创作动漫作品，既可以拓宽播出渠道，又可以有效降低风险

电视动画片只有在电视台播出才能实现其作为文化产品的功能，目前2D动画的制作费用大约是每分钟5000元，3D动画的制作费用大约是每分钟8000元，但是动漫企业向电视台出售动画片广播权的价格却低得惊人，高的不过是几百元一分钟，低的十几元一分钟，甚至有的企业愿意无偿供给电视台播出；电视台有些是采取现金支付，有些是采取贴片广告的方式，每一集提供一定的广告时间作为采购动画片的对价，而由于低幼动漫的观看人群为少年儿童，均没有购买力，这样又造成了很难有广告主愿意为这类节目投放广告。造成这种情况的原因一方面是动画片的产量太大，而播出渠道有限，属于买方市场；另一方面是许多动画片粗制滥造，精品罕见，没有太多的市场需求。最终的结果是动漫企业大多沦为日韩动漫公司的代工基地，赚取少量的制作费用，远离作品的最有价值的版权内容。

"制播分离"的制度安排，激发了节目生产的积极性，但另一方也使得动漫企业的经营风险大幅度增加。动漫企业早期的投入都很可能因为没有播出的渠道打水漂，投入巨资打造精品的风险是许多动漫企业无法承受的。影视动漫作品的成功与否与播映环节有很大的关联，电视台在播映时长、播映时段、宣传、产品组合、节目开发等对动画片的影响力惊人，而动漫企业在这点上几乎没有话语权。动漫企业如果与电视台进行合作，共同投资到动漫作品的制作中，成为作品的共同版权人，共同分享作品的衍生性价值。这样能够起到双赢的效果：电视台可以利用自身播出渠道的优势，扩大作品的社会影响，从版权的运营中获取利益，跳出单靠贴片商业广告盈利

的旧有模式；动漫企业不再发愁作品的播出渠道的前提下，就会有积极性利用自身的策划、制作优势，全力打造优秀作品。电视台的加入可以增强广告商的信心，这种优势互补的模式可以降低双方的合作风险，达到利益的最大化。

### 3. 动漫作品的网络传播

信息网络传播权在互联网信息时代已经取代复制权成为版权内容中最为重要的权利。网络传播具有时效性、互动性等特点，动漫作品发布在网络平台上，可以实现观众在观看作品的同时进行交流，这种体验是传统的电视媒体所没有的。传统的动漫作品主要面对0~14岁的少年儿童，以电视播出为宜，其题材的选择受到限制，而网络动漫作品则可以突破这一局限，面对全年龄的观众制作动漫作品。

新的播映渠道使得动漫作品已经不再局限于电视台，受众群体动漫氛围的逐渐浓厚也使各大网站对动漫的重视程度与日俱增，除了优酷、土豆、酷6、乐视、56、风行网、激动网、迅雷等视频类网站设有专门的动漫栏目，搜狐、新浪、腾讯、百度等综合网站也在争夺动漫资源，腾讯、新浪微博、网易云阅读、小米多看阅读、当当读书等网络巨头相继开启了在线漫画阅读版块。一些有影响的动画网络视频版权甚至可以高达上千万元，许多作品更愿意选择网络首播而非传统的电视台，视频类网站利用自身的优势可以为作品进行营销宣传，使得动漫作品更有机会成功。

网站可以放置无限量的作品同时进行展示，观众点播相应的作品时，网站可以随片播放广告谋利。动漫企业可以与视频类网站进行灵活的合作，既可以将动漫作品的信息网络传播权许可网站行使，一次性收取费用，也可以观众点播流量计算，进行广告分成；还可以一次性将信息网络传播权转让给网络公司，收取转让费用。

基于网络平台打造动漫产业链起始段，是韩国实现动漫产业由弱到强、弯道超车的主要产业模式，韩国利用动漫产业与网络技术的结合，以网络游戏为载体，打造出系列动漫形象，如红遍亚洲的"流氓兔""中国娃娃""仙境传说"等，均取得了成功。韩国的经验值得我国的动漫产业借鉴。

### 4. 动漫作品的改编[1]，往往是赢取收益的最好机遇

作为动漫作品的价值链条的相关环节，如何有效将作品的改编权变现，可能是许多动漫企业梦寐以求的商业机会。2009年电视动画片《喜羊羊与灰太狼》改编为大电影之后，当年收获1亿元的票房，数年来其系列电影票房已经超过7亿元；电视动画片《熊出没》好评如潮，2014年其大电影《熊出没之夺宝熊兵》以2.47亿元的惊人票房刷新了国产动画片的票房纪录。其他的方式，例如将电视台播放或者网络传播的动漫作品以DVD、VCD等激光视盘的形式在书店或音像制品店销售，以及以同名漫画书的形式在书店、报刊亭对外发行，均是版权运营中比较成熟的方式。

动漫电影的创作可以是基于动漫电视剧的衍生开发，也可以是独立制作的作品，一般情况下，基于既有的优秀动漫电视创作的动漫电影，其获得成功的机会比较大。

### 5. 国际版权贸易

国际版权贸易是将现有的动漫版权作品向国外用户销售（主要是对复制权、广播权、信息网络传播权、翻译权的许可，属于许可证贸易），以此获取版权使用费，动漫输出还有更深的意义：一是扩大作品的影响，是国家文化软实力的对外输出，具有重大的文化意义；二是作品的对外传播过程中，可以为国外的受众所接受和熟悉，形成品牌优势；三是随着作品的国际传播，与作品相关的各类衍生品也可以借机进入相关市场，为企业带来源源不断的收益。

长期以来，我国动漫产品的出口是动漫企业重要收入来源，2010年我国动画节目的对外出口额为11133万元，为历史之最；2013年电视动画节目对外出口2507小时，出口贸易额为4894万元，同期进口2879小时，进口贸易额为4432万元，实现贸易顺差462万元。主要出口到日本、美国等国家。例如华强动漫的动画作品的版权2013年出口到24个国家和地

---

[1] 此处的改编，主要还是利用作品的名称和形象体系重新创作的新作品，与传统的将小说改编成电影剧本之类的改编还是有所不同。美国好莱坞有过很多将动漫作品改编成真人电影，大获成功，这属于版权法意义上的改编。

区，出口额达到 147.08 万美元❶。上述统计中尚未计算版权衍生产品的出口收益。

### 6. 作为美术作品进入收藏市场

动漫作品的基础是漫画，属于美术作品，许多的动漫作品的底稿是以美术作品的形态存在的，日本的许多动画作品就是从动漫杂志中选择广受好评的漫画形象后创作的，所以，漫画原作近年来成为收藏市场的宠儿。

在 2014 年，第四届中国漫画拍卖会上，版画大师赵延年教授的版画连环画《阿Q正传》原稿以 178.25 万元拍卖价成交；现代著名画家丰子恺的《满园春色关不住》20 万起拍，经过近 30 轮激烈竞价，以 82.8 万元成交；彭连熙《牡丹亭连环画》原稿，以 51.75 万成交。中国首部彩色宽频动画长片《哪吒闹海》8 帧，5 万起拍，经过 61 轮竞价，以 52 万成交。在更早一些的法国艾德拍卖行里，《丁丁历险记》手绘插图则以 265 万欧元（约合 2255 万元人民币）的天价成交，一举创下漫画拍卖的世界纪录。作品的原件之所以拥有很高的价值主要在于其稀缺性，可以作为收藏的对象。

动漫作品的原作是一座宝藏，优秀动漫作品的底稿和原作，值得动漫企业用心经营。

## 三、以动漫形象为核心的周边产业群的开发

动漫形象是动漫作品中各种形象，是动漫作品最具开发价值的衍生品。即使在动画电影发达的美国，票房也只能占到总收益的 20%，衍生品才是盈利的主要部分。一旦动漫形象获得观众的接受和喜爱，动漫作品的衍生品开发就可以借势展开，如果运营的措施恰当，动漫形象可以产生品牌效应，使得衍生品市场经久不衰，持续盈利。

### 1. 游戏产品的开发

游戏与动漫具有天然的亲和性，其受众具有很大的重合性，许多国家的游戏和动漫是作为一个产业进行开发和管理的，动漫和游戏不分家，统称为

---

❶ 中国版权年鉴编委会. 中国版权年鉴 2015[M]. 北京：中国人民大学出版社，2015：317.

"ACG 产业"。一般来说，动漫偏重于故事内容，游戏则偏向于互动娱乐，传统的方式是游戏与动漫相互改编，人物与情节大同小异。在新型的互动关系中，主要是将动漫形象植入到游戏中去，或者利用游戏角色开发动漫作品。利用现有的动漫形象进行游戏开发，可以有效地利用动漫作品传播过程中积累的人气。

"很多经典的动漫形象深入人心，容易吸引玩家，而且有现成的角色，可以省去设计的麻烦，游戏厂商可借此加快产品投入速度，不仅在游戏形象上可以选择'拿来主义'，连故事情节都可以直接套用，非常省事。"于是有人慨叹，"打开任何一个移动游戏下载平台，扑面而来的都是各种熟悉的动漫形象。"❶ 使用玩家熟悉的动漫形象的游戏产品很容易获得认可。游戏产品与动漫作品还可以做剧情方面的深度合作，将动漫作品的情节植入到游戏中，例如以日本著名动漫作品《名侦探柯南》制作了很多的游戏，玩家可以在游戏中像柯南那样发现证据，锁定罪犯。

仅 2014 年，我国源自动漫改编的游戏作品就有 20 多部，排名前几位的有《熊出没》《我叫 MT online》《疯狂的麦咭》《秦时明月 3.0》《喜洋洋小顽皮》等。

### 2. 工业产品的形象使用

利用动漫形象制作各类工业产品，是许多动漫企业对衍生品开发的主要认识。工业产品与动漫形象的融合和嫁接，是动漫产业链的重要环节。例如，湖南的山猫卡通就在国内动画明星山猫吉咪的基础上，开发了许多衍生产品，包括箱包玩具、服饰鞋帽、文化用品、生活用品、家用电器等近 3000 种，产品出口到美洲、欧洲、非洲和东南亚各国，受到用户欢迎，年销量达到 500 万美元，许多外国商家由于衍生品大受欢迎转而购买山猫吉咪的原创动画片，动画片的版权贸易累计收入 4500 万美元。这是一个衍生品与原作品实现良好互动的很好的例子。

迪士尼公司是动漫形象工业产品开发的佼佼者，迪士尼公司与世界各地的生产企业合作，将旗下的动漫角色形象对生产企业进行授权，然后进行销售。生产商根据各地不同的情况，开发出符合市场需求的产品，很多产品

---

❶ 参见 http://game.china.com/industry/news/11011446/20140122/18306576.html.

深受用户的喜爱,有十分巨大的销量。据统计,拥有迪士尼特定形象使用权,可在特定消费品类别进行使用、开发的经营商,中国国内共有约 80 家,而特许生产商约有 170 家。产品线领域有饰品配饰、首饰、摆设、浴室类等。授权产品进入市场前,生产企业还得向迪士尼申请、购买专门的防伪标志。据业内人士爆料,迪士尼的品牌授权期限一般是两年,费用为百万元,两年之后如果要续签合同,必须在第一次权利金的基础上至少增加百分之二三十。目前,迪士尼授权商品在中国拥有超过 5000 家零售点,每年交易额超过 4 亿美元。文具的品类因为不可能以年龄段划分,就把所授权品牌按不同阶段的设计风格分别授权,例如,授权给某些厂家的米奇老鼠是 1990—1995 年版本,而另外一些则是 1995—2000 年的版本,又或者将电影版本和动漫版本区别开来。目前,已有 60 多家特许授权商表示将通过迪士尼授权的网络平台进行网上销售,产品包括服装服饰、玩具、文具、家居、电子消费品等,超过 5000 种,并以 4 款最受中国消费者喜爱的卡通形象来分类。❶

在日本动漫形象主要的衍生品就是各种模型,稍有名气的各类动漫形象都会有角色模型。高达是日本动漫中有代表性以及影响巨大的作品,以高达系列作品形象制作的各类动漫模型受到全世界高达迷的喜爱。其中以万代公司的做工最为精良,质量优异,对于动漫原版高达的还原度极高,许多人争相购买、收藏。

我国也有比较成功的例子。《熊出没》的出品方深圳华强数字动漫有限公司在作品热播之后,自主开发并与授权商合作生产了许多包含动漫形象的工业产品,包括玩具、文具、食品、饮料、箱包、家居用品、电子设备等共百余种产品,这些制作精良的衍生产品拓宽了市场渠道,成为企业的主打产品,其收益远远超出了作品本身。

《海尔兄弟》是青岛海尔集团历时 8 年耗资 3000 万元倾力打造的一部 212 集的动画片,2001 年 9 月开始在央视和各地电视台播出,屡获国家级大奖,海尔兄弟的卡通形象深入人心,目前海尔集团的注册商标还是海尔兄弟的形象。随着海尔动画片的播出,该剧的 VCD、连环画也发行上市,取得了

---

❶ 湛远知.文创产业中的商品化权与知识产权研究[M].北京:经济科学出版社,2012.

较好的销售业绩。实际上,《海尔兄弟》动画片还蕴藏着巨大的商机,可以进行全产业链的整体运营,可能是出于商标防淡化的考虑,海尔集团并未对海尔兄弟形象做进一步的开发,这未免让人觉得遗憾。

## 【延伸阅读】

### 动漫形象"阿狸"的版权运营❶

作为一个卡通动漫品牌,形象的设计是第一位,一个好的外观形象,能够影响粉丝社群的建设。爆款动漫形象"阿狸"的形象创始人于仁国认为动漫IP的授权其实是一种跨界合作,通过授权把形象的文化内涵传递出去,通过更多的表达方式让更多人了解、喜爱整个IP。目前阿狸已建立1600万以上的粉丝,长条漫画覆盖了微博微信等主流社交平台,平均转发量达3000次/条,互联网内容(表情包等)下载量破5亿。

在动漫领域,每一个成功的IP,必须有属于他的产品。早期的毛绒玩具、T恤等,都是对拉近形象、品牌与人之间的距离的一种方式。原本只在虚拟世界的形象,现在拥有了实质的产品,会产生很多积极的关系。"阿狸"每年有大概两到三百款产品推向市场,有自主研发的也有很多是与合作方合作,尝试突破更多的领域。

授权需要跨界的合作,通过跨界让产业链与IP结合,使IP起到了赋能的效果。2011年,"阿狸"版权方在重庆龙湖天街商场里设置装置展,借助合作在商场进行宣传,后期在三里屯太古里做了一个南北区的八个装置的大型展览,也取得了一个非常好的效果。之后展览陆陆续续的扩展到了全国各个城市,包括深圳的海上世界、成都的远洋太古里、淄博的万象城、上海的时代广场等都做了大型的展览体验活动。利用了独特的地理位置以及对KOL领袖人群的覆盖,使得整个品牌在线下得到了很好的传播和互动。

2017年,"阿狸"做了另外一个尝试,将"阿狸"的童话世界元素直接"落"

---

❶ 佚名.'阿狸'品牌授权人:品牌授权跨界合作,如何打造极致IP[EB/OL].[2018-03-19].http://www.sohu.com/a/225848124_502878.

在北京石景山游乐场里。对于游乐场来说是一个非常成功的活动，吸引了更多的人群，在夜场设计一个场景进行交互活动，同时把体验性活动推广出来。

"阿狸"积极与传统的文博系统合作。此前，文博系统发展需要考虑不同年龄段的关注度。自从与"阿狸"合作后带动很多十几岁的阿狸粉丝开始去了解更多文博方面的故事和历史积淀，慢慢也打破了传统和现代之间的壁垒，让年轻人更快地了解和接受。

同样，"阿狸"也着手做主题咖啡馆。在中关村步行街，周围都是大学、中学的受众人群，也包括中关村附近工作的年轻的工作人群，在这里为年轻人提供了一个聚会和交流的场所。这条街上有不少咖啡馆，星巴克、英国咖啡馆、韩国咖啡馆，更多的是谈生意的场景，但是对于同学聚会、朋友聚会就需要另外一个场景，所以当"阿狸咖啡馆"建立起来的时候起了一个非常好的效果。

总结，授权有三种类型：

一是产品授权，把产品的设计放在某一个产品的外面，例如："阿狸"放在牙膏上，小朋友会有意选择这样的牙膏；

第二是促销授权，时间不会很长，两到三个月，例如买麦当劳的儿童套餐，会送包含"阿狸"形象的一个小玩具作为赠品。麦当劳是中国最大的玩具厂商，中国是麦当劳每年消耗玩具量最大的渠道，通过授权合作，通过促销的授权在很短的周期内，销售掉几十万件甚至是上百万件的商品。

第三类授权是空间授权，空间里有"阿狸"的IP主题，进入其中，无论是通过设计还是故事，感受到它更多的内涵，这是主题性的授权。

### 3. 数字授权使用

在互联网时代，数字技术的广泛使用，使得动漫产品的数字性使用成为巨大的市场需求，所以开发虚拟的数字衍生品是许多动漫作品的市场机遇。动漫形象因其较高的观众接受度、容易变形处理、应用范围广等特点，很容易开发成为网络虚拟衍生品，制作动漫表情包、动漫壁纸、输入法皮肤、虚拟礼品等数字衍生品成为动漫形象的互联网增值产品媒介，盈利模式是收取授权费或与合作商进行利润提成，看似利润不高，但是可以吸引更多的用户观看原创作品或购买实体的衍生产品。绿豆蛙、张小盒、小鸟彼尔德、小左小右等动漫形象已经成为网民常用的聊天表情。

电视、网络媒体的商业广告中，动漫形象也大有用武之地。利用公众喜欢的动漫明星做产品代言，从传播的角度看与利用现实的影视明星代言并无太大不同，许可商家使用知名的动漫形象制作广告，显然属于动漫作品的版权运营的范畴。动漫制作企业可以利用既有的动漫形象与商业广告主进行合作，在动漫作品中植入目标产品，甚至通过高质量的创意，将产品融入剧情中，这样属于动漫形象商业利用的高级范畴：既不会因为牵强的后期植入而影响作品形象，也不会因为不合适的形象授权而影响动漫形象的观众评价。

4. 主题公园

主题公园是动漫产业突破其产业边界，衍生到旅游业的主要成果，是两大产业的融合发展。作为这一模式的创立者和成功的典范，迪士尼乐园最初就是在其拍摄了许多深受欢迎的动画影片，捧红了米奇老鼠、唐老鸭等卡通明星之后，通过技术渗透，由幻想工程师将科技和艺术完美融合，将动画片所常用的色彩、刺激、魔幻等表现手法与游乐园的功能相结合，借助游乐园式的地域空间载体将许许多多的动漫形象予以真实的再现，取得了巨大的成功。迪士尼乐园作为实体的动漫衍生品，它完成了宣传、盈利、资产循环，在迪士尼整个动漫产业链中成为不可或缺的一环。

随着迪士尼乐园落户上海浦东，国内许多地区规划了动漫主题公园，浙江安吉的"Hello Kitty 主题乐园"、江苏盐城的"海贼王主题乐园"、浙江诸暨的"龙太子欢乐谷"等，但能否复制迪士尼的成功还有待于市场的检验。

## 【延伸阅读】

### 漫威英雄角色的版权交易 [1]

号称"漫威十年，巅峰一役"的《复仇者联盟3：无限战争》（以下简称《复联3》）是漫威宇宙第三阶段的收官之作，此次集结的英雄多达20多

---

[1] 陶凤，郑蕊. 版权买卖 漫威英雄花落谁家 [N]. 北京商报，2018-05-15.

位，其中包括此前出售给索尼公司的蜘蛛侠。实际上，由漫威漫画创造出的英雄多达上千名，而不少英雄的版权已经不在漫威手中，例如复仇者联盟元老级人物金刚狼就属于20世纪福克斯电影公司。随着漫威IP的商业价值飞涨，在好莱坞"版权分割"制的框架下，各大娱乐集团围绕版权出让、授权、制作发行等交易博弈正趋激烈。

在《复联3》中，蜘蛛侠正式成为复仇者联盟成员，和钢铁侠、美国队长组团迎战终极反派灭霸，在2016年上映的《美国队长3》中，蜘蛛侠完成了回归漫威宇宙的首秀。此前，作为漫威最受欢迎的超级英雄之一，蜘蛛侠已经离队十多年。

1999年，经营不善的漫威为求生存，以700万美元的价格将蜘蛛侠卖给了索尼。根据出售协议，索尼获得了蜘蛛侠及所有相关角色的电影拍摄版权，电影收入全归索尼所有。不过，附带条件是，索尼每五年要推出一部蜘蛛侠电影，否则版权自动归还漫威。结果，索尼的投入换回了巨额回报。2002年起，索尼接连推出了托尼·马奎尔版的"蜘蛛侠三部曲"，在全球疯狂揽金25亿美元。然而，由于索尼购买的仅为蜘蛛侠的拍摄版权，受"五年推出一部蜘蛛侠电影"的约束，在"蜘蛛侠三部曲"结束后，索尼不得不在2012年以《超凡蜘蛛侠》的形式重启这一系列，但这一系列无论在口碑还是票房方面都没有取得预期的效果，加之2011年，漫威收回蜘蛛侠系列衍生产品权利，蜘蛛侠这一IP开始成为索尼的鸡肋产品。在这一背景下，2015年，漫威趁势与索尼达成版权共享协议。根据新协议，漫威将负责制作蜘蛛侠系列电影，而索尼仍负责投资和发行，并获得影片的全部票房收益。2017年，漫威制作上映的《蜘蛛侠：英雄归来》，在这次的交易中，虽然漫威拿不到任何票房分成，但换来了蜘蛛侠的归队，这使漫威电影宇宙的剧情发展大大拓展。同时，漫威仍拥有以漫画起家的漫威公司，旗下拥有数千名英雄角色。但在20世纪中后期，美国漫画行业愈发萧条，当时漫威虽然推出新角色以及由英雄角色改编的电视剧、电影，但市场反馈并不理想，公司入不敷出。1996年，漫威面临破产危机，只得选择通过出售大量角色的电影拍摄权来赚钱，这导致漫威的英雄角色四处飘零。在此期间，除了索尼获得蜘蛛侠的拍摄版权外，环球影业拿走了绿巨人，狮门影业摘得雷神、美国队长和类人体，20世纪福克斯则吞下了死侍、X战警系列的全部角色。这些英雄成为各大制片公司的票房利器。2004年,派拉蒙影业也从漫威海量英雄IP中分羹,拿下10部影片的发行权。

随着超级英雄电影越来越受市场热捧,漫威的英雄IP价值陡升,漫威开始试图收回被卖掉的英雄角色。自2005年起,钢铁侠、绿巨人、雷神、黑寡妇等英雄角色的拍摄版权陆续回到漫威手中。财大气粗的迪士尼更是斥资1.15亿美元收回了派拉蒙影业的发行权。

## 第六节　互联网企业版权运营策略

随着互联网技术的发展,社会生活和组织生产的方式发生了翻天覆地的变化,新的技术、新的应用方式、新的产业模式都依托互联网而层出不穷。许多依托互联网运营或者为互联网服务的企业应运而生,发展壮大。互联网技术也带来了信息技术的巨大飞跃,信息的传播从未有如此之便捷,信息的数量从未有如此之庞大。对于版权作品而言,突破了以前的作品创作、传播和利用的模式,彻底改变了传统的作品权利人、传播者和使用者三者之间的利益关系,版权的效能也发生了根本性的变化,从原有的以复制权为中心的古典版权体系迈进以信息网络传播权为中心的现代版权体系。

许多传统的文化企业面对新技术带来的挑战,也被迫适应网络时代用户对作品需求方式的变革,纷纷将传统的作品以数字化的方式上网,以满足读者的迫切需求,这种变革是痛苦的、被动的,这些企业还不能被称为互联网企业,只有那些纯粹依托互联网和服务互联网的企业才可以定义为互联网企业。

互联网企业种类繁多,对于版权作品的使用方式各有千秋,对于版权的获取和运营均需要进行深入地谋划。互联网信息技术条件下,互联网企业可以有效地使用数字版权管理(DRM)系统实现对海量的作品的分类检索和高效管理,以及按照企业不同阶段的经营策略高效地改变作品的利用模式,利用数字加密手段,阻止数字内容的非法传播,限制数字内容使用的方式,可以最大限度地保护版权。

### 一、文学类网站的版权运营

近年来，原创文学类网站犹如雨后春笋，茁壮成长，短短十几年间，就发展成足以和传统出版社抗衡的内容提供商、内容服务商和内容运营商；"截至2019年6月，我国网络文学用户规模达到4.55亿，较2018年增长2253万，占网民整体的53.2%，手机网络文学用户规模达2527万，占手机网民的51.4%"❶因为原创文学类网站为读者提供了方便快捷的阅读渠道，汇聚了可以满足读者各种需求的作品资源，深受广大受众喜爱。原创文学类网站经过数年的产业化过程，已经形成了"阅文集团""掌阅文学""百度文学""阿里文学""中文在线"五足鼎立的局面，其中以2015年成立的"阅文集团"实力最为雄厚，读者人数在同类网站中名列前茅。

早期的文学类网站大都出于非功利的目的，鼓励作者自由地将自己作品放到网站上任人浏览，后来随着网站规模的扩大，逐渐商业化，各个网站发展出不同的经营模式，有的开发付费阅读的方式，以读者阅读一定的字数支付相应的费用，网站与作者进行分成，例如起点中文网；有的是开发出广告的模式，采取网幅广告、文本链接等方式，向广告主收取广告费用，因为网络广告具有较强的交互性，效果较好，广告主纷至沓来，为网站带来不菲的收入；有的是以门户网站开办的读书频道、名人博客之类的原创性栏目，可以与线下的出版机构具有良好的合作，主要目的是吸引流量，发掘优秀的作者。

文学类网站的版权运营应该紧贴网络传播的特点，开发文学作品的版权价值，以版权的利用为核心，设计版权运营的策略。

#### 1. 优秀的版权资源获取策略

文学类网站大多发端于非营利性的网站，聚合了各种类型的文学爱好者，基本上都是业余作者，他们将自己创作的作品以连载的方式放到网上供人浏览、欣赏，文学类网站在获取版权资源上具有得天独厚的优势：许多具

---

❶ 中国互联网络信息中心：《第44次中国互联网络发展状况统计报告》（2019年8月）。

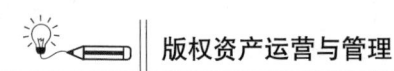

有潜质的作者,在其作品尚未为读者所接触和接受时,纯粹是以"玩票"的心态进行写作,网站可以在非常有利的条件下与作者签订版权购买协议,约定该作者的某一部作品的版权的归属和运营的方式。❶

文学类网站降低了文学创作的门槛,依据自身的聚合能力,可以将公众创作的零星过剩的资源整合起来,这种"公众委制"❷的作品生产模式,使得文化产品的消费者与生产者的界限模糊了,一些有潜力、受到读者欢迎的网络文学的作者脱颖而出,成为版权市场的宠儿。

文学类网站直接面对终端读者,所有作品均面临市场的选择,人气高、点击量大、阅读人数众多的作品自然其价值也就比较高,适宜做进一步的版权开发。这一模式,突破了传统的出版业听凭编辑主观臆断、盲人摸象式的出版模式,将出版风险降到最低。通过网络的传播和读者的筛选,许多优秀的网络作者获得了市场的认可,许多人形成了自己的品牌,其作品也成为文学类网站优秀的版权资源。例如唐家三少名列网络作家排行榜首位,仅2014年一年的版税收入达到5000万元。文学类网站通过各种措施,培养和扶持优秀的网络文学创作者,因此拥有了众多的优质版权作品。例如阅文集团旗下现在已经拥有超过400万个作家,创作出超过1000万部作品,其中原创部分大约90%以上,内容覆盖了50个类型,平台浏览量每天超过3000万。

文学类网站应该建立完善而合理的版权资源获取模式,对优质的版权资源,尽可能的获取其全部的版权内容,这是进行版权运营的前提。

### 2. 多次售卖的版权营销策略

从版权法的角度看,文学类网站仅仅是一个作品的发表平台,文学作品的版权归属于作者。但文学类网站通过合同可以获得作品的版权,以此可以

---

❶ 例如"阅文集团"旗下的起点文学网,在网络作者申请成为其网络作家之后,起点中文网将会获得该作者文学作品的版权授权,授权方式分为三种,即"授权作品""驻站作品"以及授权度最高的"专属作品"。如果授权成为其"专属作品",作者不但需要首发在起点中文网,还需要承诺起点成为其版权作品的独家发布人,在运营筹备方面全权交给起点中文网代理。(参见起点中文网《作者投稿声明》)

❷ 所谓"公众委制"(public commissioning),就是将原来需要由专业的人员或机构承担的制作任务,"委托给"公众完成。

对作品的版权进行营销，获取利益。

（1）付费阅读。根据网络作者对作品的更新频率，设定不同的付费阅读费率，利用"微支付"等付费手段，向读者收取费用，该费用可以与作者进行分成，也可以向作者支付固定费用而网站获取其盈余部分。这其实是对作品信息网络传播权的经典使用。

（2）出版实体书。许多作品在网络获得成功之后，可以与出版社合作出版实体书籍。例如盛大文学就与包括人民文学出版社、春风文艺出版社、中华书局在内的著作出版机构进行版权作品实体出版，出版了汉语、英语、越南语等多种图书，实现了对亚洲、美洲和欧洲的版权输出。其最为典型的例子就是《盗墓笔记》和《鬼吹灯》两部盗墓体裁的作品，前者出版了系列实体书共计9本，从2007年开始，10年间，取得巨大成功，累计销售1000余万册，其作者南派三叔也因此成为畅销书作家；后者则由安徽文艺出版社出版，长期占据图书销量首位。

（3）影视剧改编。文学类网站拥有大量原创性的文学作品，有许多作品风格新奇、质量上乘、情节引人入胜，受到读者追捧，很适合做影视剧改编，许可电影、电视制作企业对文学进行改编拍摄，收取许可费用或者参与后期的分成，这是网站文学版权运营的高级模式，可以获得巨大的收益。近年来热播的电视剧《甄嬛传》就是改编自流潋紫的网络小说《后宫·甄嬛传》，电影《致我们终将逝去的青春》也是改编于同名的小说，取得了7.18亿的票房收入。

（4）网络游戏授权。据研究，网络文学的用户与网络游戏用户的贴合度达78.4%，知名网络小说的游戏改编很受游戏制作企业的青睐。所以，文学类网站可以将文学作品授权给游戏制作企业，改编成网页游戏和各种手机游戏。这与受到影视剧改编热捧的都市、言情等题材不同，网络游戏喜欢选取玄幻、仙侠以及探险等想象力如天马行空，情节紧张刺激的题材。盛大文学将《斗破苍穹》的版权许可搜狐畅游开发成网络游戏，将《鬼吹灯》许可给上海游趣公司开发运营成即时战斗类游戏《鬼吹灯外传》等，均取得不俗的业绩。

（5）动漫改编许可。许多网络文学适合改编成动漫作品，国内几大动漫杂志均会刊登改编自网络文学的漫画作品，例如《知音漫客》杂志曾经连载的《斗破苍穹》漫画。

（6）舞台剧表演许可。许可演出企业将作品改编成话剧、歌剧等舞台剧。一方面可以扩大作品本身的影响力，另一方面也可以获得版权运营的效益。

（7）录音制品制作许可。许可广播电台将作品制作成广播节目播出，许可音像制作企业将文学作品制作成录音制品对外销售或通过网络传播，均是版权行使的方式。许多传统广播电台和新兴的网络广播电台均会制作许多来自网络文学的小说演播类节目，这也是网络文学的一种重要的衍生品。

（8）对外的版权贸易。我国网络文学的快速发展，吸引周边中华文化圈的许多国家也纷纷引进来自我国的网络文学版权，翻译出版我国的网络文学作品，尤以越南、泰国、日本、韩国等国为甚。例如越南在2009年至2013年之间，总共翻译出版了中国840种图书，其中网络文学品种为617种❶。版权的对外输出，不但可以为网站带来不菲的收入，同时也促进了中华文化的对外传播。

### 3. 拓展文学作品的版权产业链条

文学类网站对于文学作品需要具备全版权的视野，尽可能地扩展基于文学和文学形象、文学品牌等版权利用的产业链条。

（1）数字出版与电子阅读平台。

在网站发表尚称不上数字出版。在文学类网站上的发表，仅仅是属于作者作品形成和发表的过程，没有经过编辑加工的流程，整个作品还是粗糙的、甚至错漏百出的。只有利用数字化管理技术，对作品的整个出版流程进行数字化运作，并以数字化的方式在网络传播，才能形成数字出版物。文学类网站可以与传统的出版机构合作，将网络作品制作成数字出版物，以电子图书形态在网店销售，亚马逊、京东商城、当当网等网站均销售电子图书。

文学类网站还可以建立电子阅读平台，将高人气的网络文学作品向移动客户端推送，便于读者在碎片时间阅读作品，只要有合适的商业模式，例如，广告链接、付费阅读均可以获得相应的版权收益。

---

❶ 何明星，王丹妮. 文化接近性下的传播类型——中国网络文学在越南的翻译与出版 [J]. 中国出版，2015（12）.

（2）各类跨界合作与工业衍生品的生产与销售。

目前，各大文学类网站对于作品的版权运营还主要是版权本身的多次售卖，而对于基于文学作品的周边衍生品的开发尚不完善。文学类网站应该根据作品的特点有针对性地进行周边衍生品的开发，展开各种跨界合作，例如，与旅游业的合作，根据某部作品展开背景开发出相应的旅游项目。也可以与玩具厂商合作生产相应的玩具，满足不同读者的需要。

## 【延伸阅读】

### 晋江文学城对《三生三世十里桃花》的全版权运营❶

近年来，晋江文学城在作品全版权运营方面创造了诸多成功案例，其中《三生三世十里桃花》是其中的代表作。《三生三世十里桃花》自2008年发布之后，在线阅读点击量数十亿次。2009年出版首本实体书，目前海内外出版的实体书已有十版。2016年，《三生三世十里桃花》被中国泛娱乐指数盛典评为当年的"中国IP价值榜——网络文学榜Top 10"，在"2017猫片胡润原创文学IP价值榜"中排名第11位。2017年，由其改编的电视剧、电影、网络剧、舞台剧、游戏上线，引发全民讨论和关注，成为2017年最热IP之一。

1. 出版多种版本实体书

2009年，《三生三世十里桃花》首版简体图书由沈阳出版社出版，同年，台湾的耕林文化事业出版繁体版。2012年，湖南文艺出版社出版其简体图书修订版和纪念画册，2015年由湖南文艺出版社再版，2017年同名电视剧播出前再次出版纪念版。从2009年首次出版以来，《三生三世十里桃花》一直位居各类图书畅销榜前列。《三生三世十里桃花》在国内畅销的同时，在海外也有一定影响力。2012年，《三生三世十里桃花》在泰国和越南出版，2013年，越南出版同名纪念画册。2016年8月《三生三世十里桃花》英文版（*To the Sky Kingdom*）在美国亚马逊上市。英文版《三生三世十里桃花》受到海外读者的喜爱，位居2016年美国亚马逊Kindle Edition畅销榜亚洲文学区第1名、纸质书中文区第2名。

---

❶ 杜瑜.晋江文学城IP运营研究[D].西安：陕西师范大学，2018.

## 2. 多版权开发，相互促进

2017年，《三生三世十里桃花》IP的多种类型改编一起发力，受到读者和观众的高度关注，成为当年最热IP之一。2017年1月30日，由杨幂、赵又廷主演的《三生三世十里桃花》电视剧在东方卫视和浙江卫视同时播出，取得双台破1的高收视率，播出一年后网络日播放量仍在前10位。基于原著的合理改编、高人气的主演和精美的服装、化妆、道具，既满足了原著读者心理需求，又以曲折的剧情吸引了众多观众，受到各类受众的认可。许多未看过原著的观众随着电视剧的热播，对原著小说产生兴趣，纷纷阅读其纸质图书和电子书，促进了图书的销售。在电视剧播出的过程中，其纸质书销量增长了5倍，Kindle电子版销量增长了超过20倍、取得2017年当当网青春文学畅销榜第6名、亚马逊图书销量榜第46名的好成绩。

2017年8月4日上映的电影版《三生三世十里桃花》，最终票房达到5.35亿元。电视剧的高讨论度和高关注度为电影的宣传也起到了一定的促进作用，电视剧带动的热门词汇"四海八荒""飞升""上神"等在电影的宣传中继续使用。虽然《三生三世十里桃花》的电视剧和电影的制作公司不同，但是年初电视剧的热播，进一步积累了IP的粉丝，形成了IP的主题影视品牌，提高了电影对观众的吸引力。电影上映后，两个版本的故事情节、演员演技和服装造型的对比，在互联网上受到热烈讨论，多次登上微博热搜。《三生三世十里桃花》电视剧对此IP主题影视品牌的形成起了重要奠基作用。不仅电影版本受到辐射，随后上演的同名舞台剧和网络剧也因"三生三世十里桃花"这个主题影视品牌而获益。

《三生三世十里桃花》的游戏改编包括页游和手游两种类型。《三生三世十里桃花》手游以影视剧同名官方手游为宣传点，在电视剧播出时顺势宣传游戏，将电视剧观众和读者双层受众转化为游戏玩家。页游版《三生三世十里桃花》以网文IP的剧情和人设为基础，将小说中的不同种族设定为游戏的不同职业。页游与电影同日上线，以还原小说和电影剧情为宣传点。影游互动是IP运营的一个新的模式，两者共同营销推广，相互促进，最大限度地扩大两者的影响力。对于改编价值较高的网文IP，制作方之间的合作对IP的全版权运营具有推动作用。不过，《三生三世十里桃花》的页游和手游制作方与电视剧、电影的制作方并未合作，只是在IP关注度高的时候顺势宣传。而电影制作方和《倩女幽魂》手游合作更强调影游结合，在《倩女幽魂》手游中开设新的游戏大区"三生梦"，增加网文IP中的场景，并且推出男女主角的游戏时装。在电影上映时，配合电影举办游戏赠票和"三生花笺"游戏活动，真正实现了影游互动。网易的《倩女幽魂》手游拥有大量玩家，进一步提升了IP的知名度。

《三生三世十里桃花》真正做到了全版权开发，开发形式既包括实体出版、漫画与游戏改编，也包括电视剧、电影、网络剧、舞台剧多种类型的影视改编。其中，电视剧的影响力最大，带动了后续其他类型的开发。但是，其电影的口碑不佳，页游和手游的影响力与其他IP改编游戏相比较低，质量有所欠缺。网文IP全版权开发固然能全面利用IP的价值，但要重视IP改编的质量，坚持做精品才能避免IP贬值。

## 二、视频类网站的版权运营

视频类网站主要是利用互联网技术，让互联网用户在线发布、浏览和分享视频作品的网络媒体。2004年，乐视网上线运营，开始国内的视频类网站的先河，其后，伴随着互联网逐步普及❶，视频分享类网站经过一段时间的野蛮生长之后，走向产业化的道路，呈现出欣欣向荣的局面，许多风险投资公司开始看好国内视频行业的发展，投入大量的资金支持，有效地推动了网络视频企业的快速发展。随着智能手机的快速普及，移动网络视频用户成为推动网络视频用户增长的主要推动力，许多视频类网站开始纷纷着力于移动视频内容的开发。"截至2019年6月，我国网络视频用户规模达7.59亿，较2018年增长3391万，占网民整体的88.8%。其中长视频用户规模为6.39亿，占网民整体的74.7%；短视频用户规模为6.48亿，占网民整体的75.8%。"❷

---

❶ 截至2019年6月，中国网民规模达到8.54亿，较2018年底增长2598万，互联网普及率为61.2%，较2018年底提升1.6%；手机网民达8.47亿，较2018年增长2984万，网民中使用手机上网的比例由2018年底的98.6%提升为99.1%。（中国互联网络信息中心（CNNIC）2019年8月发布《第44次中国互联网络发展状况统计报告》）

❷ 中国互联网络信息中心：《第44次中国互联网络发展状况统计报告》（2019年8月）。

各个企业的发展方向和侧重点不同，有些是侧重分享，例如酷6网；有的侧重点播，例如风行网；有的侧重综合运营，例如优酷土豆、乐视网、爱奇艺PPS、PPTV等；还有的是门户网站开设的视频频道，例如搜狐视频、腾讯视频、凤凰视频等。

目前，视频类网站的视频内容主要可以分成几大类：一是网友上传的视频；二是视频类网站取得授权的影视剧、电视节目视频；三是网站自己投资制作的剧作视频；四是由体育比赛组织者授权网络直播或转播许可的体育比赛视频。

早期国内视频类网站为众多电影作品权利人大加诟病的是广泛的侵权行为。视频类网站通常将用户上传的视频纳入自有的视频素材库，其中既包括用户自己的原创视频节目，也包括他人享有版权的作品，视频类网站不再局限于提供单纯的传输管道和存储空间，而是利用不同的运营模式，通过用户上传的信息获利：其中最为典型的就是贴片广告的模式，用户每播放一次视频就会被强制播放一则或多则广告。

目前，网络视频行业的娱乐内容生态逐渐形成，实现多方价值共赢。娱乐生态主要以版权为中心，通过整合平台内外的资源实现联动，从小说、漫画，到网络剧、综艺、动漫、电影，再到授权游戏、商品、服务等，实现视频内容与音乐、文学、游戏、电商等领域协同发展，形成生态链条❶。视频类网站在国内网民的使用率中名列前茅，在版权发掘、版权内容的创造、版权的运营方面有着巨大的潜力，相关企业可以通过对特定内容、细分市场版权的筛选，有针对性地进行内容的采购、制作及运营，最大限度地满足细分市场的需求，充分地释放版权资产的经济价值。

视频类网站的版权运营可以从下列几个角度展开。

### 1. 以自制剧的版权为核心，建立全版权的运营策略

（1）视频类网站的经营企业应该以网络用户的兴趣和需求为导向，制作优质的作品。网络企业具有强大的数据分析能力和精准的用户管理系统，可以根据用户偏好，创作出符合市场需求的作品。视频类网站也可以从其他的

---

❶ 中国互联网络信息中心：《第44次中国互联网络发展状况统计报告》（2019年8月）。

渠道获得原始的作品，例如小说、戏剧作品等加以改编，应该尽可能地获取更多的权利，如果能够以版权转让的方式获得相关作品，就为以后的全版权运营打下了一个较好的基础。

视频类网站还可以与网络剧制作企业、影视制作企业、电视台等单位合作，利用他们制作电影作品的专业经验，实现优势互补，创作出广受好评的作品。例如，优酷土豆与韩国的 SBS 电视台联合推出真人秀节目（*Guest House*），制作成本由优酷土豆与 SBS 共同承担，节目具有中国特色，符合中国口味，其播出效果不错。

（2）以版权分销的方式，扩大作品的传播范围。由于享有完整的版权，视频类网站就在作品版权对外许可使用方面拥有绝对的话语权，既可以在自己的网站上供用户点播，也可以许可电视台或其他视频类网站和平台播放，还可以通过设置不同的许可条件，针对不同的用户和使用条件，实行价格歧视策略，以此获得版权收益；对于优秀的作品还可以向国外进行版权输出。

（3）对于自制剧作的版权进行全产业链的布局。视频类网站应该根据作品的特点开发相关的衍生产品，最大限度地激发版权价值。

## 【延伸阅读】

### 优酷《鹤唳华亭》文化出海　同步登陆 240 余个国家和地区

据参考消息网报道❶，2019 年 11 月 14 日，优酷宣布，由罗晋、李一桐主演的精品剧集《鹤唳华亭》已于 11 月 12 日起落地 YouTube、北美视频网站 ODC、亚马逊 Prime Video、越南邮政电信 VNPT、马来西亚双星电视台 Astro 等平台。此后，全球 240 个国家和地区的观众，都可以同步追《鹤唳华亭》了。

此次《鹤唳华亭》在国家和地区的覆盖数上，创下了国剧出海新纪录，并且实现了海内外同步播出。在海外，《鹤唳华亭》将跟随优酷非会员的排播节奏，周一至周五每天更新 1 集。

《鹤唳华亭》改编自雪满梁园同名小说，由杨文军执导，罗晋、李一桐、

---

❶ 参考消息网. 优酷《鹤唳华亭》文化出海 同步登陆 240 余个国家和地区 [EB/OL].[2019-11-14].http://www.cankaoxiaoxi.com/culture/20191114/2395469.shtml.

黄志忠等人主演。由优酷、非凡响、中汇影视、阿里影业、仨仁文化联合出品，讲述皇太子萧定权（罗晋饰）渴望亲情却少年失母、与父不睦，成人之路屡遭险阻，幸得恩师卢世瑜（王劲松饰）的教导，又与文臣之女陆文昔（李一桐饰）相识相知，二人不畏艰险负重前行，始终坚守道义的故事。

该剧上线后，凭借高能反转的剧情、精美的服化道、全程在线的演技受到观众的广泛认可，迅速登顶灯塔、骨朵等全网热度排行榜。

值得一提的是，被视作宋代礼仪主要组成部分的君子之美、雅乐之美、点茶之美、书法之美等，在《鹤唳华亭》中得到了原汁原味地呈现，引领了关于"文化之美"的大讨论。

《光明日报》发表文艺评论认为，"该剧尝试利用新的传播样式和新的叙事节奏挖掘中国古代的符号意象和文化基因，以独到的文化韵味与艺术意境解锁匠心制作的心血与诚意，为剧集精品化创作做出了有益探索"。

近两年优酷已经向海外输送了50余部版权内容，覆盖剧集、综艺、动画、文化纪实节目等多个领域。

### 2. 受让获得影视、电视节目、体育比赛直播（转播）等视频的信息网络传播权

视频类网站为了获得优质电视剧、电影等节目的网络传播的机会，常常耗费巨资购买相关的版权，近年来，网络独播剧的价格屡创新高，2011年，搜狐视频3000万元购买《新还珠格格》（98集）、优酷2500万元购买《倾城雪》（33集）、乐视2000万元购买《后宫甄嬛传》（46集）、PPS花2200万元购买《王的女人》（35集），每集价格都在30万元以上，而在2005年的时候，每一集的价格从几百元到千元。这些电视剧的信息网络传播权一般是以独占性授权为主，获得授权的视频类网站，可以许可证分销的方式，许可其他的视频类网站、视频平台播放作品，以此获得版权贸易的收益。

体育比赛的网络转播和直播也是视频类网站进行版权运营的重要的项目。对于体育比赛的网络直播，使得视频类网站成为可以抗衡传统电视媒体的新型信息传播者，不但可以借此带来大量的广告收入，还通过对比赛直播权利的分许可，获取版权运营的盈利。

3. 对于来源于用户上传的共享类版权作品，寻找和发现其价值

对于用户随意上传的视频，内容纷繁芜杂，水平良莠不齐，权利构成不易厘清，进行版权运营难度较大。许多具有开发价值的视频作品（制品）隐藏在灰堆蔓草之下，没有沙里淘金的耐心和方法，很难发现优秀的作品（制品）的价值所在。

用户上传的共享类视频首先必须要做好侵权防范，对用户原创的作品，可以通过缔结格式合同的方式取得作品的有限版权，而对于有可能是侵犯他人版权的行为，一旦发现，就必须要采取删除文件，断开链接等措施，免除自己的侵权风险。

视频类网站上的合法的各类视频，可以进行一定的分类筛选，有价值但价值不高的作品，可以尝试编辑成为素材资料，供用户有偿获取；价值比较高的作品可以在获得用户的许可后进行进一步的版权开发。

共享类版权作品的价值可能更大地在于网站吸引人气，增加付费用户的数量，提高广告收入。故此许多网站即使被权利人屡次诉讼，也依然乐此不疲，但这已经超出版权运营的范畴了。

## 【延伸阅读】

### 爱奇艺对网络大剧《破冰者》的运营 ❶

《真爱的谎言之破冰者》（简称《破冰者》），由郑晓龙担任艺术总监，余淳执导、蒋丹编剧。2019年4月18日，爱奇艺全网独家上线该剧。

《破冰者》这部都市情感剧与此前的都市情感剧相比，内容和风格均有着较大的突破。剧中的男一号靳远性格冷静沉着，穿梭在黑白之间游刃有余，但在情感方面却纯真而浪漫；女一号谭逗逗原本是位地下室"三无"女青年，但当曾经挚爱的前男友遇险时，却在爱情的驱使下有着共同赴险的果敢和担当。男女主角的性格差异有力地推动了剧情的发展，制造了一系列的戏剧冲突，能够吸引观众的眼球。这部剧某种程度上打破了都市情感剧创作上的剧

---

❶ 节目壹线. 从独播"破冰者"到全网推广，爱奇艺对大剧运营分几步？[EB/OL]. [2018-04-25].https://www.sohu.com/a/229377931_216932.

情僵局,让观众耳目一新。这也是爱奇艺选择这部剧进行全网独播的原因。爱奇艺运用强大的运营实力和资源整合能力将剧集影响力扩散至全网,获得了较好收视效果。

为了加深内容与粉丝的互动,提高粉丝追剧黏性,爱奇艺为其建立了强大的互动产品矩阵。在视频方面,配合正片的播出,爱奇艺在线上专区推出了花絮、片花、独家视频等内容来吸引粉丝;在与粉丝互动方面,爱奇艺在社交区"泡泡圈"投放了诸多与剧集相关的话题,并用明星的粉丝效应吸引更多网友前来围观和讨论,以扩大网友对剧集本身的关注度,这让《真爱的谎言之破冰者》播放量迅速破亿。在爱奇艺泡泡圈,该剧相关话题"拨开迷雾看真相"引发粉丝大讨论,罗晋解读角色的采访视频获得了超高关注;男女主角之间的"土味儿爱情"也迅速发酵,预告视频更是被大量转发。

在此基础上,爱奇艺整合了多方资源以催生该剧话题发酵,最终将该剧对粉丝的影响力从平台扩散至全网,引发了大量微博网友参与讨论和互动。依托于平台专业的运营实力和强大的资源整合能力,爱奇艺为这部大剧找到了与网友互动的方式,让更多网友加入到讨论与观剧的受众人群里,最终让《破冰者》成为备受关注的都市情感大剧。

爱奇艺剧集战略的核心是"用户"需求出发,有针对性地制定营销策略。伴随着中国网民数量的增长,移动端客户活跃,用户群体也向着年轻化、多样化发展,用户的观剧需求也呈现出多元化、多变化的趋势。"用户想看什么?"成为内容制作方、播放平台以及宣发方不断思考的问题。"类型化""同质化"的内容题材无法满足用户不断提升的审美心理以及好奇心理,所以洞察用户多元且不断变化的娱乐需求,为给用户带来更多元、更丰富的观剧体验,成为爱奇艺内容布局的终极目标。

### 三、游戏类网站的版权运营

我国的网络游戏产业是国家鼓励发展的产业之一,相关数据显示,2018年,中国游戏市场(包括客户端游戏市场、网页游戏市场、移动游戏市场等)实际销售收入达到2144.4亿元,同比增长7.3%。同时,中国游戏市场用户规模继续保持上涨趋势,截至2019年6月,我国网络游戏用户规模达

4.94 亿，较 2018 年年底增长 972 万，占网民整体的 57.8%；手机网络游戏用户规模达 4.68 亿，较 2018 年年底增长 877 万，占手机网民的 55.2%。❶游戏产业已经超过电影、动漫等产业的规模，显示出欣欣向荣的发展姿态。

网络游戏产品因其具有独创性，可以作为作品进行保护：第一是游戏软件，游戏软件因为具有独创性的代码指令序列，需要安装在计算机终端上运行，作为软件作品享有相应的著作权利；第二是美术作品，游戏产品展现出来的具有独创性的各类形象、场景，均是作为美术作品予以保护；第三是音乐作品，在游戏中出现的独创性音乐元素，作为音乐作品受到保护；第四是电影作品，游戏中出现的独创性的动画视频，作为电影作品受到保护。目前的司法实践中，尚没有将游戏作为单一作品进行整体保护，而是以其中的某种元素确定保护的内容。

目前，游戏类网站的经营主要还是在游戏产品本身，旨在吸引游戏玩家，赚取广告费、道具费、会员费等，基本上立足于游戏产品本身的经营，却比较缺乏版权运营的规划和成熟的做法。

### 1. 优质游戏版权的获取

游戏的产业链条，主要包括网络游戏用户、网络游戏出版运营商、数据中心、电信运营商和网络游戏开发商，更广泛地带动了计算机软件和硬件生产商，网络软件硬件生产商，游戏零售渠道和传统的媒体和出版企业等，每一环节都可以从游戏产业的发展中受益。仅就单个游戏作品而言，网络游戏开发和运营的直接收入来源是游戏软件面向终端客户的销售收入，游戏上线提供服务过程中游戏会员缴纳的会费，贩售虚拟物品的收入，增值性的服务收入以及近来兴起的嵌入式广告收入等。所有的一切均离不开优质版权资源的获取，优质游戏版权是带动整个产业链条的火车头。

网络企业必须根据市场的需求，研究玩家的喜好，才能有针对性地创作出优秀的游戏作品。游戏作品的创作有两个途径，一是自行创作，二是根据其他作品进行改编。游戏与动漫的结合，从来都是珠联璧合，游戏和动漫的受众贴合度极高，深入人心的动漫形象改编为游戏作品可以利用动漫

---

❶ 中国互联网络信息中心：《第 44 次中国互联网络发展状况统计报告》（2019 年 8 月）。

的市场接受度，为良好的运营效益和版权价值的进一步拓展，打下良好的基础。

我国拥有丰富的民族文化遗产，游戏素材浩如烟海，这为游戏作品的独立创作提供了保障，来源于本民族的素材符合受众习惯的价值观和审美习惯，容易获得玩家的喜爱和传播。

### 2. 游戏形象权的运营

游戏中的形象可以是独特的动漫形象或者是各种奇趣的装置，适合于游戏玩家的收藏和欣赏。游戏作品中最容易为市场所接受的就是根据游戏形象制作的各种玩具、模型。以游戏场景或游戏人物形象做电脑屏幕的墙纸，或者是风格独特的招贴画，均可以直接带来收益。

游戏形象的产业链开发必须立足于游戏形象本身，与相关的文化企业进行合作，研发成各种合适的文化产品，例如，旅游、演艺产品，吸引游戏爱好者或其他用户的关注和消费。

### 3. 游戏的改编

一个游戏产品能在市场上经久不衰，合适的游戏题材，可以改编成电影，利用游戏被广泛接纳的受众优势，改编自游戏的电影，其受众群大部分都是忠实的游戏迷，只要游戏有较大的粉丝群，就有机会取得不俗的票房预期。

历史上有许多来自游戏改编的电影，例如，安吉丽娜·朱莉主演的电影《古墓丽影》就是改编自同名的游戏，电影与游戏同样都是以解密探险的方式推进，取得了不俗的票房业绩。国内也有游戏改编成电视剧的案例，《剑侠情缘》是由金山公司下属的游戏公司于1997年研发的一款角色扮演类游戏，该游戏由成都金山数字娱乐科技有限公司改编成古装武侠电视剧，但是似乎并不是很成功。

《仙剑奇侠传》是由中国台湾大宇资讯股份有限公司发行的系列电脑游戏，首发于1995年7月，荣获两岸无数的游戏奖项，被众多玩家誉为"旷世神作"，《仙剑奇侠传》系列现已衍生出漫画、小说、电视剧、舞台剧、声优剧、卡牌等相关衍生形态。

## 【延伸阅读】

### 网易《梦幻西游》游戏的全版权运营模式 ❶

网易游戏的全版权运营模式在其自主研发的《梦幻西游》中得到了较好的体现，该游戏使用了几乎所有的改编方式开展版权运营，通过与玩家、其他企业合作开发等形式来寻找更多的运营可能。

《梦幻西游》是网易游戏自主研发的一款多人在线角色扮演游戏，游戏以中国四大名著之一的《西游记》为世界背景，通过Q版的人物形象设计，营造出浪漫的网络游戏风格。精美的游戏画质、熟悉的世界背景，使其得到了广大玩家的喜爱。自2003年上线运营至今，《梦幻西游》累积拥有注册用户超过3.1亿，共开设472组收费服务器，同时在线人数最高达到271万（2012年8月5日14：45），是当时国内同时在线人数最高的网络游戏，游戏于2013年6月24日改名为《梦幻西游2》，2016年2月29日正式定名为《梦幻西游》电脑版。在《梦幻西游》版权运营产业链中，网易游戏作为版权的源头企业，连接着玩家和游戏，通过电影改编、动漫改编、舞台剧演出、周边商城、电子竞技等多种版权运营途径构建起"全版权"运营的版图，并通过官网、周边商城及合作商家直达消费者。通过这样的版权运营模式，游戏玩家与游戏版权的紧密度持续上升，也使其身份从独立的游戏玩家逐渐转换成游戏玩家与内容消费者共存。

第一，改编同名手游《梦幻西游》。2015年3月26日，《梦幻西游》手游正式登陆App Store，在开服2小时后获得免费游戏榜第一的位置，开服10小时后成功登顶免费榜总榜，开服50小时登顶畅销榜首。2015年11月19日在成都举办的中国（成都）数字娱乐节中，《梦幻西游》手游被移动游戏界奥斯卡之称的"天府奖"评为2015年度移动游戏奖（网游类）第一名。不仅如此，《梦幻西游》手游的收入在2018年全国所有移动游戏中排名第二。

第二，改编动画。《梦幻西游》共改编出四部动画作品，2014年出品了第一部《梦幻西游之天命之路》，2015年出品了第二部《梦幻西游之化境飞升》，第三部《梦幻西游之雷怒危机》和2016年出品的第四部《梦幻西

---

❶ 王志恒. 我国网络游戏版权运营模式研究 [D]. 重庆：重庆理工大学，2019.

游之天命之战》,四部动画每部 13 集,每集约 25 分钟。此外,第一、二、三、四部分别在优酷网站获得了 9.4 分、9.4 分、8.9 分、8.7 分(总分十分)的高评分。

第三,改编小说剧。网易与喜马拉雅联合开发录制的小说剧《梦幻西游同人番外小说剧》上市后整体的市场影响力十分亮眼。该小说剧共 17 集,自 2017 年 8 月 1 日上市,每集均有约 600 万人次收听,最高一集《心之所向》收听人次高达到 2043 万次,此剧累计有 1.2 亿人次收听。每集大约有 500 人次的评价,评价中也大多对其质量赞誉有加,得到了玩家和听众的一致认可。

《梦幻西游》开展了多种形式的版权运营,除了改编为手游、动画、小说剧外,还开发了大电影、衍生品等一系列的实体和虚拟产品。总体来说,《梦幻西游》的版权运营取得了显著的效果。总体而言,在网易游戏"全版权"运营模式下,《梦幻西游》的版权运营取得不菲的成绩,不仅在上述三方面取得了喜人的业绩和良好的口碑,而且在游戏改编电影、音乐、电视剧等其他领域也得到了玩家和受众的一致认可。

### 四、音乐类网站的版权运营[1]

数字音乐是近年来随着数字技术和互联网络的发展应运而生的。20 世纪 90 年代时,数字音乐逐渐取代实体唱片和磁带成为大众获取音乐的全新载体,数字音乐的出现对全球唱片业形成了重大的威胁,欧美发达国家开始探索线上付费音乐的盈利形式。中国的音乐类网站经过一段时间的野蛮之后,盗版横行,正版音乐市场严重缩水,音乐作品权利人的著作权难以得到保护。随着 2015 年 7 月国家版权局发布《关于责令网络音乐服务商停止未经授权传播音乐的通知》,责令各网络音乐平台在规定的时间内下架其未经授权的音乐作品,网络音乐正版化的高歌猛进促使中国数字音乐平台开始了首轮大规模洗牌,纷纷寻找权利人取得授权许可。因此,数字音乐正版化进程快速推进,至今中国数字音乐正版化已经达到 90%,数字音乐的版权价值开始凸显。

---

[1] 江小妍. 基于产业价值链视角的中国在线音乐产业商业模式研究 [D]. 北京:北京印刷学院,2017.

音乐类网站是专门以互联网络传播数字音乐为目的而成立的平台，我国有巨大的音乐网站用户人群。截至 2019 年 6 月，我国网络音乐用户规模达 6.08 亿，较 2018 年年底增长 3229 万，占网民整体的 71.1%；手机网络音乐用户规模达 5.85 亿，较 2018 年年底增长 3201 万，占手机网民的 69.1%❶。目前比较出名的数字音乐服务提供商主要有：QQ 音乐、虾米音乐、百度音乐、网易云音乐、酷我音乐、酷狗音乐等。

音乐类网站的版权运营需要契合互联网的特点，发掘音乐作品的版权价值，从版权许可使用的角度，构建其版权运营的策略。

1. 获取优秀版权资源的途径

数字音乐产业链的前端是由唱片公司、从唱片公司购买版权的数字音乐制作公司、音乐版权人、原创音乐创作者等内容提供者组成，负责提供音乐产品，成为内容提供商（CP）。由于版权正版化不断推进，正版音乐作为抢手的资源，受到各大音乐平台服务商的追捧。音乐网站希望尽可能多地向内容提供商购买版权资源，来完善平台上的曲库，以期获得更高的版权收益。进入 2014 年，版权成为各家竞争重点，也成为整个产业的关键词。QQ 音乐、阿里音乐以及网易云音乐等都相继签下自己的"独家版权"，2017 年 5 月 16 日起，腾讯音乐娱乐集团拥有了环球音乐、索尼音乐、华纳音乐世界三大唱片公司的独家版权，成为我国在线音乐平台服务商中拥有版权资源最多的企业。

由于向上游唱片公司和音乐人购买版权需要耗费大量资金，有些音乐网站将获取版权作品阵地前移，从培养原创音乐人入手，这样，一方面给平台带来用户关注度和流量，另一方面针对各平台特有原创音乐人资源，在一定程度上形成自有版权，使得音乐网站的版权获取模式向产业价值链的上游延伸。

腾讯音乐娱乐集团在 2017 年 7 月 24 日公布腾讯音乐人计划，表示将从线上线下、多角度、多渠道来打造原创音乐人的全产业链服务。这是站在全局的策略上考虑商业模式的实现，音乐平台不仅仅只是产业链中的单个环节，而是通过原创独立音乐人的培养，充当内容提供商的角色。除了腾讯，

---

❶ 中国互联网络信息中心：《第 44 次中国互联网络发展状况统计报告》。

其他音乐平台也积极探索扶植音乐人计划，例如网易云音乐发起的"石头计划"，从资源推广、专辑投资、演出机会、赞赏开通、音乐培训、音乐人周边、音乐人指数体系等方面对独立音乐人进行支持。通过培养原创独立音乐人，音乐网站可以获得大量原创性的音乐作品，进而获得市场竞争优势。

21世纪以来，独立厂牌、独立音乐人等具有独立性质的组织和个人大批量出现，独立音乐时代正式开启。独立音乐人不与任何唱片公司签约，创作的音乐不需要依靠专业的唱片公司发行，他们将自己制作的唱片放在网站兜售，或将直接创作的音乐上传至网络，消费者可以通过正常的流程进行付费下载，音乐的价格遵循着音乐市场的定价标准。音乐网络平台可以与独立音乐人合作，经营其作品获得利润。

2. 音乐网站版权运营的多种盈利模式

（1）广告收入。广告费是各大在线音乐平台服务商主要营收途径。在音乐平台上除了小部分付费单曲外，用户以免费听歌为主，各音乐网站搭建在线音乐播放的社区性平台，以提供优质服务来吸引更多的用户加入音乐平台，用户带来的流量通过网络资源的整合，能够吸引更多商家投放广告，从而使平台获得广告收入。

（2）数字专辑。数字专辑的商业盈利模式，是近两年在线音乐平台新型且创新的一种策略，率先代表是2014年底周杰伦的《哎呦，不错》在QQ音乐推行数字专辑。数字音乐专辑提供SQ无损歌曲，相当于CD的品质，由于其在线购买便捷性、价格比实体专辑低、收听方式灵活等优点，受到听众的喜爱。继QQ音乐之后，酷狗音乐、网易云音乐等音乐平台陆续推出数字音乐，以QQ音乐为例，截至2017年9月2日，有17张数字专辑破百万，排名第一的是周杰伦的专辑《周杰伦的床边故事》，卖出112万张，专辑单价20元，销售额超过2240万。数字专辑目前对于各音乐平台服务商是主要营收来源之一，利用数字专辑同产业价值链的上游合作，面向粉丝用户提供特色服务等会进一步有利于在线音乐的发展。

（3）单曲付费下载。除了部分歌曲完全免费收听下载外，有一部分歌曲可以在线免费收听但是下载需要支付费用，以朴树专辑《生如夏花》为例，在QQ音乐或网易云音乐中，用户如果要下载音乐至播放器，需要支付3元来购买单曲。这类单曲付费模式普及率不如数字专辑，因为单曲 3 元的价格对于用户来说其"性价比"不如数字专辑，但此种付费模式也是现阶段探索用户付费的一种尝试。

（4）会员付费。由于单曲付费下载价格偏高，针对部分需要付费下载的歌曲，各平台推出会员付费的形式，包月支付一定的费用可以免费下载一定数量的单曲。会员一般分为高级会员和普通会员，高级会员赋予用户更多的权利和服务。

（5）付费免流量。音乐平台也同中国移动、中国联通和中国电信合作，推出包月免流量的服务。以网易云音乐为例，中国联通用户每月支付 9 元，中国电信用户每月支付 10 元，App 内听歌、下载、看 MV 免流量。这对于喜欢在线收听音乐的用户来说，拥有比较大的吸引力。

### 3. 进一步营造音乐作品使用场景，拓展版权运营链条

"在数字经济时代，数字音乐、网络文学、短视频、直播、动漫、游戏等数字内容产业形成支撑体系，优质 IP 共享。在这种发展趋势下，中国的数字音乐产业的商业价值潜力逐渐浮现。数字音乐产业链下游分发的渠道拓宽，数字音乐价值开发的形式更加多元，数字音乐产业链在面对新的发展形势时需要及时完善和更新版权交易方式"❶。音乐网站向第三方机构转授音乐版权，活跃利用和开发音乐版权价值使得其拓展出更多元化的商业模式，这是近年来逐渐发展的一种趋势。

（1）在线直播。2017 年 8 月 21 日，易观发布了《2017 年第二季度中国移动直播市场季度盘点分析》，指出 2017 年第二季度，中国娱乐直播市场活跃用户平稳增长。当下直播已经成为一种文化现象，获得互联网用户的广泛参与和关注，可持续发展和内容精细化运作成为直播平台的运营方向。在各音乐平台中，酷狗音乐的音乐直播是具有特色的服务功能。酷狗音乐的用户在平台上听歌时，会自动推送直播的 live 版本，用户通过观看直播实时社交互动，并且可以给喜欢的直播歌手打赏。直播一定程度能吸引用户对虚拟物品的付费。在直播平台上，用户可以给喜欢的直播歌手送上虚拟礼物，而礼物和打赏等都需要通过线上充值付费。酷狗直播的模式，通过推广艺人直播

---

❶ 于帆 . 数字音乐版权价值开发路径探究 [J]. 新媒体研究 .2019（15）.

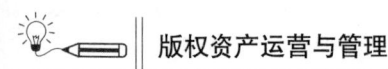

给平台带来流量，通过积极变现的方式，最终给平台带来收入。

（2）O2O演出门票。对于音乐现场演出，举办活动的主办方也会积极同各音乐平台合作，在音乐平台上发布音乐人演出的消息，增加用户关注度。在平台网站首页上发布演出信息和购票信息，增加线下演出的票务销量。以QQ音乐为例，QQ音乐在网站划分出QQ演出栏目，同永乐票务、聚橙网和东方票务合作，用户可在线购买票务。网易云音乐可以在App客户端首页自动定位用户所在城市，并推送音乐演出的信息，推送更为精准。

（3）游戏或影视联运模式。娱乐产业的融合发展迅速，各产业间的合作与渗透不断加深，音乐作为娱乐产业中的重要环节，通过与其他文化产业之间的合作也变得越来越多。游戏和音乐都拥有较大的用户规模，且存在用户重叠，音乐公司还会同网络音乐服务商合作，将游戏相关信息或者以游戏歌单的形式放在音乐平台上，增加用户关注度，游戏公司从网络音乐服务商那里获得音乐的使用许可，支付相应的费用。影视领域的合作方式同游戏基本相似，影视制作公司在电影中使用插曲，可以同音乐网站合作，获得版权使用许可。由此可见，通过和游戏或者影视等泛娱乐产业的合作，实现音乐版权价值的溢出。

（4）衍生商品销售。一些音乐平台对音乐周边产品进行贩卖，酷我音乐在官网售卖自己品牌生产的耳机；网易云音乐售卖的产品不仅限于耳机，还会出售音乐人周边产品，例如音乐人专辑、音乐人元素的T恤、笔记本和纪念品等。对有特定音乐人爱好的听众来说，有较强的吸引力，同时也会给音乐平台带来一部分营收。

## 【延伸阅读】

### 中国原创音乐基地 5sing 的运营 [1]

2017年网络音乐平台排行榜显示，中国原创音乐基地（5sing.Kugou.com）位列前20名。5sing是一个专业的小众音乐平台，主要发布古风音乐。随着近年来古风题材影视剧、网剧的热播，古风音乐屡屡作为片头曲、插曲和片

---

[1] 杨艺. 中国原创音乐基地5sing的运营机制探究[J]. 传播与版权，2019（5）.

尾曲出现，这种音乐类型逐渐被大众熟知，原声音乐的受众群体逐渐扩大，成为支持古风音乐的中坚力量。虽然古风音乐属于小众音乐，细分市场，但5sing音乐平台的受众群体对古风音乐的接受程度和忠诚度均较高。

### 一、培养原创音乐人，获取最优质的版权作品

5sing在细分市场的基础上，注重原创作品的发掘，着力培养独立音乐人。经过15年的发展，5sing集中了国内大部分的原创音乐人和团队，并孵化出了如河图、银临、萧忆情Alex等众多优质头部原创音乐人。截至2018年1月18日，歌手"银临"已上传原创作品80件，平均人气值超2000万，其中《锦鲤抄》人气值达1亿以上。热门女歌手董贞的作品人气值更是高达5亿。

通过流量扶持、运营策略，平台吸引了大量优质古风原创音乐人及热爱古风歌曲的用户，5sing也因此获得了众多的原创音乐作品，可以吸引更多的古风音乐粉丝关注，以此在与众多大的音乐平台的竞争中占得先机。

5sing平台上很多用户既是听众也是内容生产者，他们很乐于在听到喜欢的歌曲后进行翻唱并上传，把自己喜爱歌曲用参与的方式分享给更多人。

### 二、多种方式的版权运营方式

5sing主要采取承办原创音乐赛事、众筹发布原创音乐传记、直播和会员付费等模式来进行版权运营。

（1）5sing与游戏方合办官方音乐赛事。古风音乐的诞生与发展，是与ACG（动画、漫画、游戏）领域内容有着强关联性的，这也带来用户的重叠，喜爱古风音乐的用户往往也对动漫、游戏有着偏爱，认清了这一点的5sing，在用户运营上就采取了向ACG音乐、跨界二次元IP拓展，扩展年轻人粉丝。5sing古风音乐与国产网络古风游戏合作举办音乐赛事，可以借助网络游戏增加了5sing的曝光率，丰富了音乐平台的内涵，提高了用户黏性，给平台带来新的受众群体。

（2）通过众筹策划音乐专辑。5sing的众筹项目是其很重要的特色板块，2013年起5sing共发起了92个众筹项目，2015年汐音社的《人间词话》古风专辑筹资近百万，河图、音频怪物等知名古风歌手参与的音乐朗诵辑《东京梦华录》，开启1分钟筹集金额破20万，当天破30万，第8天就完成了

原定一个多月的计划目标。众筹给了音乐人和粉丝共同创作的机会，在专辑完成后也能有第一批购买、消费的用户。通过粉丝和音乐人一起策划运作专辑、演唱会，让独立音乐人的音乐作品得以变现，同时也给5sing音乐平台带来收益。

（3）音频和视频直播是5sing为独立音乐原创者提供展示空间和价值变现途径。歌手只要通过直播与粉丝进行积极交流就可以获得一定的回报，粉丝除了可以和自己喜欢的歌手近距离互动外，还有机会参与歌手作品的策划和创作。通过这种方式扩大了平台的影响力，也扩大了音乐版权作品的受众。

（4）会员收费。5sing与其他音乐平台类似，设置了付费会员和普通会员模式，付费会员享有更高权限，可以接触和使用更多的作品，而免费会员仅能享受到大部分的服务。前者可以为音乐平台带来直接受益，后者可以带来流量和不断扩大的受众群体，给平台带来间接受益。

## "网易云"对原创音乐的扶持 [1][2][3]

福布斯中国发布"2019中国最具创新力企业榜单"，网易云音乐成为音乐行业中唯一上榜的企业。2016年，网易云音乐专门推出石头计划，扶持助力原创音乐人发展和成长，为其提供全方位、创新性和系统性的扶持。

1．"石头计划"

"石头计划"发起于2016，如今已经进行到第三季，在创作和相应的传播上，为音乐人们提供了大量的资金和资源支持。投资原创音乐、开发供原创音乐宣发用的自制节目、帮原创音乐人们铺设听众通路、为原创音乐拓展推广渠道，多管齐下的措施，让"石头计划"硕果累累。

网易云音乐石头计划扶持的木小雅的《可能否》，成为2018年的爆款

---

[1] 百度百科．网易云音乐[EB/OL].[2019-08-07]. https://baike.baidu.com/item/网易云音乐/4453795?fr=aladdin.

[2] 百度．网易云音乐"硬地围炉夜"：独立音乐人的孤独、浪漫与希望[EB/OL].[2019-08-20]. https://baijiahao.baidu.com/s?id=1590040664279438032&wfr=spider&for=pc.

[3] 百度．网易云音乐"云梯计划"再升级[EB/OL].[2019-01-08]. http://music.china.com.cn/2019-01/08/content 40637084.htm.

民谣，上线一个月就收获"10W+"乐评。上线至今，歌曲播放量超过10亿次，网易云音乐评论超过30万条，木小雅的网易云音乐粉丝实现了从几乎为0到32万人的增长。

我国流行音乐领域已多年没有涌现出优秀的现象级原创作品和音乐人，这与此前唱片业的衰落和互联网的盗版横行有关。随着像网易云音乐这样关注原创音乐、注重版权保护的平台的成长，我国原创音乐已经走上了一条健康的规范化发展道路。

音乐行业在加强版权保护的同时，也逐渐转向促进音乐作品的广泛传播。如何采取符合市场规则和国际惯例的授权模式以及建立合理的版权授权、合作和运营模式将是后续探索的重点。

2. "云梯计划"

2018年，网易云音乐还推出了"云梯计划"，帮助原创音乐人获得更多的收入，试图从更深的层次来解决音乐人的后顾之忧。"云梯计划"在主流在线音乐平台中率先推出音乐人作品点播分成模式，网易音乐人将原创音乐作品通过规范授权上传至平台后，即可通过作品点播分成获得收益，这有助于更广大的音乐人通过音乐作品直接获益。

音乐版权规范化是音乐行业良性发展的重要基础之一。网易云音乐基于全新上线的创作者中心（集音乐、视频和电台三大类功能为一体的统一后台），推进独立音乐版权规范化服务，对音乐人作品上传功能进行了升级。网易音乐人上传原创作品至平台，需进行规范的版权授权，作品上传后音乐人即可享受相关收益权益。

网易云音乐在业内率先探索推进独立音乐版权规范化服务，推出《音乐作品授权使用协议书》，对音乐人作品上传功能进行升级。音乐人通过规范的版权授权将原创作品上传至平台后，可自主选择享受多元化的收入与曝光权益，如会员包分成、作品点播分成、广告分成、自助数字专辑售卖等。

由此看来，"石头计划"相对侧重解决音乐人推广方面的问题，"云梯计划"则相对侧重解决音乐人的线上创收难题。

3. "硬地围炉夜"

网易云音乐在2017年推出国内首个独立原创音乐人盛典"硬地围炉夜"，2019年8月，网易云音乐联合南方都市报华语音乐传媒盛典，共同推出了面向原创音乐人的"硬地原创音乐榜"。

网易云音乐先后推出"石头计划"和"云梯计划"后，在扶持独立原创音乐人上也已经从解决传播推广以及音乐人创收上取得了相当的成效。"硬地原创音乐榜"的推出，更是补足了扶持独立原创音乐人的重要一环。

重要的是，无论是"石头计划"还是"云梯计划"，无论是"硬地围炉夜"还是"硬地原创音乐榜"，网易云音乐其实关注到了一个核心痛点，就是助推"多数人的繁荣"，为更广大的长尾原创音乐人谋取更多资源，从而让华语原创音乐走上良性循环的快速发展之路。

## 第七节　表演艺术企业的版权运营策略

表演艺术企业简称演艺企业，主要是指组织进行营业性演出的各类企业。演出行业包括舞台剧、演唱会、音乐节、音乐会、旅游演出、传统戏曲、舞蹈等多个领域。其中舞台剧主要包括话剧、音乐剧、儿童剧等。

"演艺产业链各环节包括文艺表演团体、演出场所、演出中介机构和演出票务。演艺产业是文化产业体系中的核心产业之一，是一个创意密集和劳动力密集的产业，也是一项能耗低、可持续发展性强的低碳产业，具有极大的辐射和拉动作用。"❶根据道略研究《2016年中国商业演出票房报告》，最近三年全国商业演出市场票房、观众人数和演出场次持续增长。2016年全国商业演出市场票房收入达121亿元，较2015年的111亿元增长9.0%。2016年全国商业演出观众人数10761万人，较2015年的10107万人增长6.5%。2016年全国商业演出场次18.2万场，较2015年的16.6万场增长9.6%。

生产模式上，演出企业主要以剧组为单位，经过一段时间的编排后，向观众表演。每个剧目具有相似的业务流程和差异化的内容、形式，最终演出方案是以剧本为基础，在编排过程和多轮演出中不断对演出方案进行优化后

---

❶ 前瞻产业研究院.演艺产业空间巨大 作品要挖掘文化的灵魂[EB/OL].[2015-03-25].http：//bg.qianzhan.com/report/detail/361/150318-9126d407.html.

形成。销售模式上，演出行业因现场演出的特点，在一个时段一个场地，一组演员只能为一定数量的观众进行一个剧目的一场演出。

总体上看，我国演出产业仍处于发展初期，远未达到美国、英国、日本等国的市场化程度和商业化水平，具有较大的发展空间。我国的演出市场尚没有真正完善和成熟，演出企业的市场意识和版权的运营能力较弱，版权生产的投入产出失衡，投资回报过小，版权的产业链条过短。许多国有艺术团体，不能适应市场的要求，只能依靠财政拨款维持，很难称得上是合格的市场主体。能够满足市场需求的艺术作品很少，一些演艺企业只管演出不管市场，只管演出不管创作，导致观众流失，处境艰难。

从版权法的角度看，演艺产业就是演艺作品的创作、生产、表演、销售以及经纪代理等环节构成的体系，演艺企业的核心财产就是艺术作品本身以及对艺术作品表演而形成的一系列版权资产，版权的利用和保护贯穿演艺企业的创作（文字、音乐、造型、布景等）、表演、发行、宣传推广和衍生品的开发等环节，是演艺企业发展和获取经营利益的核心。

演艺企业的版权运营就是要以市场化为手段，以观众需求为导向，在版权作品的创作、版权的价值链的构筑、版权衍生品的拓展等方面展开。

### 一、开阔视野，创作优质的版权作品

无论是何种类型的演艺企业，其生产方式离不开舞台和观众，离不开优质的版权作品。表演是邻接于其他作品之上对作品的演绎，这些在著作权法上被定义为演绎作品❶，有赖于原始作品的创意和表演的组织。各类的演出最终需要以舞台表演的形式与观众见面，能否为观众所接受和喜爱，是作品走向市场的第一步。在这个内容为王的时代，许多在市场获得认可的演艺企业均是因为有独创的优质版权内容，辅以精湛的表演，最后才是一系列的市场运作。

我国一些演艺企业，要么将目光聚集于阳春白雪、曲高和寡的小众作品上，要么固守传统的几个剧目上，不愿意开发新的演艺项目和创作新的版权作品。很多市场运营成功的演艺企业均是从优质的版权作为出发点的，

---

❶ 当然，有部分即兴表演，并不存在所谓的"原始作品"，例如即兴的演讲、即兴的演奏、即兴的舞蹈等表演本身即构成了某种类型的作品。

例如"开心麻花",这是北京开心麻花娱乐文化传媒股份有限公司的品牌,2003年,其推出首部爆笑喜剧作品《想吃麻花现给你拧》,情节爆笑、台词幽默,节目盘点全年时事,于笑声中批判了社会上的种种不良现象。这一剧目一改话剧舞台上正剧、严肃剧一统天下的局面,将轻松愉悦的喜剧呈现给观众,演出后立刻受到观众的热捧。其后,他们坚持这一创作模式,创作了二十多部幽默喜剧作品,还将作品形式拓展到音乐剧、网络剧、影视剧、演唱会等多种方式,成为国内著名的话剧演出机构。开心麻花的成功首先在于坚持独创,以优质的作品赢得市场。

(1)从中国优秀的文化遗产中汲取创作的灵感,根据当下观众的审美习惯,可以创作出市场接受度较高的艺术作品。许多演出形式如曲艺、杂技、戏曲等均是我国民族文化的瑰宝,是我们传承民族精神的重要方式,至今依旧活跃在舞台上,为广大观众所热爱。例如,北京德云社文化传播有限公司,以做真正的相声为追求,以剧场方式演出,用话剧和相声混搭方式,为观众演绎从各种风格流派的相声,常年坚持演出,取得了良好的社会效益和经济效益。

(2)引进优质的境外版权,是扩充企业版权资产的重要方式。音乐舞台剧《妈妈咪呀》,于1999年4月6日在伦敦爱德华王子剧院首演,被评为2000年后的新时代经典。这部作品在不到15年的时间里席卷全球,在世界各地的演出都能创下不俗的演出成绩,成为百老汇演出时间最长的音乐剧之一,甚至超过了被业界奉为经典的《音乐之声》。2007年原版的《妈妈咪呀》全球巡演到北京,引得众多明星关注,反响空前。对这样的优秀作品,中国对外文化集团经过与英国的版权方不懈的谈判,获得该剧在全球华语地区5年的版权,由亚洲联创文化发展有限公司负责制作和运营,2011年7月8日在上海大剧院首演。高品质的剧本再加上创作团队的倾力打造,使得《妈妈咪呀》中文版展现出了不俗的商业价值,获得了巨大的票房收益,仅首轮演出200场,票房超亿元。而且运营方还对其音乐剧的原声CD、乐谱等相关的版权衍生品的开发进行了尝试。这一案例对于许多演艺机构具有相当强的借鉴意义。

(3)将广受市场欢迎的网络文学、动漫、游戏等作品改编成可供演出的剧本,搬上舞台是赢取观众的捷径。许多在网络上已经为读者或观众熟知的作品，原本就拥有了巨大的粉丝群，利用这样的作品改编成舞台剧目，将首先会吸引熟悉原作的人关注，如果加以精心制作，很容易获得观众的认可。网络作家孔二狗创作了《东北往事》，被怪咖剧团改编成舞台剧搬上解放军歌舞剧院的舞台，一时好评如潮；话剧版的《步步惊心》，场场爆满；而将动漫改编成舞台剧，在日本等动漫发达的国家是通常的做法，许多大家耳熟能详的动漫人物都能在舞台与观众重逢。2013年8月，网络游戏《古剑奇谭》改编的同名舞台剧在北京上演，做了一次有益尝试。

（4）影视剧改编。很多情况下是将广受观众好评的舞台剧改编成电影和电视剧，例如《妈妈咪呀》就被改编成电影登上银幕，但是先有影视剧，然后再改编成舞台剧的也不乏案例。对于优秀的影视剧而言，舞台剧本身就是其版权的衍生，1994年，美国电影《狮子王》问世后，作为其周边产品的音乐剧登上舞台时，立刻赢得观众的欢迎：自1997年登上百老汇舞台后，其票房收入远远超过了原来的电影和该主题的各种消费品。

### 二、拓展产业链条

文艺演出与其他相邻的行业进行有效的整合，可以传递作品的版权价值。从艺术产业全局来看，演出业处于整个产业链条的中间环节，前段是文学艺术产业、动漫游戏产业、影视艺术产业，表演是将原始的作品形式进行演绎性的呈现，从而形成了以表演者权为核心的版权资产。而该版权既可以向上游转化成新的作品形态，如将演出的曲艺节目改编成小说出版，更多的时候，其版权的价值是向下游相关行业溢出，相关的产业链进一步对外延伸。

#### 1. 开展文艺演出的跨界经营，拓展盈利渠道

旅游演艺是以旅游风景区作为背景支持，以旅游者为观众，充分展示当地的文化特色，重视观众的参与性和体验性，重视与观众的互动，是一种将旅游和演艺结合得很好的艺术形式。1995年在北京太庙举办的《图兰朵》大型景观歌剧演出大获成功，使得景观歌剧成为我国歌剧演出的新概念。在此基础上，张艺谋等人创作出第一部山水实景演出《印象·刘三姐》，将山水作为舞台的背景，这一独特的形式一出现，马上受到观众的热捧，随后各

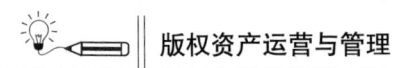

种以"印象"为题的同类演出在国内许多旅游区出现,例如《印象·丽江》《印象·西湖》《印象·海南岛》《印象·大红袍》《印象·普陀》等,这是一种演艺产业与旅游产业跨界经营的好例子,艺术家充分利用旅游产业所带来的文化和观众的资源,创作出新的作品形式,旅游业则从文艺演出中摆脱了旅游产业"白天看庙、晚上睡觉"的固有模式,将山水旅游与文化旅游充分地结合起来,获得了巨大的成功。

杭州的宋城景区,是中国最为出名的主题公园,大型的歌舞表演《宋城千古情》,运用先进的声、光、电科技手段和舞台机械,展示了杭州的地域文化,每年演出2000余场,总共演出了2万场,接待观众6000多万人。《宋城千古情》将旅游文化与文艺演出进行有机的结合,充分地发挥了文化的魅力,是文艺演出进行跨界结合的范例。

跨界成为近期演艺圈内最热的词汇,演艺企业最常见的跨界经营更多的是走向影视。嘻哈包袱铺不再满足于剧场内的相声表演,开始涉足电影,拍摄了《兄弟,别闹!》,开心麻花也拍摄了多部影视剧,电影《羞羞的铁拳》就是改编自舞台剧,电影大受好评。跨界经营,依托其他行业的特点形成新的艺术作品,让表演本身以更加贴合观众需求的方式呈现出来,摆脱剧场演出小众化的局限,大有可为。

2. 与互联网结合,拓展演出新空间

互联网技术的发展给各个行业均带来了革命性的影响,从艺术创作方式到演出管理,再到受众文化消费的习惯等方面均产生巨大的变化。文艺演出的传播方式得到大大的扩展,对演出产品信息网络传播权的行使可以为演出企业带来丰厚的利润。对于演出的录音和录像制品,可以通过网络使得任何人可以在其选定的时间获得;甚至可以利用网络的对现场的表演向全世界直播,这成为企业新的盈利点。

在娱乐直播领域,六间房是行业内产品线最全、业务模式最完整、盈利能力最强的娱乐直播平台之一。宋城演艺公司收购了直播平台六间房,利用网络传播技术,直接将现场表演通过直播平台向众多的围观者发送,这种新的传播表演的方式拓展了现场演艺的空间,使得更多的观众不用抵达现场就可以欣赏到表演,这已经打破了现场表演与电视转播之间的界限,成为一种新的表演模式。现场的表演,版权方(表演者)具有许可网络传播的权利。有效地利用这一权利,可以极大地激发版权作品所蕴含的巨大商业价值。据说,2016年,宋城演艺超过四成的收入来自六间房。❶

### 3. 演出衍生品的开发

演出衍生品一般是指与演出相关的商品和产品,既可能与演出的主题有关,也可能与演出的人员有关。主要下列几种类型:

(1)许可他人对演出进行录制。一般的演出场所在现场不允许观众进行音像的录制,而是由演出的组织者授权他人或者自行录制,形成录音录像制品。对于这些音像制品尤其是大型演出,如众多的演唱会、音乐会、歌剧和戏曲演出中播放的音乐,可以CD的形式出版,也可以将现场的录像制品以DVD的方式对外发售。这是现场表演最为常见的衍生品。

表演的录音录像制品,在网络时代除了可以CD和DVD等数字形式出版外,还可以直接许可视频和音乐网站对外传播,演艺企业既可以一次性向网站收费,也可以要求根据观众的点播情况按次收费。另外,艺术表演的音像制品还可以成为其他艺术创作者需要的素材,在艺术创作过程中使用录制有表演❷的音像制品时,也需要支付费用。

(2)演出周边产品的开发。这主要是以表演者形象权为核心的系列开发行为。一些精明的演出商,在演出现场发售各种周边产品,包括T恤衫、马克杯、钥匙扣、项链、戒指、纪念手表、手机壳、海报、演出者形象的手办、签名照片等,这些不起眼的产品往往让演出组织者获得不菲的收益。在网络新媒体时代,周边产品的开发还应该包括可以在网络上存在的虚拟物品,例如利用演出场景制作的电脑桌面壁纸、演出者照片制作的微博头像图片、手机壁纸、输入法皮肤图片、截取演唱会音乐制作的付费铃声、微信表情包等,尽管每一件售价不高,但在庞大的互联网用户基数下,往往可以取得可观的收益。

---

❶ 牟璇、宋城演艺:去年超四成收入来自六间房[N].每日经济新闻,2017-7-10.

❷ 如果属于合理使用范畴的,不需要获得许可。

【延伸阅读】

## 宋城主题公园与"宋城千古情"大型歌舞演出[1]

能容纳3000人的剧场座无虚席。台上的皇帝盛装端坐,正在接见外国来使。舞娘们舞姿曼妙,被投射下来的舞台灯光笼罩着,旖旎绚丽。接着是金戈铁马,宋朝士兵与金人激战,虚拟的巨幅电子屏制造的战火惟妙惟肖。一片沉寂后,许仙和白娘子在断桥相会,整个剧场洒落下雨丝,大厅里有了点江南烟雨的味道。

这场名为《宋城千古情》的大型歌舞每天都在杭州的宋城景区上演。旅游旺季时平均每天演出6.5场次,最高峰时一天演8场次,2011年的演出场次是1232场次,全国累计有3000多万游客看过演出。就是这样一台演出,2011年的营业收入已经突破5亿元,利润达2.97亿元。2010年12月,宋城登陆创业板。杭州萧山机场到市区的高速上,一路都是宋城"中国旅游演艺第一股"的广告。

1996年,黄巧灵在杭州辟出了一块地方,人工仿造了一座宋代古城。在名山大川、文物遗迹面前,宋城只是一件现代人想象历史的仿制品。它最早的蓝本是《清明上河图》,严格按照宋代营造法式再现了宋代都市的繁华景象。"千古情"系列就是在"宋城"对当地文化理解的点睛之笔或承载一场文化大餐的作品。但是,它少不了主题公园这一载体对当地人文、历史元素的铺垫,主题公园成为每一台"千古情"演出最大的预演厅,游客可以进入这个氛围中,与演员进行互动,最后进入"千古情"剧院里品味文化大餐,这也是宋城经久不衰的秘籍和核心原因。"千古情"系列演出是将文化与旅游有机结合,以杭州的历史文化作为核心,融合了现代高科技和一些艺术的表现手法,巧妙地呼应了游客观光游览中所见的杭州美景。《宋城千古情》是宋城集团推出的一个大型歌舞剧,大剧院内演出,剧场能容纳3000多人。该剧以"你给我一天,我还你千年"为主旨,以南宋时期杭州当地的历史典故、神话传说为题材,融合世界歌舞、杂技、戏曲艺术于一体,应用LED大屏旋转幕布、魔幻灯阵、烟雾制造、喷雾及多媒体投影等高科技手段,营造如

---

[1] 翟文婷.宋城股份:一台演出5个亿[J].中关村,2012(10):74-76.

梦似幻的意境，给人以强烈的视觉震撼。在这场文化视觉盛宴中，编导紧紧抓住杭州作为南宋都城的历史和西子湖畔众多的人文故事、神话传说，以多种表演艺术元素诠释了杭州的人文历史。让游客有身临其境的感觉，仿佛回到了千年前的宋朝时代里，具有浓郁的杭州历史特色。

宋城的表演组织完全根据市场的需求来展开，演艺团队大概有四五百人，但是没有一个主角。宋城股份总裁张娴说："消灭主角就是宋城商业化运作的要点。我们不要演员的个人成就感，她的成就是在一个大舞台上。从商业运作来讲，我不能依赖她。杨丽萍的《云南映象》没有了杨丽萍以后，你知道票房少了多少？一台戏不能以一个个人存在而存在，这就是做企业跟打造个人品牌的不同之处。"《宋城千古情》爆棚时可能持续演 8 场，一些重要的角色按照 1∶2 的配置进行轮换，也有不停歇演下来的。与其他旅游演出不同，这些演员都是宋城的员工，所以通过严丝合缝的制度能够保证第 1 场和第 8 场的演出效果一样。例如，两场演出的间隔仅有 20 分钟，几分钟的点评环节却不能缺失。演员笑得不到位，腿踢得不够高，或者头饰没戴好，都可能被当场罚钱。据说，宋城很多好演员能拿十几万的年薪。这种演员结构，为宋城在其他地方复制千古情系列降低了难度。

## 德云社餐厅 ❶❷

"德云社"是中国著名的大型专业相声社团之一，创始人郭德纲是相声界的名人。本次郭德纲与一家主打北京菜的餐饮品牌——"局气"一起合作开设德云社主题饭店。运用 IP 开餐饮门店已经有了好些年的历史，例如各种各样的电影主题餐饮店，迪士尼的餐饮店等等都是运用 IP 来开餐饮店。

这家主题店的布置完全是中式风格，装饰之中融入了京剧及相声等元素，还有活字印刷，方块字等装饰体现我国的传统文化。让顾客可以从听相声转化到感受、触摸更多相声中的元素。

餐厅整体以棕褐色为主，如入口处有两只可爱的相声兔子，店内灯笼上

---

❶ 百度.德云社跨行开餐厅，相声老梗写入菜单，看见招牌菜我笑了[EB/OL].[2018-12-28]. https://baijiahao.baidu.com/s?id=1621098818712942179&wfr=spider&for=pc.

❷ 百度.德云社相声主题店开张，郭德纲相声里的美食都被做成真的了[EB/OL].[2018-12-30]. https://baijiahao.baidu.com/s?id=1620250742333923630&wfr=spider&for=pc.

还印着德云社表演过的相声名称。铜钹乐器、戏台子、大褂、纸扇等各种各样和相声有关的装饰出现在门店内。所有的包间名都来自德云社,是郭老师的八门弟子"云鹤九霄,龙腾四海",在大厅的周围挂着德云社主力军的大褂,包括郭老师、于老师、岳云鹏、孙越、高老板、张云雷都有。

在菜品方面,"局气"融入了很多德云社有关的点子,例如于谦老师的"抽烟喝酒烫头"这个梗就被做成了一道菜。于谦老师有三大爱好:泡面煮后加墨鱼汁,形成了黑色的"头发";凝胶卷上火腿肠,组成了"烫发卷";最后酒瓶里倒上水,就像一副抽烟的样子。以及"二爷"张云雷的成名之作:"探清水河",清水河其实是一锅熬了 3 小时的鱼汤,清水河里装的是草鱼片。还有出自于郭德纲和于谦老师的相声《过节论》里的大肠＋刺身和《梦中婚》说到的"等我有钱了,买一堆糖三角,插一吸管嘬糖喝"也被做成了菜。

这一道道菜不仅融入了德云社的 IP,还赋予了菜品故事性,增强了与 IP 之间的联系,体现了独一无二的文化创意。

点菜系统也是非常独特,每道菜还能看到该菜品来源有关故事视频,顾客可以边吃饭边看相声。这会说相声的菜单,是打造文化餐饮最好的体现,若隐若现的相声元素在整个餐厅环绕,为顾客输出了中国的国粹文化。

"局气"和德云社的融合,不管是门店装潢上,更是从菜式创新上能让人们感到"局气"的用心,将德云社的 IP 资源开发使用,满足更多的相声粉丝。

目前"局气"与德云社的合作是很成功的,很多顾客专门前往"局气"德云社店进行打卡,并且对菜品上的 IP 属性倍感新奇,把爱听的相声段子变成一道菜,这种体验感确实很出色。

## 第八节　影视企业的版权运营策略

影视企业是指独立生产电影和电视剧的企业。前者主要是各大电影制片企业,包括国有和民营的电影制片公司;后者则是专门从事电视剧制作的企业,包括从各大电视企业分离出来的专门拍摄电视剧的公司和民营资本设立的专门制作电视剧的公司。上述两者业务经常发生交叉,电影制片企业也拍摄电视剧,专门拍摄电视剧的公司也牵头或与他人合作拍摄电影。

虽然在电影和电视从业者眼中，可以看出两者无数的差异，但电影与电视剧从制作手法上看并无根本的不同，所以在《著作权法》中统一定义为"电影作品和以类似摄制电影的方法创作的作品"，可以简称为"电影作品"。在版权法的视野中，两者传统的发行渠道有所不同，前者主要是在影院或者院线放映，行使的是作品的放映权，后者则是在电视上播放，行使的是广播权。但是在互联网高度发达、多媒体融合的技术背景下，两者的差别越来越小。

## 一、电影企业的版权运营

世界上电影诞生于1895年，法国的卢米埃尔兄弟开启了商业电影的先河，1905年，北京丰泰照相馆创办人任景泰拍摄了由谭鑫培主演的《定军山》片段，这是中国人自己摄制的第一部影片。中华人民共和国成立以后，我国早期的电影制片厂均是国有的事业单位，依靠国家拨款支付拍摄成本，主要考虑的是电影作品的社会效益，几乎不用考虑其经济效益。直到1992年，才开始电影产业商业化的改革；2002年，开始允许民营资本进入电影摄制领域，许多民营的电影制作公司如雨后春笋般崛起。2012年，电影产业的行业增加值达到134.82亿元人民币，占GDP总值的0.06%，2015年中国各类电影产量为758部，达到历史的最高点；2003年全国的电影银幕只有1923块，而截至2016年12月20日，中国内地银幕数达40917块，超过美国的40759块，成为全球银幕数最多的国家。

好莱坞有一个火车头理论，即一部影片的后面跟着一条有许多相关业务连接而成的产业链，电影本身可以不赚钱，但它要带动相关产品的营销。❶ 实际上这是一条以版权作为线索连接起来的产业链条，版权的各项内容如同线条，相关产品如同珍珠，可以串成一条美丽的珍珠项链。

我国电影产业的收益主要还是依靠电影票房本身，或者说是依靠电影产品本身在传播的各个环节上收取利益。例如，将作品本身以版权贸易的方式许可电视媒体、网络新媒体使用，收取许可费用，发行DVD激光视盘等方式获取收益，而对于其他衍生品的开发还处于比较原始和落后的阶段。中国

---

❶ 金冠军，王玉明. 电影产业概论 [M]. 上海：复旦大学出版社，2012.

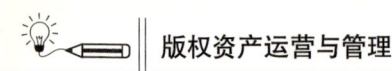

电影著作权协会副理事长李国民说："同欧美电影强国相比，中国电影的产业链延伸十分不够。后电影开发严重滞后，电影版权交易非常不充分。有关部门调研的结论是美国电影影院之内的票房收入与影院之外的其他收入之比3∶7；而中国电影影院之内的票房收入与影院之外的其他收入之比为9∶1。两相对照，这个差距就相当大了。可见，中国电影要增加收入，提高效益，除了要提高创作质量、扩大影院数量、继续增加影院票房收入之外，如何把电影产业链拉长，把后电影做好，拓展电影版权交易的空间，挖掘电影版权交易的深度就成为当务之急了。"❶

美国的电影产业创造的增加值已经达到其 GDP 的 1%，其对于产业链的开发和衍生品产业的重视值得我们学习。20 世纪福克斯公司依托影片《星球大战》总共开发了 240 多种玩具，衍生品销售额超过 45 亿美元；华纳兄弟电影公司拍摄的系列电影《哈利·波特》仅有 30% 的利润来自电影票房，其余 70% 的利润源自电影的各种衍生产品。漫威影业出品的《复仇者联盟 2：奥创世纪》是一部科幻冒险电影，讲述超级英雄拯救世界的故事，在电影上映之前，制作方就已经开始进行衍生品的产业开发：电影出品方就《复仇者联盟 2：奥创世纪》与阿里巴巴、天猫、奥迪、乐高等 40 余家企业进行电影衍生品的产业合作，涉及玩偶、服饰、企业等领域，业绩斐然；他们与德国大众公司合作，打造了雷神版奥迪 TT 限量跑车和美国队长版奥迪 TT 限量跑车，该车限量发售当日就被预订一空；中国多地的迪士尼专营店也开展了相应的营销活动，限量发售《复仇者联盟 2：奥创世纪》的周边产品，有的城市购买产品的顾客排队超过 1 千米。衍生品的销售不但为电影制作方带来巨大的营销收入，还使得观众对于电影中的人物保有持久的印象，为电影续集的推出预留了伏笔，可以说是一举数得。相关资料显示，美国电影总收入中，约 20% 是从影院的票房收入中获得，80% 是由版权的多元化开发和运营获得。这些版权开发和运营收入主要包括：录像带、光盘、唱片等电影副产品收入；服装、玩具、文具等衍生品收入；图书、游戏等改编收入；信息网络传播等数字版权收入。版权的多元化开发与运营，不仅拓宽了美国电影产业的收入渠道，而且延长了美国相关产业的产业链条，即以作品创作

---

❶ 李国民. 版权交易不充分使中国电影损失巨大 [N]. 中国艺术报，2010–11–26.

为源头,涉及文化产业、制造业、工业、服务业等各个行业形态。

与美国人对电影版权产业链、衍生品开发的重视和驾轻就熟相比,我国的电影业界要么是视若无睹、要么是举止笨拙。

电影作品无论是起始于独立的剧本创作,还是源于对原始作品的改编,由于其独特的创作方式,需要巨大的投资和众多工种的紧密合作,法律规定电影作品的版权由实际投资的"制片者"享有,其他参与创作作品的人可以依据合同取得报酬,同时拥有署名权。这一制度设计为版权的运营扫清了障碍,权利由一个或数个投资者享有,权利行使相对简单,无须征得所有参与创作作品人员的同意。

电影企业的版权运营离不开以下几个方面:

(1)从版权作品的源头出发,进行版权作品的规划。优秀的电影作品是进行市场成功开发的源头,要进行市场的调查和观众心理的研究,创作出市场接受度较高的作品。有学者研究❶发现,下列因素与电影票房的业绩息息相关,主要是续集、明星艺术家影响力、口碑、获奖、制片预算等。

① 续集。大量实证性研究证明影片是否是续集与票房的绩效高低有关,相比于非续集,续集更可能带来高票房。例如美国的《星际迷航》《星球大战》系列电影,均获得巨大成功。

② 明星。明星艺术家的参与意味着高昂的前期投入,片方往往需要提高影片质量才能有吸引更多的观众,弥补成本。所以是否有明星加入,与票房绩效具有正相关关系。

③ 口碑。观感评分在社交网络普及的今天,在市场交易中的作用越来越重要。口碑好的作品预示着票房绩效高。

④ 获奖。获奖可以看作是特殊的影评,是专家评委对影片做出的肯定性评价。获奖对于票房业绩具有影响。

⑤ 预算。高预算预示着出品方对于影片的质量有信心,希望可以吸引大量观众以弥补高投入。具有较高预算的作品往往会带来较高的票房。

(2)电影作品与电影院、院线合作,许可其行使电影放映权,赢取票房收入。这是电影企业最为娴熟的运营方式,但是应该注意与电影的衍生品售

---

❶ 丁汉青. 传媒版权管理研究 [M]. 北京:中国人民大学出版社,2017:234–236.

卖的同步进行。电影院有一个"爆米花"产业，对电影院而言，来自放映电影的收入往往还没有出售爆米花、炸鸡块等零食的收入高。如果电影上映期间，观众走出电影院就可以购买到与电影相关的玩偶、主人公同款的T恤衫，一定是不错的选择。但是我们在电影的制作过程中，往往只关注于票房的收入，"心无旁骛"，这是很可惜的。❶

（3）基于电影作品翻译权、复制权、发行权的行使，开展国际的电影版权贸易。中国电影的海外发行刚刚起步❷，由于文化与语言的差异，使得中国电影在海外的受众主要还是华人、华裔和亚裔为主，西方人不太愿意观看带字幕的电影，这使得中文对白的电影很难推广开来。但是电影版权的输出无论从哪个角度看都必然是一个方向。

（4）将电影作品通过版权贸易的形式许可电视台进行播放。电视台播放电影已经成为电影发行的重要渠道，因为院线和电影院的资源有限每年能够通过院线上映的电影毕竟属于少数，大量的电影必须寻求其他的途径与观众见面，其中电视媒体就是其中不错的选择。许多电视台专门开辟了"电影频道"，通过播放电影，获取广告收入。所以将电影作品许可电视媒体播放以获取收益是行使版权的方式之一，也是版权运营重要方式。

（5）将电影作品的信息网络传播权有偿许可给网络等新媒体行使。网络新媒体可以付费点播的方式实现电影作品得到更加广泛的传播和使用。这是目前许多电影的新的传播方式，其有利的地方是可以利用无所不在的网

---

❶ 但这一局面正在得到改观，"2014年，电影从单一的票房盈利模式向多渠道盈利模式探索。影院作为社交场所的作用日益凸显，体验式消费也成为影院经营重点。这些经营方式收益很好。"（中国版权年鉴编委会.中国版权年鉴2015[M].北京：中国人民大学出版社，2015：303.）

❷ 根据中国电影海外推广公司的数据，2010年中国电影海外发行的总收入为35.17亿元，销往61个国家和地区，共计205部次，而2011年中国电影海外发行的总收入为20.24亿元（其中影片票房收入10.42亿元，影片后产品收入9.82亿元），销往22个国家、地区，共计163部次。2011年中国电影海外收入比起2010年下降了42.42%。2012年我国电影年产量700多部，但全年销往海外的影片共计75部，销往80个国家（地区），共计199部次，其中合拍片为46部，比例高达61.33%；海外票房及销售总收入为10.63亿元，不到国内票房的10%，比2011年海外营销额20.24亿元同比减少48%。2013年，共有17家制片单位在海外销售42部影片（33部为合拍片），销往49个国家和地区，共计247部次。2013年海外票房及销售总额为14.14亿元，同比增长33.02%。

络将电影作品推送到各种客户终端上,通过价格歧视策略,获取"后票房"收益。观众通过后期的在网络观看作品,其数据经常远远大于进影院观影的人数,据中国电影著作权协会的统计显示,电影《非诚勿扰》的影院观众人次是955万,票房收入3.2亿,但仅就搜狐等4家网站的统计,截止到2010年1月,网络观看就达4417万人次,长期以来,这个电影一直被点播。早先存在的主要问题是,许多电影作品在公映后,电影作品的制片方不太习惯于在与网络媒体的谈判中取得优势地位,致使网络传播权的许可或转让的价格较低,《非诚勿扰》的信息网络传播权的转让价格只有200万元。但是最近数年,情况有所改观,优秀的电影作品越来越得到新媒体的青睐,2014年底,吴宇森执导的《太平轮》上下部已经卖到5000万,平均每部2500万,成龙主演的《天将雄师》则高达3000多万,7年涨了大约30多倍。

（6）行使作品的改编权,同步或逐步推出多种作品形式。出版同名小说,如果电影作品是改编自某种小说,则可以对该小说进行同步再版:例如,改编自小说《没有什么可以永久》（1979）的影片《虎胆龙威2》（1988）上映时,该书以《虎胆龙威》的电影海报作为封面在影片上映期间重版上市,电影的上映可以对小说的销售起到推波助澜的作用;如果电影作品是直接通过编剧创作,则可以改编成小说出版,也可以制作电影的互动图书销售:电影《赤壁》于2008年7月10日首映,其电影珍藏本也在同日上架,与《赤壁》相关的还有导演吴宇森的夫人牛春龙的《<赤壁>侧写》一书,该书透露了影片拍摄的诸多细节内幕。

出版DVD光盘,应该限定光盘的播放区域,不能对正常的院线或影院的放映造成影响。制作相应的游戏软件,电影很适合改编成游戏软件作品,利用电影放映的市场热度,往往会取得很好的销售业绩。

（7）基于作品形象符号系统开发的衍生产品和周边文化产品。电影作品在进入发行网络上映之后,与电影相关的各种衍生品也进入销售环节。其实衍生品的开发,必须在电影制作之初就开始综合考虑,对于在电影中出现的物品综合地考察其是否有开发成衍生产品的可能,并制订相应的开发计划。就可以做成玩偶的各种形象符号,电影企业与相关的玩具企业合作,授权生产成玩具,在各类专门的玩具市场销售或者在影院设置专门区域销售;电影人物的服装、饰品、使用的眼镜、手表、U 盘甚至汽车等器具，可以开发成同款限量定制物品对外销售；电影拍摄地可以开发成旅游景点；还可以利用电影中出现的各种元素建设专门的主题公园等。好莱坞对于作品衍生品的开发可谓相当老道，他们将产业链条中每一个元素都尽可能地发掘出商业价值，以 "007 系列" 电影为例，米高梅公司作为投资商与游戏公司合作，根据剧情开发电子游戏，与出版商合作，开发根据电影改编的漫画读本；与品牌商合作，开发新的服饰品牌；与汽车商合作，开发出新的 "神奇汽车"；与玩具商合作开发大量的仿真玩具。而国内的影视企业对于衍生品的开发颇有不足。国产电影《让子弹飞》大热之后，影片中的道具之一 "麻匪面具" 一时风靡市场，但导演姜文遗憾地说，"市场上开发的衍生品的价值大约为 10 亿元，但没有一分钱支付到制片者手中"。如果在电影上映之前，就有意识地加以规划，将不会是这样的结果。

电影作为观众文化生活中的重要部分，中国电影的市场化是从 20 世纪 90 年代开始，电影制片企业逐步脱离了国家事业单位编制，直到 21 世纪初，许多民营企业被准许进入电影产业，中国电影才开始大踏步地走进市场，而英美国家的市场化的电影产业发展已经由近一个世纪的历史，而且中国有关电影的版权运营的观念也仅仅是近几年才兴起的，远远落后于西方发达国家。所以，借鉴英美国家电影产业的先进经验，将版权运营作为产业提升的抓手，无疑具有广阔的发展空间。

【延伸阅读】

### 动画电影《哪吒之魔童降世》IP 运营策略 ❶

首部中国 IMAX 动画电影《哪吒之魔童降世》，以下简称《哪吒》上映 5 天就突破国产动画电影内地票房纪录，上映短短一周总票房破 26 亿元，总票房达到 49.74 亿元，位列中国电影票房总榜第二名。中国电影观众满意度调查，《哪吒》成为历史调查 26 部国产动画影片的满意度冠军，打败了

---

❶ 蒋海军，叶玲. 动画电影《哪吒之魔童降世》IP 运营策略启示录 [J]. 电影评介，2019（11）.

2016年进口动画电影《疯狂动物城》，树立了国产动画电影创作的新标杆，获得了票房和艺术价值的双丰收。

（一）精心创作，获得完美的版权作品

《哪吒》前后经过五年的筹备，仅剧本初稿总共经历了66版修改，两年打磨、三年制作而成。据称，该电影参与的制作人员超过1600人，最初全片有5000多个镜头，是普通动画电影的3倍，导演反复挑选后留下了2000个镜头。成片中1318个特效镜头，占到全片的80%，与全国20多个特效团队协作，仅"江山社稷图中四个人抢笔"这个景的草图就做了2个月时间。结尾的几个大特效段落就测试时间了3个月左右。导演饺子对电影的制作要求非常严苛，配音的时候，一句话经常被要求说上上百遍。为了做好申公豹变5秒钟的镜头，导演死磕了两三个月的时间……创作团队本着对创作负责，用匠心追求极致，这是《哪吒》电影成功的前提条件。

（二）立足传统文化，创造具有民族特色的文艺作品

传统文化乃民族之魂，其中不乏有趣的人物形象和故事，可以用来打造优秀的文化精品，《哪吒》就是其中典型的案例。

哪吒源于于民间神话故事，家喻户晓。神话故事和传统动画电影中的哪吒向来以少年英雄的形象示人，而新版"魔童哪吒"一反常态，长着鲨鱼齿、神情叛逆，有些玩世不恭，投生为"混世魔王"，是个崭新别具一格的本土动画形象。文化与科技相互融合，创造特效密集的对打场景，如梦如幻的山河社稷图、太乙真人的神奇毛笔等传统文化元素，用现代传播手段和炫目的视觉效果讲述中国传统故事，展现出中国传统文化的巨大张力和创新空间。

经过大胆改编的《哪吒》，故事既有中国传统文化的韵味，又有现代精神的传递，更加符合现代观众的情感期待，兼有人文情怀。影片中台词既保留了传统中国文化用语习惯，也有现代网络用语，使得传统与现代完美融合。作为一个"老故事"的全新演绎，影片融神幻、青春、励志、喜剧、动作为一炉，浓郁的中国风和中国神话的熟悉情节，不仅极大程度地满足了观众对新鲜故事的渴求和精神审美的需求，也让观众在领略传统文化经典魅力的同时找回了儿时的回忆，"我命由我不由天"的自主意识、"我是小妖怪，逍遥又自在"的天生邪性吸引了年轻观众的眼球。

（三）准确定位观众人群，巧妙实现电影营销

《哪吒》一改国产动画长期以来的题材、情节、制作等环节都呈现出低龄化定位的特征，解放创作观念，创新叙述方式，接轨国际思路，重新进行受众定位，拓展观影人群，挖掘全年龄段观众群体，进行全产业链开发，将成年观众从儿童的"陪伴式观众"转变为独立的受众群体。影片通过讲述更加深刻的道理，复杂纠结的故事，让成年人也深受启发，迎合了当下的主流观众需求。

《哪吒》非常注重品牌互联网立体式营销。国产动画利用互联网加大网络传播的引导力，适时挖掘共鸣点，从而达到口碑传统的目的。例如制作了很多前端海报，充分利用网友的神奇脑洞，通过结合生活中的热点问题引起众多网友不断吐槽。该电影的幕后团队制作了各种海报与契合当下热点的一些图片，甚至是一些表情包。例如某张海报就将哪吒身上的各种物料进行垃圾分类，其中哪吒本人是"有害垃圾"。官方还特意发布了各种表情包，鼓励用户参与 UGC（用户创造内容），这些有趣有料的内容在社群内发酵后形成二次传播，使观众深度参与到传播活动中来，用一种社群交式的营销理念实现了电影与用户的深刻对话，开启了社群消费体验的新时代。通过一系列的营销，在《哪吒》上映之前就圈一大波粉丝，甫一上映即占得先机。

从《哪吒》的成功可以看出，内容仍然是电影的硬核。《哪吒》的爆红在一定程度上引起更多资本对于该产业的关注，而资本助力将有利于动画电影产业的高质量发展和 IP 产业链的开发。

（四）《哪吒》IP 跨界营销，获取超额的版权利益

2018 年 11 月合众汽车首款产品"哪吒 N01"上市，合众汽车从哪吒精神中提炼出"自我、勇于挑战、率性"作为自身品牌个性。2019 年 7 月，《哪吒》电影上映，"哪吒"这一形象，成为电影与汽车品牌两者间天然的联系基础，同时对于"哪吒"无畏命运、拥抱挑战的诠释与理解，双方所展现的价值追求具有近似性，由此达成跨界合作。合众品牌相关负责人表示：哪吒是反抗宿命、不愿屈服、只为打破桎梏的形象代表，切合了当下年轻人自我、无畏、拥抱挑战的特质，与合众汽车旗下哪吒的品牌调性深度契合。"每个人心里都有一个哪吒，他的形象也许是千变万化的，但精神是不变的。"我们要做的就是唤醒每个人心里的哪吒精神，唤醒他敢为人先、敢突破常规、

敢率性自我、敢挑战一切不可能的精神,这种精神正是我们想要塑造的品牌感知。在电影上映及新车上市期间,围绕哪吒精神打造国潮新风范,生动地向受众传达年轻勇敢无畏的价值主张。通过视频、海报、图文等一系列形象,与哪吒 N01 2020 款形成深度捆绑,借电影之势,使产品获得"有情"(哪吒精神共鸣)、"有忆"(具备记忆点的产品宣传画面)的大范围曝光宣传。

末那工作室 2019 年 8 月发起一项众筹活动,为制作影片《哪吒之魔童降世》的周边商品特别是手办筹集资金,已经有超过 3 万人承诺为该项目共计出资 1500 万元。❶ 周边产品可以为权利人带来更多的收益。

### 二、电视剧制作企业的版权运营

电视剧制作企业开始基本上都是脱胎于电视台的电视剧制作中心,1995 年之前国家基本上只允许国有的电视剧制作机构准入,2003 年❷之后才全面允许民营电视剧制作机构准入。2004 年 2 月,广电总局颁布《关于促进广播影视产业发展的意见》,明确提出了制播分离的概念,允许各类所有制企业作为经营主体进入除了新闻宣传外的广播电视节目制作领域。制播分离模式的形成,成为一个巨大的驱动因素,大大加速了我国电视剧产业化发展进程。到 2014 年年底,全国持有《电视剧制作许可证(甲种)》的机构共有 133 家,全年全国生产完成和获准发行剧目 429 部 15983 集,2015 年有 395 部电视剧共计 16560 集完成生产并获准发行,呈现一片欣欣向荣的局面。

中国的电视剧产业从诞生之日起,就天然地带着计划经济的基因,早期由于各电视台制作电视剧的力量有限,电视台之间经常交换电视剧进行播出,直到 1983 年,才出现了第一个初具市场属性的全国省级电视台节目交易网,电视剧的发行方式是"物物交换、象征收费",并没有采用货币的形

---

❶ 参考消息网. 手办在中国已成"大生意"港媒:是青少年最喜欢的消遣 [EB/OL]. [2019-11-14].http://www.cankaoxiaoxi.com/china/20191114/2395380.shtml.

❷ 2003 年 8 月,广电总局为八家非公有制制作机构核发了电视剧制作许可证(甲种),标志着电视剧产业正式向民营企业开放。

式。❶1992年中北电视艺术中心拍摄的百集电视剧《京都纪事》以每集都附带90秒广告的方式提供给全国137家电视台播出，以贴片广告来支付交易费用，赚了1200万元，这在很长时间都成为一种营销模式。1993年中央电视台斥资350万元的高价，收购了电视剧《爱你没商量》，播出后获得了显著的经济效益和社会效益，这一事件正式开启了中国电视剧货币化交易的历史。

电视剧的生产主要有两个环节需要协调：一是制作，一是播出。前者是作品的创作生产环节，是所有的版权运营的前提；后者是版权的运营，主要是以广播权的许可获取收益。中国现有广播电视的准入模式，禁止民营企业主办纯粹的商业电视台，这使得所有电视剧制作企业所生产的剧目必须与国有电视台进行交易，电视台内制作机构生产的电视剧与台外制作机构无法建立风险共担、利益共享的公平交易机制，许多台外的电视剧制作机构谈判能力很弱，没有能力从电视台获得更多的收益。据上海电视节组委会与央视索福瑞媒介研究合作推出的《中国电视剧市场（2005—2006）》统计，全国有将近四成的电视台每年70%~80%的广告收益依赖电视剧获得，全国每年用于电视剧购买的资金大约为22亿元，由此带来的效益却是200多亿元，带来的广告收入大约为400亿元。❷但是电视剧的生产者无法从电视剧的播出方获得更好的收益，广电总局"一剧两星"的政策，使得许多电视剧想仅仅凭电视播出获取利润变得更加困难。电视剧企业其中大概只有10%~20%赚钱，10%左右收支持平，70%存在不同程度的亏损，约有20%血本无归。❸电视剧的制作成为一个风险极大的商业模式。当然也有部分电视剧可以卖出令人咂舌的天价：例如新《三国》卖出了2.3亿的高价，平均每集的收益为267万元；新《西游记》的单集价格达到280万元❹。

对于电视剧制作企业，如何以版权为基础，做好版权的运营可能是规避风险、收取市场利益的法宝。

---

❶ 杨旦修.中国电视剧产业发展研究[M].广州：暨南大学出版社，2015：34.

❷ 同❶：103.

❸ https://club.1688.com/article/29579112.htm

❹ 网易娱乐.内地十大最贵电视剧排行榜[EB/OL].[2010-11-24].http://ent.163.com/special/zgdsj/.

电视剧企业的版权运营，可以从下列角度展开：

（1）在电视剧的生产环节，获取优质的版权资源。

电视剧的源头是对小说的改编或独立创作的电视剧本，优秀的文学作品是电视剧成功的前提。电视剧的剧本创作一向是电视剧制作过程中的核心，好的剧本万金难求，需要制作机构学会沙里淘金。我国目前的电视剧质量较差，尽管每年有15000集以上的电视剧出品率，实际的市场影响力远远不及美、韩等国家。美国的电视剧产量每年只有不到4000集，但是全球75%的电视节目却被美国所控制，其中大部分是电视剧。美国的电视剧生产紧贴市场需求，有着成熟的电视剧生产模式。每一部剧作在创意策划完成之后，通常会制作少量几集的成品，在小范围播放，探测市场的反映，如果观众欢迎，则继续拍摄，反之，迅速掐断，减少损失。边拍边播，电视剧生产过程与消费过程紧密不分，这样的生产模式可以最大限度地保证作品的成功。

我国的电视剧创作模式多种多样，优质的剧本资源是最终形成优质的优质电视剧作品的前提，剧本创制是电视剧创作过程中的最前端，是作品版权的源头，决定着电视剧的题材、主题、情节和风格，决定着整个电视剧生产的和营销体系的成败。这需要电视剧生产企业通过创造性的选题，综合各个环节的力量，最终才能提升产品的价值含量。每年各个电视剧公司出品的一些电视剧产品，最终因为品质问题无法进入电视播出的渠道，如此，对其版权营销就成了一句空话。

（2）与电视剧播出电视台合作，联合摄制电视剧产品，形成合作作品，依据协议分享利益。

收视率是衡量电视剧成败的重要指标，与电视台的广告收益息息相关，所以电视台也在到处寻找能够带来高收视率、为观众接受的作品，但是，一部制作完成的电视剧究竟能否获得较高的收视率，实际上在作品播出之初通常是难以预计的。为了降低风险，许多电视台将是否有明星主演作为唯一的评判标准，花高价购得电视剧的首轮播映权，但是结果往往并不如意。反而推高了明星演员的身价，一个一线演员30万元每集的片酬早已不再是新闻了。

从美国、韩国电视剧的制作体制上看，美国实行的制播分离，韩国是制播合一。美国的电视剧制作与播出分属不同的公司，一般制片公司有自己合作的电视台；韩国则制播一体❶，即电视剧的制作与播放均由电视台来完成，电视台既是制作商又是播放媒体。美国、韩国的电视剧市场均很成熟，这与电视剧的制作与播出渠道畅顺不无关系。有了畅顺的播出渠道，电视剧制作就会有通盘的计划，可以根据市场的需求将电视剧一季一季地拍下去，培养稳定的观众市场。

与电视台联合制作，最大的好处是解决了电视剧的播出问题，电视台可以投资拍摄，也可以提供更好的剧本和策划，在剧作前期进行造势、后期宣传方面都会有比较通畅的渠道，这样，双方可以共同承担风险，共同获取收益，保证剧作被市场接受。

（3）多层次的广播权的行使，这是目前电视剧企业主要的获利模式。

实现电视剧进入电视媒体播出，一般是由电视台向电视剧制作企业支付相应的许可费用，该费用可能是现金也可能是贴片广告时间。这完全取决于电视剧的质量和制作企业的运营策略。电视剧的播出可以分别出让首轮播出权、次轮播出权和重复播出权，将广播权分拆行使，以最大限度地获取利益。每一轮播出的效果和市场热度不同，也影响着商家对广告的投入的力度，影响着电视台的广告收入，所以愿意支付的广播权对价也有所不同。

①作品的"信息网络传播权"转让给网络新媒体的行使。

2006年电视剧《武林外传》的新媒体版权，80集一共只卖了10万元，平均每集1250元。而2015年的《芈月传》《虎妈猫爸》等剧，每集已经接近200万，10年间涨了2000倍都不止。电视剧从作品形式上看，原本是供"电视"播出的"剧"，但是信息互联网技术的发展，已经将人从电视屏幕前解放出来，无处不在的各种移动终端，彻底地改变了人们的观剧习惯，许多电视剧甚至直接在网络开始首播，完全脱离了电视媒体。

在一般情况下，电视剧在电视媒体播出后，将其信息网络传播权转让给视频类网站行使，让观众可以在自己选定的时间内观看剧作。实际上传统的单向度的电视传播方式已经发生巨大的变化，随着IPTV技术的兴起，电视屏幕已经变成了单纯的显示器，点播技术也能够帮助观众在自己选定时间获

---

❶ 随着韩剧产业的深化，这种"制播一体"的制度存在的种种弊端已经很难适应市场的需求，韩剧的制作模式开始转为"制播分离"，即电视剧的制作业务与播出业务由不同的主体来完成。

得作品，还可以在观看电视剧时利用时移电视（Time-shifted TV）功能实现暂停或回看，其实这已经离开了广播权，进入到信息网络传播权的范畴。所以信息网络传播权将会成为所有的作品包括电视剧作品最为核心的权利，需要所有生产者对此有足够的重视。

作品的信息网络传播方式最为重要的特点是交互性，与传统的一对多的广播形式迥然异趣。网络新媒体在观众观看作品时，可以用技术实现观众边看边吐槽，边看边讨论剧情，改善观剧体验。所以在电视剧生产环节就需要充分地考虑这一状况，对于不同接收终端所展示剧集可以进行不同的剪辑。例如，电脑版与手机终端就可以有不同的剧集长度，手机可以精华版的方式呈现以满足手机用户在碎片时间观剧的习惯。

②电视剧改编权的行使可以带来极大的经济效益。

优秀而脍炙人口的电视剧剧作，可以改编成其他的作品形式，例如小说，在电视剧播出期间可以获得不错的销售业绩，对于一些优秀的电视剧，还可以改编成电影，在院线上映，获取票房和其他收益。例如电视剧《武林外传》就做了有益的尝试。2006年，《武林外传》这部有点无厘头的情景喜剧在央视一套黄金时间播出，捧红了闫妮、姚晨、沙溢等青年演员，开启了情景喜剧的另类江湖。在短短四年内，《武林外传》从单一的电视剧，改编为网游、动画片、漫画书、手机视频、话剧、川剧、音乐剧等十多个作品形式。2011年，电影版的《武林外传》甫一上映，即揽获2亿票房。《武林外传》还制作数百集的同名动画片，收视率也很不错。❶《武林外传》对于以电视剧为核心的作品的改编性使用，收到了很好的效果。实际上，各种形态的作品在市场上以不同的风貌影响不同的人群，只能使作品的整体影响愈加扩大，逐渐形成品牌效应，就可以在这一品牌之下，创作更多的系列电影或电视剧的第二季、第三季，显然会获得观众的期待和认可。

电视剧本身可能是来源于对原著作品的改编，例如2012年热播的《甄嬛传》就是根据流潋紫创作的同名小说改编的，小说的流行促进了电视剧的热播，也带动了流潋紫同名原著的再次出版，众多电视观众从电视剧转向原

---

❶ 深圳商报. 电视剧《武林外传》热力不减 衍生多个文化产品 [EB/OL].[2010-06-30].http: //ent.sina.com.cn/c/2010-06-30/11203003059.shtml.

著，继续体会作品的精髓。而有些电视剧则是直接出版剧本，例如 2001 年的古装剧《大明宫词》播出后，直接将原剧本适当删减出版，也获得不错的销售业绩。

③ 对外的电视剧作品的版权贸易。

作为文化传播的一部分，电视剧的对外输出一向为国家所重视。电视剧制作企业对于优秀的电视剧产品，可以通过许可国外电视媒体行使翻译权、发行权、广播权等方式，获取相应的贸易收入，这是电视剧版权运营的重要方面。

目前我国的电视剧作品版权输出的主要对象还是亚洲国家和非洲国家，有些电视剧在国外获得广泛关注和良好评价，例如中国电视剧《琅琊榜》在韩国迎来了收视狂潮，作品在韩国中华电视台播出时，创下了 2015 年的收视纪录；当时在韩国社交媒体上，每分钟都会涌现出与《琅琊榜》相关的评论❶。而在越南电视媒体上，来自中国的电视剧一向受到观众的好评。

目前，电视剧对外输出的主要观众还是东方文化圈和华人群体，对非华语圈的输出还刚刚起步，整体上看，我国的电视剧版权贸易规模还比较小，远远地落在美、韩等国之后，主要原因是国内的电视剧制作体制落后，缺乏好莱坞电视剧体系化的制作机制，导致许多剧作质量良莠不齐，难以获得国外电视台的认可。所以，电视剧制作企业应该具有全球意识，在电视剧中应该兼顾受众观剧习惯和文化、价值追求，在作品的题材上寻求突破和创新，而不是只将眼光盯住国内市场，制作出文化闭塞、难以赢得其他国家观众共鸣的作品。

④ 构筑版权的相关价值产业链。

电视剧的价值产业链除了作品本身的版权价值之外，还包括以版权价值为核心的相关产品包括周边产品和衍生品组成的产业链条。在日韩和西方国家，电视剧衍生品已经形成了包括道具、服饰、游戏、音像、图书，甚至是主题公园等多格局、多方面、多层次的完整的价值产业链。仅仅依靠产业链产品的销售和授权，就能够获得超额的产业利润，甚至成为许多公司主要的

---

❶ 屈胜文.中国电视剧输出海外收视杠杠的[N/OL].西安晚报，[2016-11-07].http：//epaper.xiancn.com/xawb/html/2016-11/07/content_452353.htm.

利润来源:"一些电视剧产品的衍生品开发收入已经远远超过电视剧产业常规部分的收入,例如韩剧《大长今》的衍生产品开发就是最著名的案例。❶"我国的电视剧制作企业在这一方面还是比较滞后,大部分电视剧的收入只能来自版权费和植入式广告,许多电视剧衍生品的收入甚至是零。

电视剧相关产品的开发需要从作品创作之初就进行前瞻性的规划,创作团队应该有专门的相关产品运营策划人员参与,根据作品的受众群体定位,有针对性地将相关的服饰、用具、甚至是风景、食品等元素进行分类,找出可能被观众喜欢的元素,预先植入作品中,并且许可相关的企业开发成服装、玩具等产品,在作品热播期间进行销售,系列电视剧《爱情公寓》就推出了同款流行服装等产品;也可以将作品的人物元素和情节素材许可游戏企业开发成网游产品,例如《武林外传》开发了同名的手机游戏,《花千骨》上映后,与美图秀秀修图软件联手打造的"花千骨妆容软件"也进入市场销售……

电视剧的工业化制作实际上是一个巨大价值产业链的过程,电视剧作品的完成仅仅是这个产业链的火车头,没有后面的一系列的版权的运营,这个火车就不可能获取最大的利益。

从美国、韩国成熟的版权价值链开发经验来看,对于电视剧周边产品的开发,下列热点可供借鉴:一是网络游戏。美国CBS(哥伦比亚广播公司)和法国游戏开发商将人气剧《犯罪现场》改编成了以悬疑、推理、破解案情为卖点的网络游戏。国内的《爱情公寓》电视剧播出后开发了同名手机游戏和网页游戏。网络游戏主要是利用作品播出带来的观众的关注度,利用作品的角色元素和情节素材,重新创作出的版权作品(软件),许多电视剧制作者未必擅长制作游戏产品,但是可以授权的方式、合作制作的方式、委托创作的方式生产出游戏作品,丰富电视剧本身版权价值内涵,获取更多的收益。二是相关的旅游产业。经典韩剧《冬日恋歌》中男女主角少年时嬉戏打闹的江原道滑雪场被选为该剧拍摄地之前,经营亏损十分严重,该剧播出后,许多粉丝慕名而来,滑雪场人气大增,扭亏为盈。我国也有这样的例子,2005年《神雕侠侣》剧组在四川九寨沟景区完成拍摄,许多粉丝慕

---

❶ 杨旦修.中国电视剧产业发展研究[M].广州:暨南大学出版社,2015:140.

名前往游览，将观光当作对电视剧拍摄地的"巡游"。可见，将旅游业作为电视剧开发的周边产品，利用电视剧带来的高人气，促进拍摄地的旅游开发，扩大电视剧的产业价值。三是时尚服装产品的开发。韩国电视剧《来自星星的你》曾经风靡一时，女主角千颂伊每一集都有 10 个以上的服装造型，该剧热播之后，女主角所穿的服装顿时受到无数年轻女性的追捧，同样带火的还有千颂伊所用的同款口红，据说该口红在全球都出现了断货的情况。

## 【延伸阅读】

### 华策影视的电视剧运营模式[1]

浙江华策影视股份有限公司创立于 2005 年 10 月，总部位于浙江杭州，是一家致力于制作、发行影视产品的文化创意企业。2010 年 10 月 26 日，公司于深圳证券交易所创业板上市，成为国内第一家以电视剧为主营业务的上市企业。通过并购等手段，华策影视目前拥有包括克顿传媒、剧酷在内的 8 家子公司，依靠旗下公司的差异化定位，其剧集覆盖了大部分受众，并承包了 30% 以上的爆款剧集。2016 年，华策参与出品的《亲爱的翻译官》《解密》《锦绣未央》《微微一笑很倾城》都进入了卫视收视及网络点击前十名。

除此之外，华策在 SIP（Super IP）和出海战略上表现积极。华策影视集团创始人赵依芳认为，影视行业未来的发展路径，主要有内容升级、泛娱业态和进军海外三个方向。华策影视围绕这三个方向，投资了 O2O 旅游企业"景域文化"（驴妈妈的母公司）和游戏公司亿动非凡网络、乐为数码和乐米科技，布局影视 IP 的泛娱乐化开发；华策还与二十世纪福克斯、索尼、极光影业等开展了系列项目的战略合作，"希望嫁接国际最顶尖的技术、制作水准、市场、资源，讲好中国故事"。同时，华策加码布局了虚拟现实领域，投资了兰亭数字、热波科技、魔法飞跃（MagicLeap）等 VR 公司。

---

[1] 文创资讯. 中国电视剧第一股：华策影视的转型之路 [EB/OL].[2017-02-26].https://baijiahao.baidu.com/s？id=1558546438856315&wfr=spider&for=pc.

靠电视剧起家，向全媒体转型。华策影视成立后凭借着《中国往事》《天涯明月刀》《雪豹》《倾城之恋》《爱情公寓》《卫子夫》《何以笙箫默》等脍炙人口的电视剧在影视圈崭露头角进而声名鹊起。或许是电视剧的标签在华策的名下都太过耀眼，直到现在，很多观众提起华策依然会第一时间联想到电视剧巨头公司。但早在2015年，华策影视就已经悄然转型，成为娴熟驾驭电影、电视剧、综艺节目三驾内容马车，全产业链国际化布局的综合传媒集团。

做好内容生态，拥抱互联网。华策影视紧紧抓住产业变革趋势，以互联网和年轻化为方向锐意转型。在整体战略上，为了提升品牌竞争力，华策提出了"SIP（超级IP）"战略，希望以IP为核心，向全产业链和全内容领域渗透，而这其中内容生态的构建是至关重要的一环。

对于内容生态的构建，华策影视分为三个阶段。

第一阶段是打造影视内容供应商，即提升电视剧、电影、综艺节目和网剧四个产品线，华策影视明确表示要做"中国第一综艺节目投资出品平台"。

第二阶段是做影视内容运营商，这包括面向5家卫视和数十家城市台的"华剧场"业务、小米等移动端"华策场"运营的突破，以及对IP运营的推进。

第三阶段是基于影视娱乐内容，结合电商、地产、金融、旅游、教育等行业，做价值提升者，前期与浙江传媒学院携手共建"华策电影学院"便是良好的开始。

如今的华策影视正以全网剧、电影、综艺节目内容三驾马车为核心内容，涵盖影视内容、新媒体、娱乐科技、整合营销、艺人经纪、影城院线、动漫、游戏、音乐、演艺、虚拟现实、实景娱乐及影视园区建设等，构建多元化全媒体全产业发展格局。

在电影板块，2016年华策参与发行9部影片，并分别采用了"影剧联动"的模式，电影、全网剧同期上映，获得巨大收益。

在综艺板块，华策影视不同于其他以节目效果为重的电视台。华策影视采取了半开放的培养方式，重点在于偶像的养成，最终形成自己的造星系统。由网络开始向上输送，满足华策集团在电影、电视、互联网各个领域布局的人才需求。

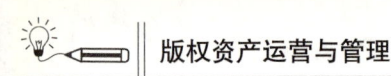

伴随着互联网战略的不断推进，华策影视正在一步步实现电视剧、电影、综艺和新媒体的"全内容驱动"。此前，华策已经与百度、小米等建立了战略合作关系，以期实现"内容＋渠道"的有效整合。事实上，关于IP价值的进一步挖掘，早已成为华策发展的一大战略方向。

## 第九节　电竞企业的版权运营策略

电子竞技是一种新型的体育运动，是参与者借助电子设备进行公平的智力对抗。参与者可以通过科学、系统的训练提高自身的思维能力、反应能力、脑眼及四肢的协调能力、意志力以及团队沟通能力等。[1]电子竞技横跨游戏和体育两大产业，但与单纯的游戏及体育均不同，属于新型的产业形态。

与单纯的电子游戏相比，电子竞技游戏的很多操作是普通玩家无法完成的，这些高难度的动作具有观赏性。与传统的体育产业相比，电子竞技产业的主导权在版权拥有者手中，游戏的版权人可以通过版权控制电竞赛事，而且相较于传统体育，电竞项目的生命周期较短。

电竞企业是指运营电竞赛事的企业，由不同的类型的主体构成，包括游戏开发商、游戏运营商、赛事承办方、俱乐部、选手等，周边产业更包括门户网站、平面媒体、对战平台、视频网站、直播平台、电商平台等。

### 一、游戏厂商的版权运营模式

游戏厂商是电竞游戏的开发运营者，享有游戏作品的版权。根据运营模式，可以将游戏厂商细分为游戏开发商、游戏运营商和游戏发行商。

与传统体育赛事相比，电子竞技是围绕赛事构建的产业生态需要建立

---

[1] 王萌，路江涌，李晓峰. 电竞生态：电子游戏产业的演化逻辑[M]. 北京：机械工业出版社，2018.

在游戏厂商的授权之上，游戏厂商位于整个产业链条的最上端。游戏厂商对于版权作品的运营主要采取三种模式：一是授权运营模式，游戏开发商授权其他游戏运营企业在一定区域内运营本公司的游戏的一种模式，在这一模式下，游戏开发商负责产品开发和版本更新，其他事宜由运营商负责，游戏开发商按照合同的约定获得版权报酬。二是联合运营模式，游戏开发商与其他游戏运营商共同运营本公司游戏，联合运营商通常为 App 运营商店的运营方，拥有一定的客户资源，如苹果公司和腾讯公司。在联合运营模式下，开发商负责游戏产品的研发和版本更新，同时为玩家提供云服务器和运营服务，联合运营商负责发布游戏产品和收取玩家的充值款，游戏开发商按照协议与联合运营商分成。三是自主经营模式，游戏发行商不依赖于其他游戏运营企业，独立运自主研发产品的一种模式，在这一模式下，游戏开发商负责产品的研发、发布化版本更新，同时为玩家游戏提供云服务器和运营服务，玩家充值通过第三方支付平台直接流向公司。

游戏开发商主要通过许可使用费、游戏收入的分成营利，例如，2001 年陈天桥的上海盛大网络发展有限公司以 30 万美元和 27% 的收入为对价，从韩国 Actoz 公司手中获得网游《传奇》在中国大陆的独家运营权；暴雪公司的游戏产品《魔兽世界》四年间在中国大陆地区收得的版税金高达 5130 万美元。

游戏发行商和授权运营商主要通过游戏收入营利。其收入来自对游戏直接运营。单机游戏时代，游戏厂商是通过销售拷贝游戏光盘获得的收入，例如早期的《星际争霸》《魔兽争霸Ⅲ》《反恐精英》等都是如此；随着网络技术发展，游戏走向互联网时代，《暗黑破坏神》等大型多人角色扮演游戏相继问世，游戏厂商开始更多地采用优势市场收费模式，即用户购买游戏点数，游戏运营商根据用户在线时间扣除一定的游戏点数，例如盛大代理游戏《传奇》、网易代理游戏《魔兽世界》均是如此。2011 年之后，游戏厂商开发出了网络游戏增值服务模式，允许游戏用户免费参与游戏并享受基本的游戏服务，但对游戏中的部分装备、道具、经验值等收费的网络游戏运营模式，这是目前最主要的收费模式。

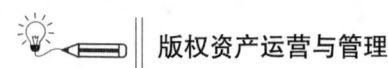

## 二、电子竞技游戏直播及其营利方式

电子竞技游戏直播是最具有体育特征的传播方式。通过对电子竞技的直播可以有效地扩大游戏的影响。直播有两种方式，一是电视直播，一是网络直播。电视直播是通过电视媒体对电竞比赛进行直播，目前因为国家行政管理机关的限制，电子竞技的电视直播陷于停滞，大行其道实际上是网络直播，即由在线影音平台向用户提供互联网上公开播出即时视频的娱乐服务。直播与传统上传自己录影视频最大差异是观众可以通过弹幕留言和主播及时交互，主播可以根据观众反馈及时调整节目内容或取悦观众。平台基于两个因素吸引观众，一是网络主播自带流量，另一个因素是优质的电子竞技内容。

直播平台的营利方式可以分为用户付费和商家付费两种。用户付费分成几种形式：①会员付费。通过多层级，不同等级不同服务，并延续原有平台的会员功能，用户付费守护主播，并根据费用高低获得相应的守护等级和对应频道服务，包括会员专用的虚拟物品，专门的客户服务专家和特殊的弹幕聊天。②送给主播的付费礼物道具。直播平台提供种类丰富的付费道具，用户向主播赠送道具到一定量有特殊展示效果，吸引用户浪费。③比赛竞猜。主播可以开启比赛竞猜，竞猜内容包括输赢、比分等，用户参与竞猜需消费道具。④线上游戏。通过向游戏用户提供由平台或第三方开发的在线游戏中的虚拟物品来产生收入。商家付费有以下几种形式：①网站广告。网站广告形式包括前视频贴片广告、网幅广告、直播视频中的贴片广告。品牌商针对直播平台制定完整的营销方案，联动平台、赛事内容、主播以及电商，实现完整的数字营销策划，利用赛事直播实现品牌营销。②直播营销。是指采用视频直播形式在 PC 端及移动端上，为企业商家达到品牌推广或产品销售的目的。❶

---

❶ 超竞教育，腾讯电竞.电子竞技产业概论[M].北京：高等教育出版社，2019：58–59.

### 三、电竞游戏周边产品的开发

由于电竞产业主要的消费对象是比较年青的一代,这一代将是未来社会的核心,所以将企业的品牌和价值传递给喜欢电竞的一代,培养其品牌的忠诚度是很有意义的。基于这一认知,赞助商愿意投入广告费用支持电竞比赛,当众曝光自己的企业或品牌,其中最常见的就是对付的胸前广告。电竞运营商还可以与企业生产联名产品,即向市场出售电子竞技俱乐部的名称、LOGO 以及职业联赛或其他重大比赛的名称、标识、吉祥物的使用权和"指定产品"名称权,以及带有这些标识的纪念币和各种纪念品的生产经营权,以此为商品做广告,提高商品的知名度和销售量。

电竞游戏的衍生品包括游戏形象制作的手办、玩具、玩偶等,既可以单独售卖,也可以作为其他商品的赠品。这与普通的电脑游戏的衍生品开发并无不同。电竞游戏的经营者在自己的网店中也会出售周边的衍生品,这是电竞游戏能够带来的最为直观的收入,衍生品主要有两类,一类是铁杆粉丝偏好的纪念品,如队服、纪念奖章等;另一类是偏向大众消费需求的衍生产品,如服装服饰、电脑外设等,例如专门为某种电竞游戏开发的耳麦、鼠标、键盘等,都会随着电竞游戏的传播而大卖。

### 四、电竞游戏的娱乐化应用

电子竞技与娱乐产业的用户群体高度重合,电子竞技本身的竞技和社交属性也契合了当下年轻人的生活方式,而且电子竞技的用户黏性很强,以至于赛后很久他们还会做些与赛事有关的事情,例如分享给身边的朋友、继续查看赛事其他资讯。

网络小说是最早与电子竞技产生结合的娱乐内容形式。美国暴雪公司 1994 年开发的电竞游戏《魔兽世界》取得成功之后,就开始着手相关题材小说的创作,自 2000 年第一本小说问世以来,截至 2016 年,魔兽官方出版的小说就有 30 部之多。[1] 目前国内已经出现了大量的电子竞技题材的网络小

---

[1] Wikipedia. Warcraft[EB/OL]. [2020-04-21].https://en.wikipedia.org/wiki/Warcraft.

说。作家"蝴蝶蓝"受邀撰写的《王者荣耀》首部正版的电子竞技小说《王者时刻》，KPL联盟（王者荣耀职业联赛）邀请了一众KPL选手为其拍摄宣传片，并在官方微博多次发文为小说宣传，小说连载于起点中文网，获得了不错的反响。作家"乱"的电子竞技题材小说《英雄联盟之谁与争锋》，由于配合《英雄联盟》游戏的推广，使这部当时并不被看好的新题材小说直接成为网络文学第一本订阅量的小说。电竞游戏与网络小说结合一方面扩大了电竞游戏的影响力，另一方面也吸引了大量的电竞用户和爱好者去阅读小说。

电子竞技与动漫的内容结合极具潜力。2018年，腾讯动漫与超竞壹动漫联手推出了《未来重启》《野区老祖》《贩卖大师》《星原之门》和《天梯战地》五部动漫作品，将电子竞技的故事镶嵌到少年热血、未来科幻、校园青春、探索悬疑等多个方向发展，收到电竞粉丝们的好评。

利用电竞的元素和电竞小说的情节进一步开发，拍摄影视作品，也是电竞运营中重要方法。2006年开始，暴雪公司开始筹划电影《魔兽》，历经10年打磨，斥资1.6亿美元，在2016年5月24日才迎来了全球首映。《魔兽》在全球取得了4.3亿美元的票房成绩，其中有89%来自海外市场，仅中国观众就贡献了2.21亿美元。

电子竞技与音乐的结合可以追溯到大型电子竞技比赛中的音乐表演，近年来两者合作程度不断深化。开发了《英雄联盟》的美国拳头游戏公司是一家非常重视音乐与游戏内容玩家体验相结合的游戏公司，成立至今已经发布了200多首原创音乐作品。从《英雄联盟》S2（第二赛季）开始，拳头公司就为总决赛制作主题曲并一直延续下来，日渐成熟的制作模式让拳头不仅在每年总决赛前推出主题曲，每逢重大赛事也会推出相应的音乐，其音乐的制作一直保持在较高的审美水准，获得了广泛的大众传播度。

电子竞技还可以与时尚产业相结合，赢取利益。时尚也一直在主动向电竞靠拢，希望通过电竞对青年一代的影响力拓展业务。荷兰第三方研究与咨询公司Newzoo披露数据显示，赞助商支持是电竞行业最大的收入来源，占总收入的39%。近年来赞助商所属行业从最初的游戏设备厂商、网络和科技公司，逐渐向消费领域食品、化妆品、汽车品牌、运动品牌进行拓展。❶电子竞技选手取得优秀的成绩之后，与传统的体育明星相类，其个人形象具有了商业价值。电子竞技选手的包装得到电子竞技俱乐部的重视，成为俱乐部盈利的新的商机。WE俱乐部2017年下半年新推出的应援服和帽子，搭配的长带子具有浓厚的"Off-White"街头风。2016年，中国女子电竞战队Twins Flower Girls 宣布与美国潮牌CHARISMATA展开合作；同年，潮流品牌INXX与LGD电竞俱乐部进行了一次夏季队服的合作。2018年12月2日，adidas宣布与游戏公司EA Sports合作，为皇马、曼联、拜仁慕尼黑以及尤文图斯打造特别版电竞概念第四球衣，电竞发烧友与足球爱好者可在品牌官网、电商旗舰店和线下指定门店买到。观众在网络上看到电竞比赛的直播，同时可以下单购买选手的同款比赛服。这对服装时尚也是一种商机。

### 五、电子竞技的版权运营策略

电子竞技因为兼具游戏和体育的特点，使得其产业链条极其复杂，包容了众多的行业加入其中。在电子竞技产业的运行中，版权实际上起到的是灵魂性的、基础性的作用。整个产业的起点来源于电子游戏的版权，因其使用传播而产生了大量的衍生性权利，这些权利被使用、交易，从而为运营企业带来利润。

当一个电子竞技项目用户增长到一定程度后，游戏的版本很难有大改动，以游戏为基础的赛事也基本成体系的前提下，下一步维持生命力的举措通常需要放在游戏和赛事的延伸内容上，这既是使现有用户保持新鲜感的需要，也是扩大电子竞技影响力的必经之路。这一过程是通过二次创作和填充新的内容，不断地更新和丰富。如此，通过版权的运营将单纯的软件许可使用拓展到对软件使用的方方面面，例如将电子竞技赛事中的某一个画面截取下来，可以构成新的类电作品或录像制品加以传播，既可以获得收益也可以扩大赛事的影响力。某个赛事还可以扩展成其他的版权作品形式，例如小说、影视剧、音乐等形式，电子竞技中存在着可以被二次开发的故事、符

---

❶ 王琼."时尚"需要拥抱"电竞"吗？20个最新品牌案例全面解析 [EB/OL].[2019-01-24].http：//www.ytsports.cn/news-18740.html.

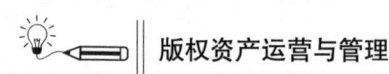

号、人物等，例如将其中的人物、道具形象等还可以独立开发成手办、玩偶、家居摆件，或者成为日用品的外观装潢的一部分。

电子竞技的版权运营的策略，要建立在所谓的粉丝经济❶的基础上的。需要根据作品的类型、特点、用户属性和传播方式，制作合适的内容来聚集粉丝用户并通过粉丝用户实现其商业价值，好的内容可以增加用户的黏性，既可以通过作品本身许可使用收取费用，可以在产业链条中的其他领域例如商业广告实现其商业价值。

## 【延伸阅读】

### "王者荣耀"的版权运营 ❷

2018年4月，"王者荣耀"宣布和"蝴蝶蓝"合作推出电竞小说《王者时刻》，并开启阅文平台的连载。仅仅过了一周，这部连载中的初生新作就宣布将为《王者荣耀》首部正版授权电竞小说《王者时刻》打造真人剧集，并且作为腾讯影业的重要作品发布。这一套完美"连招"，背后渗透的是这几年来腾讯在版权、文创行业的布局。

自电子竞技"王者荣耀"获得成功之后，腾讯在对其版权开发上，一直进行着广泛的探索："王者历史课"用英雄的故事还原有趣的历史；"王者荣耀为你读诗"让声优们唤起年轻人对古代诗词的兴趣；英雄"甄姬"的昆曲造型和以围棋对弈为战法的新英雄"弈星"把国粹展现到了亿万玩家面前；而以王者地图为蓝本的大型冰雪艺术主题景观为哈尔滨冰雪大世界营造了全新的魅力……

---

❶ 据"百度百科"，粉丝经济泛指架构在粉丝和被关注者关系之上的经营性创收行为，是一种通过提升用户黏性并以口碑营销形式获取经济利益与社会效益的商业运作模式。以前，被关注者多为明星、偶像和行业名人等，现在互联网突破了时空的束缚，粉丝经济被宽泛地应用于文化娱乐、销售商品、提供服务等多领域。商家借助一定的平台，通过某个兴趣点聚集朋友圈、粉丝圈，给粉丝用户提供多样化、个性化的商品和服务，最终转化成消费，实现盈利。

❷ 张子龙.从《王者时刻》IP的连招双发，看懂腾讯新文创[EB/OL].[2018-04-25]. https：//baijiahao.baidu.com/s？id=15987322713866660885&wfr=spider&for=pc.

选择网络文学作为"王者荣耀"IP打造的二次起点，显示了网络文学在游戏IP改造中的基础性地位。它加强了玩家和游戏之间的纽带作用，也建立了玩家与玩家之间的同人文化圈。玩家不断地创造出优秀的作品，游戏的话题也就会一直存在，很好地达到了"以游戏带动创作，以创作维持话题"的目的。

"王者荣耀"与阅文集团合作，推出的相关的征文大赛，不久就收到了超过15000位创作者的投稿，不少业界"高手"和普通玩家共同参与。而"蝴蝶蓝"作为本次征文大赛的导师，同时又推出《王者时刻》，自然成为本届文学赛事的一个风向标，这也是王者荣耀团队在IP建设上的思路体现。

与"蝴蝶蓝"及阅文的合作不仅在于可以从王者文学内容上获得优秀作品。阅文和"蝴蝶蓝"都是文创行业商业化成功的代表，商业化的成功，在腾讯提出的"新文创"概念中承担了一半的内涵，因为只有商业提供的良性业态，才能保证文化创意产业在可持续发展的状态下不断追求精品。从故事文本来看，《王者时刻》的思路与传统游戏改编大有不同。无论是魔兽还是《古墓丽影》，都是基于游戏主体内容进行改编，其改编的难度会比较高。而《王者时刻》讲的是一个电竞玩家成长的励志故事，这与斯皮尔伯格的《头号玩家》类似，并没有完全围绕某个游戏的核心内容来展开，而是从题材方面另起炉灶，描述的是王者玩家的生活和积极正能量的拼搏精神，作为王者系列影视作品的初次尝试，可以说具有更广阔的发挥空间，和更高的用户接受度。

另一方面，《王者时刻》抓住了电竞这个游戏产业目前最重要的风口。"王者荣耀"的电竞联赛，通过两年多的发展已经拥有了庞大的用户，而"王者荣耀"的电竞明星们也以其奋发拼搏的体育精神吸引了大量的用户，他们的故事，会融入《王者时刻》的创作中，让玩家真正体验到他们的电竞人生。《王者时刻》通过对电竞人群的文化输出，将进一步培育出腾讯独特的电竞文化和竞争壁垒。

# 第七章　版权运营方式举要

"全版权运营"模式是许多版权企业应该具备的视野，这并不意味着所有的版权企业、所有的版权作品均有条件进行"全版权运营"，但是只要是版权资产，均可以通过一定的方式加以运营，以获取经济效益。

## 第一节　版权质押与融资

版权质押属于权利质押范畴，是指以版权中的财产性权利通过合法的登记程序作为债权担保的行为。版权之中的经济性权利因为具有可以转让的属性，能够进行权利变现，因此就具有了交换价值，可以作为担保物在融资的过程中出质。现行的《著作权法》规定，著作权和著作相关权利可以出质，但要进行登记。我国的《中华人民共和国物权法》（以下简称《物权法》）第223条也规定，可以转让的商标注册专用权、专利权、著作权等知识产权中的财产权可以出质。版权作为一种市场交易的载体，已经呈现出多种形态，既可以授权使用，也可以将版权转让给他人，既可以是无期限的转让也可以是设定一定期限的转让。正如文化创意之父霍金斯所言，"版权产业不仅是法律意义上的，更是产业、商业、融资方面的意义"❶，拓展版权的融资功能，对版权资产的运营具有重要意义。

权利质押不同于动产质押，需要转移标的物或者是标的物之物质载体。

---

❶ 蒋慰慧，约翰·霍金斯：城市文化引领中国创意经济[EB/OL]. [2016-11-19]. http://www.kankanews.com/a/2016-11-19/0037772017.shtml.

依据《担保法》第七十九条的规定,"以依法可以转让的商标专用权,专利权、著作权中的财产权出质的,出质人与质权人应当订立书面合同,并向其管理部门办理出质登记。质押合同自登记之日起生效。"因为版权是一种无形的财产权,无法移转占有,故以质权登记作为生效的要件。

依据《著作权质权登记办法》规定,申请办理著作权质押登记的,应当向国家版权局提交的资料包括:①著作权质押登记申请表;②出质人和质权人的身份证明;③主债权合同及质押合同;④委托代理人办理的,应提交委托书和受托人的身份证明;⑤以共有的著作权出质的,应提交共有人同意出质的书面文件;⑥出质前授权他人使用的,提交授权合同;⑦出质的著作权经过价值评估的,质权人要求价值评估的或者相关法规要求价值评估的,提交有效的价值评估报告;⑧其他需要提供的材料。著作权质押登记对于符合要求的质押登记申请,国家版权局向出质人和质权人发放《著作权质押登记证书》。国家版权局设立《著作权质权登记簿》,记载著作权质权登记信息供社会公众查询,如果《著作权质权登记证书》的内容与《著作权质权登记簿》的内容不一致的,以《著作权质权登记簿》为准,但是有证据证明《著作权质权登记簿》的记载确有错误的除外。

近年来,政府部门为了破除科技文化企业的融资困难,大力推进以企业的版权等无形资产为质押物向银行贷款融资的工作。2010年,中宣部等九部门发布《关于金融支持文化产业振兴和发展繁荣的指导意见》,将完善知识产权法律体系作为金融支持文化产业发展的配套机制之一,提出抓紧制定和完善专利权、著作权等无形资产评估、质押、登记、托管、流转和变现的管理办法。国家知识产权局、财政部等六部门发布的《关于加强知识产权质押融资与评估管理支持中小企业发展的通知》,提出建立知识产权质押融资评估管理体系和有利于知识产权流转的管理机制。

我国首例见诸报道的版权质押融资项目发生在软件版权领域。2001年6月,广东省同望科技股份有限公司以工程造价软件的版权向珠海市商业银行出质,双方签订贷款合同;同年7月珠海市商业银行向珠海金山软件股份有限公司以同样方式提供贷款1500万元。这两项合同均进行了质押合同登记。

版权质押融资在我国还是处于起步阶段,由于版权的非物质性特点,致使其融资过程异常复杂和困难。为了突破中小型创意类企业的融资瓶颈,利用版权质押融资的模式，已经成为缓解企业资金困难的手段之一。版权所具有的经济属性，可以通过质押融资方式，充分地得到体现。目前的金融机构的版权质押贷款产品，是以版权为质押标的，有的是以一项版权质押，有的是以一组版权打包质押，以此获得一部或多部电影、电视剧拍摄和制作所需的费用。版权质押融资适应了影视剧拍摄周期长、所需的资金多、回报周期长等特点，在目前的影视制作行业适用比较多。许多商业银行为此开发了相应的产品，例如，建设银行的"知贷通"、中国银行的"智贷通宝"、农业银行的知识产权质押贷款、交通银行的"智融通"、中信银行的版权、发行权质押贷款、民生银行对依法可转让的版权及其邻接权中的财产权设定质押的融资产品等。版权质押还有一些其他的变化形态，例如利用企业与对外的版权交易的应收账款作为质押对象，以某版权资产的未来可期待的收益权作为质押对象等。但是这并没有根本上改变版权质押融资的行业性的困境。

目前，制约版权质押融资的因素主要有以下三点：

一是版权质押的评价体系存在缺陷，缺乏对版权价值科学和动态的评价方法。按照《伯尔尼公约》的规定，只要具有创造性和可复制性的作品就受到版权保护，《著作权法》则以列举的方式说明了作品的范围包括文字作品、口述作品等九类，但在现实中这些作品保护范围不能作为作品价值的评价依据，所有的作品的版权价值实际上是来源于市场的接受程度和利用的方式，故此针对单个的作品进行评价和估值是非常困难的。例如，电影作品的票房收入波动就很大，同样是高成本、大制作的电影，其票房收入可能差距很大。一部小成本的电影能够获得超过10亿元的票房奇迹，而投资上亿的大制作电影也可能票房惨淡。首先，由于版权与其他知识产权门类一样，其财产性价值具有可变性，难以评估，随着时间的流逝，其交换价值既可能升高也可能降低，具有不确定性。同样的一部电影可能在上映的档期由于有较高的关注度，版权价值较高，其后价值慢慢降低。其次，版权的人身权利与其经济性权利密不可分，如果个人或法人的声誉受损，或者是法人的经营效益不好，都会影响版权的财产价值的变化。再次，版权的权利主体经常非常复杂，还以电影为例，部分电影的原始作品的摄制权、发行权、放映权、广播权等分属不同的主体，同时又存在权利范围交叉和重叠的情况，如果其中某一权利主体以某种权利为出质对象向金融机构申请贷款，复杂的权属关系经常让银行望而却步。

作为质押标的物的版权价值评估高低，直接关系到可融资的债权授信额度、风险的合理分配与承担。高估版权的经济价值，会导致质押标的物虚假膨胀，出质人会因此获得超出合理范围的贷款数额，转嫁了投资风险，侵害了债权人的合法权益；低估版权的经济价值，则减少版权人或出质人的融资数额，因此制约了文化创意产业的发展。

二是融资质押的登记不完善。由于版权不同于商标权和专利权，版权的取得因创作完成自然获得，无须进行版权登记，而且版权登记仅仅获得初步的权利证据，并非不可推翻。普通的动产实物以转移占有作为质押生效和质权公示的方式，权利质押只能向不动产抵押登记那样采取强制登记模式❶，这与版权自然获得相矛盾。《物权法》第一百二十七条规定，"知识产权中的财产权出质后，出质人不得转让或者许可他人使用，但经出质人与质权人协商同意的除外。出质人转让或者许可他人使用出质的知识产权中的财产权所得的价款，应当向质权人提前清偿债务或者提存"。仅仅规定了对于出质的版权不得转让和许可他人使用，对其权利性质并不明晰，质权的效力究竟如何？是否能够对抗第三人？如果权利人违反了质押合同的约定将出质的版权转让给第三人是否有效？由于版权不同于商标专有权和专利权以登记为生效要件，权利的流转也不以登记为生效条件，所以，版权的质权很容易被虚化，导致质权人的利益被悬隔，这是利用版权融资的最大障碍。

国家版权局2010年颁行的《著作权质押登记办法》规定，由国家版权局负责版权质权登记工作，出质人和质权人双方应当订立书面的质权合同，共同向登记机关办理著作权质权登记，版权质权的设立、变更、转让和消灭，自记载于《著作权质权登记簿》时发生效力。由于该办法属于部门规章，位阶较低，仅仅属于程序的规章，并不能根本改善登记困局。

三是版权价值变现难。版权质押不像实物抵押和质押那样被金融机构认可，很重要的原因之一是实物有比较公开活跃的交易市场，一旦债务人的

---

❶ 国家版权局制定的《著作权质押登记办法》规定，国家版权局负责著作权质登记工作，著作权的质权的设立、变更、转让和消灭，自记载于《著作权质权登记簿》时发生效力。

还款违约，债权人可将担保物拍卖变现以弥补损失，但版权价值的变现却十分困难：这一方面是由于版权价值的实现除了受作品内容和质量等因素影响外，受经营主体的影响也很大，即一旦经营主体发生变化，版权价值很可能出现大幅贬值；另一方面是版权交易市场不够透明和活跃，一旦出质人的还款出现问题，质押给银行的版权很难在公开市场进行交易变成现金，而自己经营版权又缺乏专业的能力。这就给版权质押带来了很大的不稳定因素，导致金融机构在版权质押贷款上不得不慎之又慎。

目前，版权质押贷款案例多集中在影视版权领域（表7-1）。2006年，华谊兄弟影业公司以电影版权质押方式获得招商银行5000万元贷款，投拍电影《集结号》。除此，还有王中军、王中磊兄弟和阿里巴巴集团董事局主席马云以个人名义担保以及电影票房收入进专设账户监管，作为担保等一系列条件。这是我国影视行业首例真正的版权质押贷款。为了控制风险，招行提出了非常苛刻的要求：第一，华谊公司的自筹资金用完后招行的贷款才被允许支出；第二，每一笔贷款资金的使用及电影的拍摄进度都要受招行的严格监控。电影热映后，根据双方协定，票房收入的回款陆续打入招行的专项账户，并且偿还招行贷款。第一笔贷款从2006年8月开始发放，利率在央行的基准利率基础上上浮了10%。至2008年第一季度，整个项目结束时，华谊兄弟连本带利归还招行5500万元左右。

**表1　近年国内电影版权质押贷款融资情况**

| 电影企业 | 贷款银行 | 贷款额度（贷款时间） | 担保方式 | 贷款用途 |
|---|---|---|---|---|
| 华谊兄弟 | 深圳发展银行 | 5000万元（2004年） | 版权质押+中国出口信用保险公司担保+董事长王中军个人无限连带责任保证 | 《夜宴》 |
| | 招商银行 | 5000万元（2006年） | 版权质押、票房收益权质押+董事长王中军和执行总裁王中磊的个人无限连带责任保证+阿里巴巴董事局主席马云的个人名义担保 | 《集结号》 |
| | 工商银行北京分行 | 1.2亿元（2009年） | 版权质押+董事长王中军的个人无限连带责任保证 | 《风声》《追影》《唐山大地震》《狄仁杰之通天帝国》 |

续表

| 电影企业 | 贷款银行 | 贷款额度（贷款时间） | 担保方式 | 贷款用途 |
|---|---|---|---|---|
| 保利博纳 | 工商银行北京分行 | 5500万元（2009年） | 版权质押+总裁于冬的个人无限连带责任保证 | 《十月围城》《大兵小将》《一路有你》 |
| | 北京银行 | 1亿元（2010年） | 版权质押+总裁于冬的个人无限连带责任保证 | 《龙门飞甲》《抓猴》《美丽人生》《大话射雕英雄》 |
| | | 5亿元意向性综合授信（2012年） | 版权质押+总裁于冬的个人无限连带责任保证 | 3D《林海雪原》3D《白发魔女传》等十部电影 |
| 北京世纪佳映 | 北京银行 | 1000万元（2008年） | 版权质押+总经理肖凯的个人无限连带责任保证 | 《画皮》 |
| 光线传媒 | | 2亿元意向性综合授信（2009年） | 版权质押+总裁王长田的个人无限连带责任保证+北京首创投保有限责任公司部分担保 | 未来三年40部电影的制作和发行 |

随后，北京银行、交通银行、工商银行等都开始主动寻求与影视行业合作的机会，主要以版权质押的方式进行贷款，版权质押成为影视行业融资的重要方式。2007年10月，北京天星际影视文化传播公司将电视连续剧《宝莲灯前传》的版权质押给交通银行，获贷款600万元。2008年5月14日，北京银行与华谊兄弟签署战略合作协议，以版权质押方式向华谊兄弟提供1亿元打包贷款，用于多个电视剧项目，开创了"版权质押"打包的先河。中国农业银行和华谊兄弟签下了2009年度4部电影的贷款。2008年8月，北京银行和光线传媒合作，贷款上限为1亿元，2009年授信额度调至2亿元。2009年中国工商银行为华谊兄弟提供1.2亿元两年期贷款。2009年6月中旬，保利博纳影业获得了工商银行的贷款支持，首批项目贷款5500万元，用于三部影片《十月围城》《大兵小将》《一路有你》的制作发行费用。

版权的质押融资还主要局限在科技软件行业和具有品牌影响力的影视企

业，这样的质押贷款对于金融机构而言，风险相对较小。而对于其他的版权类型由于缺乏具有公信力的版权评估，仅仅依靠版权质押而从金融机构获得贷款的机会微乎其微。这是目前我国版权融资面临的最主要的困难。

　　破解这一难题的关键在于如何化解版权自身特点所带来的交易风险，使得企业的融资风险得到合理的分散。否则，金融机构将更加审慎地对待文化科技企业提供的版权出质，不敢或不愿意发放贷款；企业的经营者将不得不以自己的个人财产或个人信用为企业的版权质押融资增信，这将使经营者个人承受风险。在这一境况下，可以考虑由第三方提供融资的信用担保服务。

　　第三方信用担保既可以由现有的保险公司担任，也可以由专业的信用担保公司提供。保险公司和信用担保公司有必要创设专门化的服务产品，设立专业化的服务机构，对于版权的销售、风险处置、产品的再开发方面积累资源，创新渠道。第三方信用担保机构可以在版权产品的项目开发之前就参与其中，进行第三方专业的评估和调研，对产品的价值做出评估，对于后期融资的使用也可以作为第三方承担监理的责任，这样可以大大减少银行贷款的风险，使得版权质押融资得以有效运转。

## 【延伸阅读】

### 好莱坞电影业的拼盘融资模式 ❶

　　拼盘融资模式（Slate Financing Arrangements）是好莱坞电影业一种很重要的投融资模式，通常用于解决电影制作中的资金缺口。1975年，美国电影平均制作成本为500万美元，到1987年，这一数字达到了2000万美元，到2007年，大制片厂平均制作成本已攀升至7080万美元，营销成本也达3590万美元，总成本已超过1亿美元。如此大的投资规模，即便是好莱坞大制片厂每年的自有资金也很难实现规模化生产。同时基于电影行业的不确定性，电影制作公司制作一部电影通常会面临较大风险，单部电影或许会成功卖座进而获得巨额收益，但也有可能失败亏损。即使他们的母公司实力雄厚，

---

❶ 本文参考：张辉锋，郑雪婧. 好莱坞电影业拼盘融资模式及其借鉴意义[J]. 现代传播（中国传媒大学学报），2017，39（06）：132-135，141.

也不愿意投入太多资金在风险巨大的电影制作上，而且作为上市公司，他们不希望自己的公司报表上有太多的债务记录，于是引入外部投资者就成为好莱坞大制片厂的必然选择。

在1990年到2000年，美国的票房增长了52%，外国市场也经历了爆发式的增长，而且随着技术的发展，好莱坞电影的收入来源已很广泛，具备可观的投资回报率。一种以概率和统计理论为基础的分析方法，"蒙特－卡洛模拟法"开始被投资机构信奉并广泛采用，他们发现在股票市场中适用的投资组合理论也可以用于电影业。当投资的电影项目达到20~25部时，投资收益的波动性则比较小。于是，华尔街资本对好莱坞电影的"拼盘投资"项目应运而生了。

通常，一般电影拼盘融资项目会涉及10~30部电影，而投资额度在10%到50%之间。有两种方式融资方式，一种是由银行或投资公司建立起电影基金向投资者募资，另一种是制片公司之间的联合融资的形式建立电影基金，然后这笔基金被用于投入某个特定制片机构在一定时间范围内的一定数量的电影项目。

根据投资者最终承担的风险不同，可以将拼盘融资方式分为三种，即优先债务融资、股权融资与夹层融资。优先债融资主要指向银行或其他信贷机构融资，需优先偿还，故较另两种形式投资者风险更小；股权融资投资者的收益有可能是三种形式中最高的，但承担的风险也更大，例如退出困难等；而夹层融资简单讲即以介于优先债务与股权融资之间的形式融资——所以叫"夹层"，从形式上讲，它既不是优先债务融资，也不是股权融资，但因介于二者之间所以兼具二者的部分特点，由此具有独特的优势。

在拼盘融资模式中，拼盘电影的制片机构即融资方是电影"拼盘"所设立的基金的管理方，设立拼盘基金的银行或投资公司是基金的托管方，基金份额持有人则为外部投资者。在电影制作阶段，基金管理方与托管方共同向电影"拼盘"注资，共同承担制作成本。当电影制作完成并放映等获得收益后，基金管理方与托管方会从收益中拿出部分来补偿自己之前承担的成本，然后再扣除电影的其他支出（如明星的酬劳等），最终得到拼盘利润。拼盘利润一般由基金管理方、托管方与份额持有人分成，由此基金份额持有人作为投资人就获利了。

## 电影《集结号》版权质押融资 ❶

2007年,华谊兄弟传媒股份有限公司(以下简称"华谊兄弟")以电影《集结号》的版权作为抵押,获得招商银行5000万元贷款,是我国首例无第三方担保机构进行担保、仅通过版权质押获得银行资金贷款的电影。

华谊兄弟和上海电影集团公司等联合出品了剧情电影《集结号》,在拍摄制作电影《集结号》之前总预算为1亿元人民币,其中自有资金为5000万元,缺口资金为5000万元。

《集结号》制作完成在电影院上映之后获得了2.5亿元的总票房,按照华谊兄弟与招行双方的约定,此笔贷款一共使用了长达两年的时间,偿还利息约为500万元。这意味着华谊兄弟仅仅使用500万元的利息就可以免费使用招商银行5000万元贷款资金长达两年时间,并最后促成了一部经典影视作品的诞生。

为了获得招行的这笔贷款,华谊兄弟同意出让财务控制权,即《集结号》在片场的一切支出都要经过招行相关共走人员的过目及同意;华谊兄弟同意出让演员核定权,即出演《集结号》的演员要向招行相关工作人员报备,临时更换演员必须要获得招行相关工作人员同意;华谊兄弟在招行设立专门的银行账号,以便招行相关工作人员监管相关资金流;另外还加上了华谊兄弟公司创始人王氏兄弟名下的房产等固定资产作抵押,以及阿里巴巴董事长马云的个人名义作担保,还有电影《集结号》最终票房收入要进入招行的专项账户,优先用于偿还招行的贷款等条件作为担保。通过采取以上种种风险防范措施,最终华谊兄弟顺利获得了招行5000万元的贷款融资,约定贷款利率是在央行基准利率上上浮10%。

---

❶ 李钊阳. 基于银行信贷的电影版权质押融资模式研究——以《集结号》为例 [EB/OL]. [2019–10–23]. https://www.docin.com/p-2269444098.html

## 第二节　版权出资与版权评估

以版权资产作为公司的出资，是发挥版权经济效用的重要方式，也是激活版权资产的价值、化解文化企业融资困难的有效方式。而版权评估则是版权出资和版权贸易过程中必须要面对的问题，其本身尚不能算是版权运营的方式之一，只是具体的版权运营方式的前奏而已。

### 一、版权出资

版权出资，是指版权人将自己拥有的可以依法转让的版权（包括相关权）作价，投入到目标公司以获得股东资格的出资方式。

现行的《中华人民共和国公司法》（以下简称《公司法》）第二十七条规定，"股东可以用货币出资，也可以用实物、知识产权、土地使用权等可以用货币估价并可以依法转让的非货币财产作价出资。但是，法律、行政法规规定不得作为出资的财产除外"。

股东以版权作为出资向公司入股，股东必须是该版权的合法拥有者，并经过法律程序的确认。股东以版权作价出资，必须对版权进行评估作价，不得高估或者低估作价，并应在公司办理登记注册之前办妥其转让手续。

利用版权资产出资设立公司，是版权价值实现重要方式。2006年以前的《公司法》只准许使用货币、实物、工业产权、非专利技术、土地使用权作价出资。工业产权是指商标专有权和专利权，并不包括版权。这主要也是考虑版权出资有许多的障碍，估价不易，转让的公示方式不明，可能损害企业的债权人利益；现行的《公司法》对此有了较大的突破，将版权也包含进来，而且也取消对于知识产权入股占比的限制，也就是说，版权出资最多可以占到100%的股份。这既是对版权价值的确认，也可以缓解文化、科技类公司融资的困难。版权人可以利用自己享有的版权，设立公司或者与他人合资设立公司，对版权资产进行有效运营。

版权出资的主体必须是能够对版权资产进行实质性处分的版权人或邻

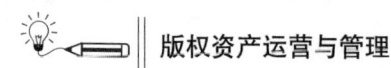

接权人，前者包括作者和其他依法视为作者的公民、法人或其他组织，这类主体享有完整的版权；后者包括出版人、表演者、录音录像制作者、广播电台、电视台等，这类主体是传播者，依据《著作权法》享有相应的财产权利。因合同取得他人转让的著作财产权可以作为出资，而取得他人作品的许可使用权的，是否能够作为出资，视合同约定而确定。依据《公司法》的规定，作为出资的版权或邻接权必须是权属清晰且没有争议的，已经设定质押的版权不得用于出资。具体出资的方式主要是转让和许可使用两种：转让是直接将作品的版权转让给公司，既可以是完整的权利，也可以某一项权利内容，例如发行权、信息网络传播权等，只要做好版权的价值评估，按照股东间协议执行，并将相关内容记录在公司章程中即可；而股东以其获得的作品许可使用权入股的，必须依照原有《版权许可使用合同》的约定，获得的许可证可以转让给其他人的，方可用于出资。

《公司法》第 29 条规定，股东缴纳出资之后，必须经过依法设立的验资机构验资并开具证明。对于以版权这样的无形资产出资的，必须依法进行评估，对于出资的版权的价值由依法成立的评估机构出具评估报告后，将相关的版权资产转移给公司，最后由验资机构验资，方完成出资义务。

## 二、版权评估

在进行版权资产运营过程中，由于版权本身的复杂性，其评估难度远远高出其他的财产和权利。版权的价值实际上是依赖其可以依附的全部物化形式，任何单一的形态均不足以体现其市场价值。版权评估作为现实版权交易和版权利用的重要环节，目前我国对版权评估的研究还远远不够，版权评估事业还处于起步阶段，不能满足文化产业运营版权的需求。"著作权资产作为无形资产的一种，包含的具体权利种类复杂，而且随着社会科技水平的发展，其作品及权利种类也在不断增加和变化，对著作权价值的评估一直是资产评估的难点，这也制约了以不同方式利用版权资产、实现其最大化价值的进程。"❶

2006 年 4 月财政部、国家知识产权局联合发布的《关于加强知识产权

---

❶《资产评估助力文化产业高成长》，参见 http：//www.cas.org.cn/xwdt/zhxx/40960.htm。

资产评估管理工作若干问题的通知》规定,知识产权占有单位符合下列情形之一的,应当进行资产评估:

根据当时施行的 2005 年《公司法》第二十七条规定,以知识产权资产作价出资成立有限责任公司或股份有限公司的;以知识产权质押,市场没有参照价格,质权人要求评估的;行政单位拍卖、转让、置换知识产权的;国有事业单位改制、合并、分立、清算、投资、转让、置换、拍卖涉及知识产权的;国有企业改制、上市、合并、分立、清算、投资、转让、置换、拍卖、偿还债务涉及知识产权的;国有企业收购或通过置换取得非国有单位的知识产权,或接受非国有单位以知识产权出资的;国有企业以知识产权许可外国公司、企业、其他经济组织或个人使用,市场没有参照价格的;确定涉及知识产权诉讼价值,人民法院、仲裁机关或当事人要求评估的;法律、行政法规规定的其他需要进行资产评估的事项。

非国有单位发生合并、分立、清算、投资、转让、置换、偿还债务等经济行为涉及知识产权的,可以参照国有企业进行资产评估。

可见,版权评估涉及版权企业的方方面面,在企业的经营过程中,必须经过评估确定版权资产的实际价值。

影响版权评估价值的法律、环境因素主要有以下方面:

(1)作品的类型。作品的类型不同往往意味着作品的生命力,不同类型的作品其版权价值的评估结果也有所不同。例如,软件作品的法律保护期为 50 年,但其市场价值的周期不过是 3~5 年,超出这个期限,其评估价值接近于零。再如,原创作品和演绎作品的价值有所不同,前者的权利是完整的,而后者只有禁止权而不能许可他人使用作品,其价值当然不能同日而语。不同的作品类型对应不同的市场和使用方式,影响着作品最终的版权评估价值。

(2)权利的内容。版权是一束包含着各项内容的权利聚合体,我国《著作权法》第十条规定的版权内容包括人身权和财产权共达 17 项之多,而每一项版权财产权内容是可以分开转让和许可他人使用的,其评估价值因权利的内容不同而有所不同。

(3)版权的收益方式。著作财产权的收益方式主要有两种:一种是直接收益型,是通过销售其作品的原件或复制件而直接获得收益,例如图书出版就是通过销售作品的副本而获得收益的;另一种是间接收益型,是通过其受益人使用其作品的方式体现其收益的,例如,产品设计图本身受到《著作权法》的保护,但其价值是凝结在最终的产品中。版权的两种不同的收益方式,其价值评估方式有所不同,直接受益型版权一般采用市场上或法律规定的一定比例的版税或提成费的评估标准,而间接收益型的版权其价值就需要考量更多的因素。

(4)版权登记状况。版权属于自动取得,登记与否并不影响其法律属性。但是登记可以作为版权归属的初步证据,有利于节省权利人在维权和对抗诉讼中的成本,间接地提高了版权的价值。

(5)作品保护的司法环境和版权使用的社会环境。由于作品受到保护的基本条件是独创性和可复制性,对于某一类型的作品司法保护的强度并不相同,这是版权评估需要考虑的现实因素。版权产业的发展与区域的经济发展密切相关,根据国际经验,当人均 GDP 接近或超过 5000 美元时,文化消费会呈现井喷态势,而消费的增加会带动对文化产品的需求,加速版权资产价值的实现并增加收益。因此,版权资产交易如果发生在经济发达地区,其价值会高于经济落后地区。评估时还需要关注版权交易的市场活跃程度,在交易活跃的市场中,版权的市场价值就容易实现,例如一些畅销出版物、音像制品等,很容易发生市场交易。

(6)作者的知名度和作品的艺术水平。有些版权资产的价值与创作者的知名度有很大的关系,如文字、摄影、动漫、电影等作品,创作者的知名度越高,其作品更受欢迎,市场对其的需求就更大,未来取得收益多,价值也就更高。而作品的艺术水平,决定着作品的艺术寿命,作品的艺术寿命与作品的价值息息相关。

(7)版权资产的运营模式。不同的版权运营模式对于版权资产价值的实现具有较大的影响。由于作品的版权涉及的财产权利类型众多,每一种又都可以衍生出更多类型的作品形态,且这些衍生作品财产权利都是以原始作品的著作权利为基础,从价值上,原始作品与衍生作品相互影响,互为基础。需要全面地考虑版权资产的价值。

目前主要的版权评估方法有三种:收益法、市场法、成本法。❶

---

❶ 王家新,刘萍.文化企业资产评估研究[M].北京:中国财政经济出版社,2013:57.

1. 收益法

收益法是通过估测被评估资产未来预期收益的现值，来判断资产价值的各种评估方法的总称。收益法是以现值考虑版权未来的期望收入，是目前运用最广泛的评价方法。收益法评估基于这样一个原理，一项财产的价值等于它在未来带给其所有者的经济利益现值，是从收益的能力的角度来看待一项资产，因此它只适用于直接产生收益的资产即经营性资产，版权属于生产要素或称经营性资产，比较适合使用收益法进行评估。收益法必须要考虑的参数包括以下3点：①由版权所衍生的未来收入，必须从公认的收入中将无关收入剔除；②可获得收入的持续时间，即版权能够为权利人带来收入的时间；③实现此收入所伴随的风险。利用上述三个参数即可以把版权的价值计算出来，然后再以现金流量折现法换算为现值。

2. 市场法

市场法是利用市场上同样或类似资产的近期交易价格，经过比较或类比分析以估测资产价值的各种评估技术方法的总称。市场法只有存在与被评估资产相类似的资产交易市场时才适用。其基本假设：一个精明的投资者或买主，不会用高于市场上可以买到相同或相似资产的价格去购买一项资产。这是评估替代原则的具体应用。市场法具体层面分为直接法和类比法，前者是直接在市场上找到可以与被评估资产完全相同的已成交资产，可以其交易价格作为被评估资产是现行市场价格，但由于作品必须具备独创性，不可能出现完全相同的版权作品可供比对，所以直接法不可能用于版权评估，但不排除可以找到各方面条件相似的可以进行比较的版权，例如一部作品的作者已有若干作品上市，待评估的作品版权与已上市作品版权在交易价格方面有可比较之处；类比法是指公开市场上可以找到与被评估资产相类似的交易实例，以其成交价格做必要的差异调整，确定被评估资产的现行市场价格。市场法的条件是必须宏观了解产业现状，再以横向、水平方式寻找相同或相近领域（也就是所谓的"行情"）最近交易市价为参考价值的基础，再予以评价。版权的授权类交易，可以利用市场调查，选择一个或数个性质相同、类似，具有相似的获利能力的版权作品，将其与尚待评估的版权加以比较，以其成交价格与交易条件来进行比对，市场法的逻辑起点是：最近有类似买卖事例时，一般的卖家不会以低于类似买卖事例的价钱要价。

3. 成本法

成本法是指首先估测被评估资产的重置成本，然后估测评估资产存在的各种贬值因素，并将其从重置成本中予以扣除从而得到被评估资产价值的各种评估方法的总称。其基本假设是，"知识产权的开发成本或购置成本不得低于其所贡献的经济价值"。成本法的评估依据不同分为两种：一是复原重置成本法，又称历史成本法，以被评估的资产历史的、实际的开发条件作为依据，在以现行市价进行折算，求得评估值；另一种是更新重置成本法，以新的开发条件为依据，假设重新开发或购买同一资产，以现行市价计算，求得评估值。一般是选择重置成本法进行评估。成本法在估价时不考虑市场状况或其他因素，只需就其投入的成本进行估算，属于评估法中比较简单的方法。一般只适用于评估企业中不产生收益的那些设备和不动产，并不能准确反映版权的价值。成本法评估版权的价值，只强调创造版权资产本身所投入的成本价值，而不是衡量其资产在未来所产生的收益。

上述三种评估方式，无疑适用收益法，最能体现版权的价值，在进行版权的贸易、质押融资、版权出资时，适用收益法进行价值评估比较合理；而在版权的许可使用收取使用费的场合，也可以使用市场法对许可费率作出评估；成本法不能反映版权的实际价值，但是在缺乏有效的版权评估的情况下，企业记账常常采用成本法计算版权的价值。

## 第三节　版权贸易

版权贸易是基于对版权作品的使用而产生贸易的行为，它是由版权人将其对作品拥有的部分或全部经济权利（客体）通过许可、转让等方式授权给使用者而产生的，本质上都属于许可证贸易范畴。

习惯上，业界一般将国际版权许可和转让行为称为"版权贸易"，而国内基于版权的许可使用和版权的转让一般简单地称为"版权交易"。但笔者认为国内主体之间与国内外主体之间的基于作品的经济性权利所做的交易，并无不同，以"版权贸易"定义这样的交易行为更为准确，尤其是将版权作为一种资产的情况下，版权的贸易与企业的其他资产的贸易也无本质上的不同，只不过是将实物财产的所有权换成无形财产中的版权而已。

版权贸易是版权企业优化资产结构、实现版权价值的重要途径，精明的版权经营者可以在版权价值未明时，买入作品版权，等到作品的版权价值处于高位时，既可以自行使用作品，获取收益，也可以许可他人使用作品，收取许可费，还可以将版权转让给其他人，获取高额的收益。在 2017 年 3 月举办的伦敦书展，有许多影视媒体公司出席，"他们如扫荡般拿下了绝大多数图书的影视改编权和有声书改编权。"❶ 这就是企业通过版权贸易引入优质资产的鲜活例子。

从性质上看，有版权转让和版权许可；从地域上看，有国内版权贸易和国际版权贸易；从形式上看，有直接版权贸易和间接版权贸易等。

版权资产企业可以根据自己拥有的作品版权的内容，究竟是版权还是邻接权？是完整的权利还是部分的权利？是某一时间段、某一地域（法域）的权利持有人还是完整的权利所有人？不同的情形下版权的内容各有不同，进行版权贸易的方式就会有所不同。在版权贸易过程中，无论是买入还是卖出，首先必须确定权利的所有人，有时候，一项权利内容例如某一小说的电影摄制权，可能早已经过多轮的转让，远离原作的作者控制，如果对这一版权进行市场交易，就应该考察权利流转的所有环节，明确当下的权利人及权利内容，才可以进行版权贸易。

## 一、版权许可他人使用，收取使用费

版权的许可使用，是指作者或者其他的版权人采取合同的方式授权他人以一定的方式使用其作品财产权并获得报酬的贸易方式。版权的许可使用使得版权人获得了经济利益，作品实现了社会价值，也满足了他人对作品的不同需求。

---

❶ 刘亚. 2017 伦敦书展版权贸易迎来新风口 [N]. 中国传媒商报，2017-03-17.

对于作品的有偿许可使用，是最为常见的版权贸易形式，需要签订许可合同。一般是由作品的作者和其他的权利继受主体作为许可方，与作品的使用者就一定的期间内，以一定的方式使用作品的全部或部分财产权并支付报酬进行约定。按照该约定，使用者获得作品的使用权，有义务在特定时间内以约定的方式使用作品，超出约定的时间和方式使用作品，既是一种违约行为，也是一种侵权行为。例如某畅销书的作者，许可某网站在某期间将作品放到网络上供读者阅读或下载，这属于版权人将作品的信息网络传播权许可给网站行使，如果网站将该作品编辑成线下图书出版，就侵犯了作者的复制和发行权。版权人可以依据许可合同的约定收取报酬，作为版权贸易的对价。

版权许可使用的方式，依据我国现行《著作权法》第二十四条规定，一般要订立合同，即许可方与被许可方订立《著作权许可使用合同》，这样的好处是双方的权利与义务约定得比较清楚，便于履行。对于涉及专有使用权许可时，应当采取书面的方式。

从版权资产的运营角度，如何订立许可使用合同非常重要，一定要明确作品版权的内容，究竟是一项权利还是多项权利，其权利的行使范围到底是某一地区或者法域的，还是全球的，或者是某一语言区的？权利到底是一般性还是独占性的权利？独占性使用权在《著作权法》上称为"专有使用权"，非独占性权利为"非专有使用权"。一般说来，独占性的权利应该比一般性的权利价值更高，例如，一张摄影作品许可某广告公司印制一个平面广告，以独占性的方式许可，则意味着权利人本人不能再将该作品的同一方式的使用权许可其他人行使；反之，则可以反复许可不同的主体使用。《著作权法实施条例》第二十四条规定："著作权法第二十四条规定的专有使用权的内容由合同约定，合同没有约定或者约定不明的，视为被许可人有权排除包括著作权人在内的任何人以同样的方式使用作品。"也就是说，如果许可合同相关条款订得不清楚，法律是按照有利于被许可人加以推定。

版权许可的期限是版权价值的重要指征，可以约定特定的期限，如1年、2年或5年、10年等，一旦到期非经续订合同许可权自然终止；如果没有约定许可期限则为不定期合同，许可人可以随时终止授权。不同许可期限对应着不同的版权价值和不同的交易模式。有的时候，版权买入方不知所购买的版权的市场价值，可能只愿意获得短期许可证以节约成本，而版权方可能相反，希望颁发长期许可证，以更快地获取利益。这两种取向在作品受到市场追捧后，情形可能完全倒过来。这种"盲婚哑嫁"的交易方式，很有可能对双方均不公平，可以设定特别的条款，使得双方的利益得到平衡。例如，有些电影或动漫作品在许可视频类网站播出时，可以先定一个比较低的入门许可费用，然后从作品被点播的频次中收取第二次费用，如同收取版税那样，这样双方的风险都可以得到有效降低。而不定期的许可合同除了双方约定不明外，多数出现间接交易的场合，也就是版权人将作品许可给某个中间商，由中间商在许可给终端客户使用，双方在许可费中进行分成，这时候采用不定期合同对版权人相对有利，可以随时终止合作。

版权许可合同需要约定获得许可证的被许可人是否有权对外办法分许可证。分许可，也叫从属许可，是指版权的被许可人取得作品的许可使用权后，对其所获得的许可使用权是否有权以颁发许可证的方式许可第三人使用。依据《著作权法实施条例》第二十四条规定"除合同另有约定外，被许可人许可第三人行使同一权利，必须取得著作权人的许可。"因为对于作品的许可使用，通常会产生新的演绎性的作品，而对演绎作品的使用还需要得到原作品的版权人的许可，因为这可能会影响原作的经济价值，所以对于版权的被许可人颁发分许可证需要在版权许可合同中加以明确的约定。但是有时候，被许可人之所以花钱购买许可证就是为了对外许可其他人使用，颁发分许可证是其营利的商业模式，例如对于电影作品的发行方而言，获得作品的发行权之后，主要就是将电影向各大院线和影视网站、电视媒体发售分许可证；一些专业的影像企业，也是从原始的作者那里获得作品的许可权，再向终端用户售卖分许可证，借以获利。

关于订立许可合同的方式问题，《著作权法》只要求版权许可应当订立合同，没有明确要求订立书面合同❶，这是为了交易的方便和快捷。可以采取多种方式签订许可合同，既可以协商缔约方式，经过双方多次的要约、承诺过程，缔结合同；也可以用格式合同的方式，例如购买音像制品，在包装

---

❶ 《中华人民共和国著作权法实施条例》规定，许可权利是专有使用权的，应当采用书面形式，但是报社、期刊社刊登作品除外。合同约定不明时，视为专有性权利。（23～24条）

盒上会有音像播放的场所提示（有时在播放时也会在开头部分提示），这就是属于格式合同，用户购买即需要接受合同的条款，属于"要么接受要么走开"的缔约模式；还可以是单方许可证的方式，例如被许可方向版权人支付一定的费用之后，由版权人向买方出具权利许可证，例如用户购买微软的系统软件时，通常会得到一个正版标识。

## 二、版权的转让，获取转让价金

版权转让就是平常所说的"卖绝版权"的情形，是指版权人将版权的经济性权利转让给他人，自己则因此失去了相应的权利。除了德国坚持著作权的人身属性，不同意作者将权利转让给他人，其他大陆法国家基本都有限度准许作者将版权内容中经济性权利全部或部分转让给他人，而不允许将版权中的人身性权利转让给其他人；而英美法系的版权法视版权为无形的财产权，当然许可转让；我国现行的《著作权法》也准许权利人将经济性权利转让给其他人。

版权转让应该签订书面的转让合同。如果没有订立书面合同的，容易在以后合同实际履行中产生纠纷，在实践中，法院一般会依据《合同法》三十六条和三十七条❶的规定审查适合是否成立。但是为了避免麻烦，版权企业以受让的方式获取版权时，必须要求采取书面合同的方式。

版权转让，必须将使用、收益、处分等权能一并转让，版权转让之后，原始的版权人就失去了对于版权经济性权利的控制权，而受让人则获得了相关的权利，成为版权的持有人。版权持有人可以像经营自己的其他财产一样，利用版权作品创作新的作品，许可他人有偿使用作品等，获取版权的收益。进行版权转让的过程中，需要明确下列的问题：

1. 版权转让的期限

由于完全的版权原本是掌握在作者或其他的权利人手中，依据版权法所

---

❶ 第三十六条规定"法律、行政法规规定或者当事人约定采用书面形式订立合同，当事人未采用书面形式但一方已经履行主要义务，对方接受的，该合同成立"。第三十七条规定，"采用合同书形式订立合同，在签字或者盖章之前，当事人一方已经履行主要义务，对方接受的，该合同成立"。

给予保护期享有版权的经济性的权利，原则上可以约定版权转让的期限，转让期限一旦届满，所有的权利自动回归原始作者或其他权利人。而版权受让方经营受让的版权时也必须遵守这一期限，因为到期后，版权将回归原始版权人，超期使用，将构成侵权。未明确约定转让期限的，可以视同版权转让的期限为版权有效期的剩余时间。

2. 版权转让的内容

根据现行的《著作权法》，版权经济性权利有十三种之多，如果按照作品的使用和传播的方式区分权利内容将更多，例如一部小说的信息网络传播权就可以划分为：电脑客户端、手机客户端、平板电脑、图书阅读器等传播方式，所以在版权转让合同中必须明确约定转让的具体版权类型，可以依据作品的使用方式加以定义。

3. 版权转让的区域

版权是依据法律获得的，在各个不同的法域，依据共同参加国际公约对来自其他法域的作品给予保护。在这样的情况下，各国依据其国内法保护外国作品，可能会产生保护的方式和权利的类型有所不同。故此对于版权的转让需要有明确的法域约定，例如，将在某国的全部或部分权利转让给受让人、将某一语种的翻译权转让给某人。当然也可以概括性地将全球范围内全部或部分的权利转让给受让人。一般说来，受让人获得全部的版权受让，有利于制定综合性的版权运营战略，进行"全版权"的运营规划。

4. 作者人身权的处理

版权人身权包括署名权、修改权、保护作品完整权和发表权四种，属于版权贸易不可交易的权利，这些权利将会永远保留原始版权人手中。作者对作品的人身性权利对于版权受让人而言可能构成消极资产，成为版权运营时的定时炸弹。例如，使用作品时没有正确地为作者署名，作者就有权要求停止侵权，使得作品的发行和传播被终止。所以在进行版权转让的过程中，有必要对人身权利进行特别的约定，对于署名的方式、受让人是否有权对作品进行修改、对作品修改的幅度是否受到限制、作品的发表方式和时间等，在合同中清楚地约定，既有利于合同履行，也可以避免日后被控侵权的麻烦。

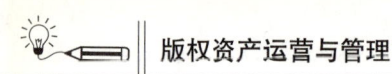

版权许可和版权转让并没有根本性的区别,均属于获得原始版权人的权利许可,只是被许可人的权限有所不同,版权许可仅仅可以在授权的具体范围内使用作品,后期进行版权运营限制比较多;而版权转让,则受让人的权限最大,后期进行版权运营的限制比较小。对于优质的版权作品,企业应该立足于自身的实际,尽可能以版权转让的方式获得相关作品的权利,以利于后期的版权运营。

### 三、版权贸易中的代理

版权贸易中的代理,是传统的民法代理制度中一种方式,在版权贸易中是连接版权人与作品使用人之间的桥梁,对于促进版权贸易的作用重大。

#### 1. 版权代理

主要是指由代理人或代理公司经版权人授权后行使版权人的部分财产权利,包括推荐作品、组织洽谈、签订合同、收取样书和版税,采取法律措施维护版权人的权利等。代理人与被代理人签订版权代理协议,通过向版权人收取佣金(或称代理费)作为自己的服务收入。

人们通常认为世界上最早的版权代理机构产生于法国。1777年,法国建立了剧作家与作曲家协会,代理作家从事版权事务。这是世界上历史最为悠久的版权代理机构。目前西方国家版权代理的范围已经相当广泛,涉及不同载体(如图书、电影、电视、电子媒介、移动媒体等)的各类作品的各种类型的使用方式。英国有200多家版权代理机构,而美国是世界上版权代理机构最多的国家,有700多家版权代理机构。

1988年,我国成立了第一家版权代理机构即中华版权代理总公司(CAC),截至2002年年底,经国家版权局批准的版权代理机构仅有28家,其中23家图书版权代理公司不足百人,大多数公司仅两三个人。很多时候,出版机构充当了作品版权代理人角色,在作品对外输出、对内许可使用方面发挥联系和协调的作用。

版权代理在版权交易中的作用不可替代,代理人相当于权利人与使用者之间的居间人❶，通过代理人的牵线搭桥，版权作品通过转让和许可使用，实现了经济价值和文化价值。实践中，版权代理机构主要在几个方面发挥作用：①代理版权转让和许可；②提供版权咨询；③解决版权的侵权和违约纠纷；④代为收取版税和交易费用等❷。

版权代理机构可以利用自己的专业优势为单个作者提供代理服务，以避免作者因为不熟悉版权业务和不了解版权需求信息而付出巨大交易成本。由于许多版权作品的使用方式越来越多，权利的流传越来越复杂，权利的源头越来越模糊，对于任何一个想通过合法渠道获得使用许可证的市场主体而言，找到权利人非常困难，有时甚至是不可能完成的任务，这时通过版权代理机构可能会起到很好的效果。对于优秀的版权资源，版权代理人可以在版权人的委托下，向版权需求方推荐，节省了双方的搜寻成本；版权代理人还可以利用自己的专业能力，选择最有利于版权价值发挥的合作对象，例如，在《哈利·波特》热销之后，我国许多出版社纷纷要求引进该书中文版权，但《哈利·波特》的版权代理人克利斯托夫·利特先生并没有选择出价最高者，而是综合分析了各出版社的历史、图书出版情况后，最终与人民文学出版签订了版权合同。

在英美国家，版权代理人就相当于是作者的经纪人，作者愿意拿出10%左右的佣金使得自己安心创作，免除出版商的打扰和压榨。国内的版权代理还没有完全为版权人所接受，这与我们国情有关，但是也有通过版权代理而产生市场奇迹的例子，例如路金波创造的"亿元女生"郭妮的出版奇迹，是

---

❶ 但与居间人也颇有不同，版权代理人可以在代理权限内独立意思表示，而非完全受制于版权人。

❷ 例如，中华版权代理总公司的主要业务范围：(1)为著作权人查询和联系作品的使用者；(2)代著作权人与他人订立作品使用许可合同或著作权转让合同，并督促合同的履行；(3)代著作权人向使用者收取使用报酬；(4)为著作权人和使用者在国内外宣传推广有关作品；(5)向著作权人、使用者及社会公众提供有关的法律咨询服务；(6)接受著作权人或使用者的委托，承办有关作品使用许可和著作权转让的洽谈会；(7)接受著作权人的委托，协助或代表著作权人解决与他人之间的著作权纠纷，包括作为诉讼代理人参加诉讼；(8)向出版者、表演者、音像制作者、广播电台、电视台等享有与著作权有关的权利的个人或单位提供类似的代理性或非代理性服务。(见国家版权局版权管理司编《著作权法执行实务指南》，法律出版社2013年1月版）

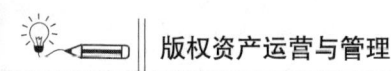

其中比较另类的部分。

国内的版权代理还主要存在于图书的对外版权贸易业务领域，其他的作品形式还非常少，而西方国家的版权贸易已经涵盖了多种的作品形式，很多的作品通过版权代理的方式得以传播，促进了文学和艺术市场的繁荣。

2. 版权的集体管理

版权贸易另外一种常见的方式是通过"著作权的集体管理组织"进行对外的版权许可，以获取许可费用。主要的方式是，"权利人可以与著作权集体管理组织以书面形式订立著作权集体管理合同，授权该组织对其依法享有的著作权或者与著作权有关的权利进行管理。"❶ 集体管理组织受全体权利人的委托，集中行使权利人的权利，可以以自己名义与作品的使用者签订版权（包括作品的邻接权）许可使用合同，并向使用者收取使用费，然后向权利人转付使用费；集体管理组织还有权以自己的名义对相关作品的版权或邻接权的侵权行为提起诉讼和仲裁。

版权的集体管理制度是在众多版权人或邻接权人无法行使自己的权利，或者行使自己的权利过于困难时，授权给集体管理组织，由集体管理组织监督作品的使用、对外发放使用许可证、收取使用费等。

版权的集体管理制度解决了一批持有大量的"小"版权（例如摄影作品、音乐作品、美术作品、小篇幅的文字作品等）权利人进行版权贸易和侵权的救济的困难，这些作品数量大，整体使用率高，但单个作品的版权交易价值相对较低，对于作品权利人和作品使用人而言，彼此间的搜寻成本都比较高，双方均以著作权集体管理组织作为中介，可以节约交易成本，实现双赢。同时，对于权利人而言，发现侵权和制止侵权无论从经济上还是从能力上均有所欠缺，而著作权集体组织可以利用自身的优势，解决这一问题。1992年，我国成立了第一个版权集体管理组织即中国音乐著作权协会，成为海量音乐的使用者和为数众多的音乐作品词曲作者之间的一个桥梁，使用者通过集体管理组织获得词曲作者的授权，而词曲作者通过集体管理组织获得应得的词曲著作权使用费，仅2014年，通过协会获取的许可使用费便达到1.37亿元。

---

❶《中华人民共和国著作权集体管理条例》第19条。

著作权集体管理组织，只能进行版权许可而不能从事版权转让。加入集体管理组织的权利人，需要与著作权集体管理组织签订《著作权集体管理合同》，依据该合同将某项著作的权利种类，以"信托"❶的方式"让渡"给集体管理组织，使得集体管理组织成为名义上的权利人，得以自己的名义许可他人使用作品，收取使用费。

从著作权集体管理组织获得作品使用授权，也是许多文化企业例如表演艺术、出版、广播电视等企业获得作品版权的重要方式。

## 【延伸阅读】

### 著作权集体管理组织

集体管理制度起源于法国，最初的目的是通过集体的力量改变著作权人的弱势地位。1777年，著名作家博马舍与其他20位作者创建一个机构即"戏剧立法局"，负责修订法兰西戏剧院的章程，以禁止一次性买断作品的行为。在戏剧立法局支持下，剧作家频繁地对法国政府进行游说，最终法国政府于1791年1月13日通过的法令终止了法兰西戏剧院的垄断，同时第一次承认戏剧作品作者享有在公共剧院表演其作品的独占性权利。此后，戏剧立法局在每个常设剧院派驻代表，监督剧院使用戏剧作品的情况，并且收取使用费，公开向全国的剧院宣布使用剧目的条件。1793年，戏剧立法局正式转变为收取版税的代理机构，成立之初就有70名作家授权该机构管理其作品的表演权，这就是最早的集体管理的雏形。1829年，戏剧立法局更名为"剧作者、作曲者协会"（SACD），如今是世界上著名的集体管理组织之一。随后不久，英国、德国、美国等国家相继出现表演权的集体管理组织。

随着现代科学技术的发展，特别是复制的手段和传播技术的不断更新，著作权集体管理组织所管理的作品范围，从最初的音乐作品领域逐步扩大到文字、戏剧等作品类型，代表着著作权人行使的权利也从传统的表演权、广

---

❶ 许多《著作权集体管理合同》中均以"信托"为其权利依据，但权利人与集体管理组织之间所形成的是否为信托法律关系，在学界还存在争议；因为版权人与集体管理组织之间没有版权转让的程序，未能形成一种"真实出售"的效果，所以信托是否成立，值得怀疑。

播权、复制权扩大到出租权以及信息网络传播权。迄今为止，全世界70多个国家和地区建立起集体管理组织。而且知识产权贸易一体化的进程，推动著作权集体管理的国际性组织也相继成立。例如，1926年成立的国际音乐著作权协会（CISAC）以及1929年成立的机械表演权协会（BIEM）均是由各国的著作权集体管理组织共同组建的机构，为各国签署双边条约以及为各国拟定标准的许可合同提供服务。

集体管理制度相较于普通的著作权许可模式有许多优势。在受保护作品被广泛使用的情况下，由作者进行单独授权即使不是毫无可能，也是极为困难的：作者不可能对全世界各地，在所有时间内，对作品进行的所有使用加以监控，另一方面使用者也不可能在一对一的基础上，去和无数作者和其他权利所有人进行世界范围内的谈判。采用著作权集体管理模式，可以把作者从烦琐的行使权利的事务中解脱出来，安心创作，由更为专业的集体管理组织去打理相关授权使用的事务，效率更高。同时，著作权的集体管理措施可以减少作品使用人的义务成本，使用人只要和某个集体管理组织签订一揽子许可协议之后，就可以获得诸多著作权人的大批作品使用权，而不需要逐个地获得众多权利人的许可。这对于广播组织、音像制作者、演出团体、出版社等专业传播机构而言，集体管理制度为它们节约了大量的交易成本。当然，由于集体管理组织管理大批作品，其报酬条件与计算方式是标准化的，不如一般那样精确，因此主要适用那些比较"小"的权利，如出租权、机械表演权、广播权等，"小权利"使用频率高、监控难，其管理和许可成本相对较高，适用于通过集体授权的方式行使权利；而"大"的权利原则上适用于单独进行许可，因为涉及作品被使用的频率很低并且其表演也很容易监控。

我国的《著作权法》第8条对著作权集体管理组织作了规定："著作权人和与著作权有关的权利人可以授权著作权集体管理组织行使著作权或者与著作权有关的权利。著作权集体管理组织被授权后，可以以自己的名义为著作权人和与著作权有关的权利人主张权利，并可以作为当事人进行涉及著作权或者与著作权有关的权利的诉讼、仲裁活动。著作权集体管理组织是非营利性组织，其设立方式、权利义务、著作权许可使用费的收取和分配，以及对其监督和管理等由国务院另行规定。"2004年国务院颁行了专门的《著作权集体管理组织管理条例》，对集体管理组织的设立、机构、管理活动、监督、法律责任等进行了更为细致的规范。

自1992年我国成立了第一家中国音乐著作权协会带有半官方性质，是国家版权局与中国音乐家协会共同发起设立的，管理对象是音乐作品的复制权、发行权、表演权和广播权。1993年"中国著作权使用报酬收转中心"经国家版权局批准设立，该中心是作为负责法定许可使用作品报酬收转业务的专门机构，不属于集体管理组织。2005—2008年，我国相继成立了4家著作权集体管理组织，即中国音像著作权集体管理协会、中国文字著作权协会、中国摄影著作权协会、中国电影著作权协会。至此，我国的已经有5家著作权集体管理组织，涵盖了文字、音乐、音像、摄影、电影等主要的文化产业领域。

我国的著作权集体管理组织是在行政机关的主导设立，有着官方性质，通常采取单一的、一揽子著作权许可模式，由于缺乏竞争，其垄断性带来的一系列问题，使得我国的集体管理组织常常为人所诟病。例如集体管理组织滥用其垄断地位，"限制会员入会和退会的自由；未经与著作权人协商，自行确定作品使用费的收取标准；怠于形式对著作权人的作品使用费分配的义务；提取过高的管理费用等现象在我国比较突出，这也是社会对我国著作权集体管理心存不满的主要原因"❶。

## 第四节　版权信托

信托制度最早产生于英国的衡平法，是一种资产转移、资产管理、资产运用的制度与手段，为版权资产运营提供了全新的观念。我国的《信托投资公司管理办法》和《中华人民共和国信托法》（以下简称《信托法》）明确版权等知识产权可以作为信托资产，这为我国开展版权资产的信托业务扫清了障碍。

信托是委托人基于对受托人的信任，委托人将其财产权委托给受托人，由受托人按照自己的意愿以自己的名义，为受益人的利益或者特定的目的，

---

❶ 刘洁. 我国著作权集体管理制度研究[M]. 北京：中国政法大学出版社，2014.

进行管理和处分的行为。❶ 依据《信托法》的基本原理，信托创设了一种灵活的财产权结构，信托财产在严格意义上其权利不归属于委托人、受托人和受益人中的任何一方，所以信托具有天然的破产隔离效果。

版权信托管理制度并不是法律上的既有概念，是将金融领域内的资产管理方式移植到法律上的版权保护而形成的版权信托制度，以信托制度为管理模式，将版权保护的内容纳入信托管理之下，以实现版权保护的一种法律制度。❷ 在版权信托场合，版权人将作品版权委托给受托人管理，受托人负责运营版权，版权人获得运营收益，同时向受托人支付信托报酬。

版权信托从其目的上可以分为管理型信托和融资型信托。版权具有经济性的属性，如何从书面上的各种权利内容转化为实际的经济收益，需要经过一系列的授权、使用、转让等版权运营方式才能达成。但是版权收益的获取需要版权人发现合适的版权项目、寻找版权使用人、计算和收取版权使用费、制止侵权使用行为，而一部可以获得巨大收益的版权作品问世，需要创作者进行长时间的脑力劳动，已经耗费了作者的大部分精力，况且，长于创作的作者未必擅长许可合同的谈判、制定合理的许可费标准、进行衍生品的开发等，如果作者陷于这些事务中，将失去宝贵的创作时间，作品的数量和质量将会受到影响。这是第一种情形。第二种情形是因继受取得的版权，例如，因继承获得的版权，继承人对于版权及其运营情况通常没有更多的了解，遑论对版权做出运营和管理。第三种情形是拥有众多版权的企业，并非都能够很好地进行版权运营，反而使大量的版权资产处于沉默状态。在上述情形下，将版权委托给专门的版权运营团队，实现版权的价值，无疑是很好的选择。

1. 版权的管理型信托

受托人必须是具有版权运营的专业知识、投资意识和风险规避的能力，可以较好地实现版权价值。受托人运营版权的主要方式：第一，出售版权资产以获利，可以出让全部的版权或者是版权的一部分（例如信息网络传播权）；第二是许可他人使用版权而收取许可费；第三是维权收入，受托人有权以自己的名义向版权的侵权行为人提起侵权诉讼，并主张损害赔偿，而赔

---

❶ 《中华人民共和国信托法》第二条。
❷ 菅成广. 版权信托制度创新研究 [J]. 商业时代，2012（25）.

偿额可以作为信托收益；第四，受托人利用风险投资对版权进行产业化运作，或者对版权进行深度开发后再转让出去，在受托人向投资人发放投资收益后，剩余部分为信托收益。这是版权的管理型信托。

依据《信托法》的规定，对于信托的受托人仅仅规定为"受托人应当是具有完全民事行为能力的自然人、法人"❶，并未加以特别限制，理论上，具有版权资产管理和运营能力的个人和法人均可以担任版权资产的受托人。依据《信托法》的规定，"受托人管理信托财产必须恪尽职守，履行诚实、信用、谨慎、有效管理的义务"❷。目前主要的障碍是信托的登记问题，依据我国《信托法》第十条规定，"设立信托，对于信托财产，有关法律、行政法规规定应当办理登记手续的，应当依法办理信托登记。"同时规定，不办理登记的，信托不发生效力。那么对于版权信托该如何进行登记呢？登记什么？向谁申请登记均没有法律规定，可以参照的是《著作权法》二十六条关于版权出质的登记，依据《著作权质权登记办法》向国家版权局申请登记❸，但依据"信托合同"进行的登记是否会被受理，殊未可知。具有操作性的做法是由权利人以"真实出售"的方式将版权资产让渡给信托，该转让可以依据《著作权实施条例》二十五条的规定向版权行政管理部门备案，以此作为公示公信的方式。

版权资产管理信托的受托人，依据"信托合同"的约定，成为相关版权资产的权利人，有权以自己的名义对相关资产进行管理、运营，所得的收益归本信托所有；受托人除了依据合同的约定收取特定的报酬之外，无权从信托财产中获取利益。受托人应该依据"信托合同"的约定，向受益人支付信托利益，也应该在信托终止时向受益人交付信托财产，即将信托的版权转让给信托受益人。版权资产的信托的委托人可以同时是信托的受益人，这就是所谓的"自益信托"。

---

❶ 《中华人民共和国信托法》第二十四条。信托法没有将"其他组织"（非法人组织，例如合伙）纳入受托人范畴，但有学者认为，"合伙组织成为信托受托人似乎并没有为法律所完全禁止"。（赵廉慧．信托法解释论[M]．北京：中国法制出版社，2015．）

❷ 《中华人民共和国信托法》第二十五条。

❸ 既然没有法律和法规明确版权信托必须要登记才能生效，是否可以认定版权信托属于不是"有关法律、行政法规规定应当办理登记手续的"，无须登记？但是如果不登记又如何使信托的成立获得公信的效力呢？

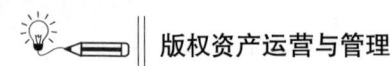

## 2. 版权的融资性信托

版权的融资性信托是利用版权价值的另一种方式。文化产业的发展需要大量资金投入，而大部分文化企业最具有价值的部分就是版权资产，由于无形资产存在许多不确定的风险，导致银行不太愿意以版权质押的方式提供贷款，即使提供贷款，也会附加其他的担保方式才行。所以文化企业迫切需要通过有效的融资方式来获得资金支持，而版权融资信托是欧美等国家成熟的融资方式，被广泛地应用于电影拍摄、动画片制作等短期需要大量资金的文化产业的资金筹措。

版权融资信托经常是通过版权资产的证券化来实现的。在版权资产证券化的过程中，发起人通过将设定证券化的版权资产"真实出售"给"特殊目的载体"（SPV），又通过破产隔离的方法保障设定信托的版权具有相对独立的特征，在这一过程中，采用信托的模式，发起人是委托人，SPV是受托人。目前，SPV的承担者一般由具有营业性信托经营资质的信托公司来担任。

版权资产证券化一般有九个步骤：

第一步，发起人将拟进行证券化的版权资产或资产包建成资产池；

第二步，由信托公司设立"特殊目的载体"，作为证券发行的机构；

第三步，将资产池转让给"特殊目的载体"，这种转让必须构成"真实出售"，其目的是为了实现证券化资产与原始权益人之间的破产隔离——即原始权益人的其他债权人在其破产时对已证券化资产没有追索权；

第四步，由发起人或第三方对"特殊目的载体"的资产或资产池进行"信用增级"，例如提供担保；

第五步，由中立的信用评级机构对"特殊目的载体"拟发行的证券进行"信用评级"；

第六步，"特殊目的载体"以特定的资产或资产池为基础发行证券；

第七步，"特殊目的载体"以证券发行收入为基础，向发起人支付资产转让的款项；

第八步，由"特殊目的载体"或其他机构作为服务商，对资产或资产日常管理和经营，获得资产或资产池的现金流收入；

第九步，"特殊目的载体"以上述现金流收入为基础，向持有证券的优先投资权人还本付息，劣后权益人享有剩余版权资产的利益。

在版权资产证券化的过程中，发起人是版权资产的所有人，通过对版权资产证券化以获得融资。发起人将版权资产"真实出售"给"特殊目的载体"后，版权资产就与自己的现有资产产生了隔离效应，资产自身的信用与发起人的信用相隔离，资产也从发起人对外责任财产中剥离开来，这就是所谓的"破产隔离"作用。一般情况下，信托的受托人没有专业的管理版权资产的能力，会要求发起人对资产进行实质的管理和运营。"特殊目的载体"是版权资产信托的受托人，是既可以接受发起人让渡的版权资产，也可以对外发行证券。受托人而可以委托专业的证券承销商在资本市场上发行证券，并按照所募集的资金收取一定比例的服务费。投资者包括个人投资者和机构投资者，机构投资者包括商业银行、保险公司、养老基金、对冲基金等。

世界上最早进行版权资产证券化运作的国家是美国。1997年1月，美国著名摇滚歌星大卫·鲍伊（David Bowie）由于短时间内缺少流动资金，于是通过在美国金融市场出售其音乐作品的版权债券，向社会公众公开发行了为期10年利率为7.9%的债券，为自己的音乐发展之路募集了资金5500万美元，由此，其后期音乐制作就获得了有力的金融支持，这一融资行为大获成功，被认为是世界上第一起典型的知识产权证券化案例。1997年，梦工厂就用14部电影作为基础资产，发行证券进行筹资；2000年，又在资产池中加入24了部制作中的电影，发行了总额约5.56亿美元的证券；2002年，继1997年和2000年之后进行了第3次证券发行，共募集资金10亿美元，用于卡通片和电影制作。鲍伊债券发明人大卫·普曼曾预言在证券化方面"知识产权最终成为（世上）最大的资产，而且会远远大于抵押资产"❶。

我国目前通过版权信托所开展的资产证券化业务主要是以电影作品为主，这是由于电影创作需要的资金巨大的，电影的版权归属一般没有争议。具体的操作方式主要有两种，一种是电影版权的持有人将版权资产转让给"特别目的载体"，形成信托关系，由"特别目的载体"作为证券发行人，资产按份额对外发行信托产品，其主要目的是融资。第二种方式是信托投资公司作为"特别目的载体"发行信托产品，募集社会闲散资金，成立信托关系，以所募集的资金购买原始权利人的版权资产，其主要目的是经营版权资产。例如2009

---

❶ Bus wire: Content isn't King ; New Media Luminaries Deliberates Business, Model at Spotlight, July, 1997.

年 5 月，北京国际版权交易中心旗下的版权产业融资平台正式开通，该平台由国家开发银行、北京银行、中信信托、北京东方文化资产经营公司共同建立，通过版权信托的模式为《赤壁》《奋斗》等电影项目获得融资。

西方国家版权资产的证券化运作，已经从传统的电影产业拓展到音乐、动漫、游戏等产业，一方面为版权生产企业带来了资金，另一方面也为投资者提供了新型的投资工具。我国版权信托与版权资产的证券化大有可为。

【延伸阅读】

## 派拉蒙公司的版权证券化运作 ❶

为了筹集拍摄电影所需的资金，派拉蒙公司（Paramount）在 2004 年尝试利用正在筹拍的电影版权进行证券化融资。在美林公司（Merrill Lynch）的安排下，派拉蒙向投资者公布了其制作电影的历史票房表现数据与未来 18 至 24 个月的预期电影名单，由特殊目的机构麦尔罗斯合作基金（Melrose Investors）募集资金，用以购买派拉蒙在未来三年内制作的电影。本次证券化交易金额为 2.1 亿美元，发行约可募集占未来 20 部电影 16% 的资金的浮动利率债券，期限为 10 年。派拉蒙在证券化期间负有继续制片的义务，并且被授权进行电影营销与发行方面的业务。

派拉蒙的创新之处在于它并没有选用已发行的电影作为基础资产，而是将尚未制作完成的未来电影版权收益作为基础资产。在证券化初期，由于缺乏可以产生稳定未来现金流的基础资产，该证券化的交易结构类似于一个"先行融资账户"的安排，因此被视为美国版权证券化道路上的一个里程碑。先由特殊目的机构麦尔罗斯合作基金（Melrose Investors）募集资金，用以购买派拉蒙在未来三年内制作的电影。每当一部电影完成后且尚未发行前，特殊目的机构使用募集资金承担该电影 25% 的生产成本，以此获得每部电影 25% 的未来收益份额。❷

---

❶ 师一顺. 我国电影产业版权证券化实施路径研究 [D]. 重庆：重庆理工大学，2019.

❷ 安徽日报：知识产权信托交易 http : // amr.ah.gov.cn/public/11/825501.html

知识产权是创新驱动的核心支柱，而当前知识产权全行业存在流动弱、变现难等特点，同时叠加中小创新企业融资难、融资贵的难题，而探索新型知识产权投融资模式对于高科技企业来说意义重大。知识产权信托旨在以知识产权为核心，通过信托贷款的形式为"轻资产、重智力"的高科技企业解决融资难题。

知识产权信托交易试点，是安徽省"推进全面创新改革试验"的重点任务，我省2016年在全国率先开展理论研究和市场调研等工作。2017年，受安徽省知识产权局委托，中国科大知识产权研究中心与安徽省知识产权发展研究中心、安徽省知识产权研究会等通力合作，重点开展理论和前期论证工作。2018年，中国科大研究团队与合肥高新区、国元信托、高新担保等多方协调，完成知识产权信托实施方案的制订工作。

本次交易试点是以知识产权收益权转让模式进行资金信托，在不改变知识产权权属的前提下，将未来一段时间企业知识产权收益权有偿转让给国元信托，由国元信托为企业募集社会资金，信托期满后，再由企业以知识产权未来收益权为还款基础，对知识产权收益权进行溢价回购。

2018年10月19日，安徽省知识产权信托交易试点签约仪式在合肥高新区举行，标志着全国首个知识产权信托诞生，我省在全国知识产权融资模式上率先实现新突破。

在本次签约仪式上，安徽国元信托有限责任公司、合肥高新融资担保有限公司分别与合肥市百胜科技发展股份有限公司、安徽中科大国祯信息科技有限责任公司、合肥联信电源有限公司三家企业进行了签约，共为企业募集首期资金2000万元，期限2年。

## 第五节　数字版权的运营模式

历史上，从未有一次技术革命能够像互联信息技术这样对作品和版权产生如此大影响，从作品的生产到作品的传播、从版权的内容到行使版权的模式、从版权的保护到版权的贸易都发生了巨大的变化。在数字网络环境下，许多作品得以数字的方式存在，借助互联网络传播，与此相适应的是作品的生产者群体急剧扩大了，文化产品的消费者与生产者的界限慢慢消失了，版权产业呈现新的面貌。在这一技术新条件下，文化企业版权的获得方式和运营模式势必因应技术的变革做出调整。

### 一、数字网络技术对版权运营模式的冲击

（1）互联网络使得版权贸易方式发生根本性的变革。在网络环境下，通过技术措施节约作品搜寻成本，使得版权贸易缔约模式可以虚拟合同的方式进行。各种以数字形式出现的文字、图形、图像、视频、音频、游戏、动画、教育培训等作品形式，可以通过计算机技术、通信技术和信号处理技术得以迅速复制和分发，按照传统的授权使用模式远远不能满足市场的需求，必须利用数字版权管理系统（DRM），实现在线授权。

对于摄影、美术、视频、音乐等小版权的作品，具有作者众多且分散、作品数量巨大、水平参差不齐等特点，通过传统的报纸杂志、出版社发行等途径，根本无法容纳如此多的作品，许多作品可能就此湮没，无法获得传播，数字出版方式为这些作品找到了出路，一大批优秀作者和众多获得市场认可的优秀作品得以面世。作者通过网站设置的在线提交系统，可以将作品以版权转让或者是专有权许可的方式，交由网站代为进行版权运营，而网站通过格式合同方式，向在网站上有需求的注册用户发放作品使用许可证。

利用DRM系统聚合各类作者的版权资源，以形成规模优势。国内许多图片供应商，例如视觉中国就是与很多的优秀摄影师签约，独家获取其摄影作品的版权，所有网络用户通过注册成为其会员，按照一定的价格在数据库中选择相应的作品，所得收益由视觉中国与摄影师进行分成。

一般而言，利用DRM系统进行版权贸易的合同，均是由系统运营一方预先制作，除了允许以表单选择的方式确定交易的内容之外，基本上很少有谈判的可能，大多属于"要么接受、要么走开"的霸王条款，这样的合同最大限度地保证了交易的便捷性，由于缺乏合同谈判的弹性，对于有些作品而言未必能够体现其准确的市场价值。

（2）数字图书馆式版权运营模式。数字图书馆（Digital Library）是用数

字技术处理和存储各种图文文献的图书馆,实质上是一种多媒体制作的分布式信息系统,它把各种不同载体、不同地理位置的信息资源用数字技术存贮,以便跨越区域、面向对象的网络查询和传播;它涉及信息资源加工、存储、检索、传输和利用的全过程。❶

数字图书馆技术可以大幅度降低版权资产的运营成本,可以将没有经营价值的微小版权产品和一些市场需求少、消费群体狭窄的版权产品进行有效的整合,发挥其规模优势,具有了价值激活的机会。

数字图书馆技术不同于传统的图书馆,主要提供文献资料的公益性的利用方式,利用数字图书馆技术整合中小版权人的版权资产,进行规模化、集约化的运营,可以催生出新的商业模式。既可以满足公众对于版权资源的合理使用的需求,促进文化产品的快速传播,也可以利用数字图书馆数字、网络的技术优势,对不同的作品形态提供不同的浏览方式,为不同的用户群体提供不同的权限,收取版权许可费用,甚至可以附加网络广告等方式获取利益,还可以对使用者提供增值的服务,例如,版权贸易中介服务。

利用数字图书馆所独具的网络平台资源、庞大的作品资源和快捷的作品传输技术,可以开发相关版权产业业务,获取利益,例如,信息的云存储业务、网络办公自动化业务、培训教育业务等。

(3)利用网络大数据技术分析市场对作品供给的需求程度,有针对性地增加版权资源储备。大数据技术为市场准确的分析提供工具,过去我们的出版社在进行新的作品策划时,基本上是凭借编辑人员的经验来评判选题,属于"盲人摸象决策法",风险很大,有些音像制品和图书出版后销量很低,不得不面对亏损的窘境。而如果有了大数据技术,就可以精准地了解一段时期什么样的作品会畅销,什么样的作家具有潜力,什么样的传播方式会效果更好,等等。版权企业可以据此有针对性地进行版权开发,获取更多的版权资源。例如,爱奇艺公司依靠大数据,通过对用户属性、兴趣爱好、需求图谱和演员阵容、编剧信息等影响收视的关键性指标进行分析,综合判断影视

---

❶ 百度百科. 数字图书馆 [EB/OL]. [2019-11-08].http://baike.baidu.com/link?url=keVD4L6Uj5kNrwDub617rzQyzmRxQ9TEGn2HwbVFBCetYS8QoWWvUIrLT2D_9S91ouVahT2EMtl5GpCPQdM_EGyMAL9h9sUEjRUNRCmvQp2Tm7ZzW1wD8Z1YS9CgMTX_wdjGyMWohTDFcKk09gKs3a.

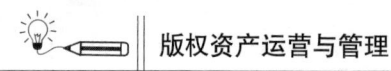

作品市场潜力❶，以此作为版权资源获取和版权作品生产的依据。

大数据的技术还可能为作品的对外销售提供更好的支撑，可以根据用户的搜索记录和既往的消费情况大数据，分析出用户的作品偏好，有针对性地向其推送作品目录，大大地提高推销的成功率。

（4）利用网络技术对侵权行为进行监控，提高正版作品使用率。互联网络对于版权而言无疑是一枚双刃剑，一方面促进了作品的传播和扩大版权的内涵，另一方面使得版权侵权行为更为方便，计算机技术的发展，使得数字内容的复制变得十分容易，成本极为低廉，甚至是零成本，无论是文化类文学作品还是技术类科学作品，利用功能强大的系统和应用软件，都是唾手可得。而且进行网络的非法传播变得极为简易，一部刚刚上映的电影可以在正式发行的一两天内就可能在网络上肆意传播，侵权者除了支付可能发生的通信费用外，几乎不需要再付出其他成本，而且非法传播的途径很难查清。但是，救赎当在苦难中寻找，利用网络传播作品，也可以利用网络技术对作品进行保护。

例如利用数字水印、数字指纹等技术，在数字化的作品中植入相关的印记，可以通过专有软件对其进行跟踪，所有未经许可的盗版行为均可以被监测到，权利人可以根据需要进行必要的维权行动。通过维权，那些对于作品具有刚性需求的客户，就不得不转而与权利人进行谈判，寻求获得相关作品的合法许可。

## 二、数字版权管理及运营模式的实例❷

数字与网络技术的高速发展，面对新型的数字作品和数字版权，出现了一些新的运营模式，甚至是借此创造了新的商业模式。

数字作品如何借助数字版权的管理技术与系统，解决数字产品在网络传播过程中的价值链的缺失，进一步促进版权产业发展，寻找到一种能够"起作用"的运营模式是其中的关键。国内外的内容发行商、服务提供商和设

---

❶ 丁汉青.传媒版权管理研究[M].北京：中国人民大学出版社，2017：341.

❷ 张文俊，倪受春，许春明.数字新媒体版权管理[M].上海：复旦大学出版社，2014.第8章，谨此致谢。

备制造商将数字版权管理技术运用于数字作品的运营，创造了很多成功的案例，而研究这些案例，对我们制定数字版权运营规划可以提供有益的启示。

1. 苹果公司商业运营模式

苹果公司采取的是"硬件＋软件"的商业运营模式，即"ipod＋iTunes"方式，这是让所有盗版行为束手无策的方式。利用iTunes iPod的组合，苹果公司开创了一个全新的商业模式——将硬件、软件和服务融为一体，这种创新改变了两个行业——音乐播放器产业和音乐唱片产业，把设备提供商（iPod生产商）、内容提供商（全球四大唱片公司）、渠道运营商（iTunes网上商店）有机地整合到一条战线上，将设计精湛的播放终端、丰富优质的音乐内容、方便低廉的购买方式打包在一起，向消费者推出。

消费者由于购买了iPod硬件终端，而不得不到iTunes在线音乐市场上下载音乐，以供iPod播放；同样，为了能够播放iTunes在线音乐市场的音乐，也不得不去购买iPod。这都是由于苹果公司对iTunes在线音乐市场上的音乐文件加载了DRM程序，从而使其只能通过iPod终端播放；而嵌入在iPod中的DRM程序而已也限制了消费者利用其他在线音乐市场享受音乐下载服务。2008年苹果公司又将在数字音乐领域运作成功的模式扩大到其他数字内容战场，推出了比iPod更为诱人的iTouch播放器，试图一举吞并所有可以被数字化的内容产业，iTouch播放器除了可以播放音乐外，还可以播放电子书、视频节目，甚至可以进行电信通话。

苹果公司实施的商业模式其实是一种垄断经营，尽管为此不断地遭受质疑，但仅仅从商业角度看，无疑取得了巨大的成功。但是这种模式不太容易被模仿和超越。

2. 费城和电子束（Moviebeam）商业运作模式

费城模式是广播电视网络中运用DRM的成功案例，有美国有线电视运营商康卡斯特公司于2001年推出的一种视频点播系统业务模式。由于这一模式最先在费城地区实验，而后又推广到全美，故此被称为"费城模式"。就是根据观众要求播放节目的视频点播系统，把用户所点击或选择的视频内容，传输给所请求的用户。根据用户的需要播放相应的视频节目，从根本上改变了用户过去被动式收看电视的情况。

费城模式是基于丰富的节目源、多样化的数字内容提供和多样化的收费模式，在有线电视网络的数字新媒体市场取得了显著的成绩。Moviebeam 模式与费城模式相似，在版权管理上略有不同，费城模式是基于客户的请求，即时发送节目内容，客户端不存储作品的副本；Moviebeam 则采取预先将 100 部带有版权认证方式的电影存储在用户终端中，用户对这些电影可以即需即取，每次只需要对数字内容的版权加以认证付费即可观看，可以克服网络带宽不足带来的不良用户体验。

目前，我国各地利用 IPTV 机顶盒传播的数字有线电视 VOD 系统基本上即是采取上述模式。

### 3. 影片链路（Movielink）商业运作模式

Moviellink 公司的商业运作模式是率先运用 DRM 技术在互联网上提供正版影片点播的典型案例。由于害怕盗版等种种原因，好莱坞的主要制片厂多年以来一直都不太愿意以数字形式销售新影片，在 DVD 和录像带市场上，每年由于非法交换数字文件引起的盗版而损失巨大。2001 年，Movielink 公司由美国四家老牌的电影制片公司华纳兄弟、米高梅、派拉蒙、环球和日本的索尼电影娱乐公司共同创办，主要是为了解决互联网上日益猖獗的盗版行为而建立的。其后又有多家电影公司加入，2006 年，MovieLink 公司首席执行官吉姆·拉莫（Jim Ramo）在接受路透社采访时说："这表明通过网络发布高价值内容的数字信息时代已经来临了。"❶

其商业模式是允许用户购买的影片在硬盘上保留 30 日，逾期后自动消失，在这 30 天内，用户可以累计观看 24 小时，依据影片的新旧程度，用户为每部影片付费 3 至 5 美元。由于采取了微软和 Real-Networks 两家公司开发的版权保护技术，下载后的影片不可能被复制，也不可能被转移到其他装置上。DRM 系统有效运行，消除了影片被下载后的盗版隐患。

### 4. 谷歌（Google）电子书商业运作模式

谷歌的电子书销售平台是通过两种途径（图书馆计划和合作伙伴计划）

---

❶ 参见《网络电影服务使好莱坞迈入数字信息时代》，载 http://tech.qq.com/a/20060404/000155.htm

向消费者提供电子书籍。图书馆计划是与大学图书馆和公共图书馆合作,将图书馆中馆藏书目编目到谷歌的电子书销售平台中,消费者可以通过这个平台看到每本图书的部分信息,过了保护期的内容就可以整本呈现。合作伙伴计划是与出版社合作,出版社授权谷歌公司将自己销售的图书的部分内容呈现在谷歌的电子书销售平台上。这一模式,可以让作者和出版商的作品有更大的机会接触市场,消费者也可以在免费或者支付少量费用的情况下初步接触到更多的书籍,图书馆也借此扩大了服务的对象。

谷歌提出,"在任何设备上、在任何地点读任何书",提供了无缝阅读服务,利用云计算技术,将电子书储存在"云端",手机、平板电脑、个人电脑都可以访问,既可以在线阅读,也可以下载到终端阅读,提供了良好的用户体验。目前,谷歌通过三个方面获得收益:①谷歌自营的电子书店的内容销售收入;②与合作伙伴内容内容销售收入分成;③广告收入,谷歌的云技术可以通过数据分析,了解客户的需求,为精准的广告投放提供了机会。

5. 日本 KDDI 商业运作模式

日本的 KDDI 商业运作模式,开创了在移动通信网络领域运用 DRM 系统提供数字内容的先河。主要是采取将音乐数据与手机号码建立关联的方式来防止盗版和任意传播的。其自主开发的"chakuutafull"版权管理系统只允许在对应号码的手机中播放音乐文件,对数字内容做出严格地管控,禁止将其存储到其他介质上。

6. DMD 商业运作模式

DMD 是针对 CDMA 的数字内容业务的商业运作模式,允许消费者无限量地下载自己喜爱的数字音乐,但是只允许在消费手机终端上保存 30～40 首歌曲,当消费者删除了手机中存储的歌曲后,DMD 会自动将消费实现点击的候补歌曲保存到 SD 卡中,供消费者播放。DMD 模式还可以根据客户的位置和点击的音乐类型以判断客户,向客户发送精准的广告,作为增值服务。

7. YouTube 商业运作模式

YouTube 网站创办原意是为了方便朋友之间分享录像片段,后来逐渐成为网民的回忆储存库和作品发布场所,为全球成千上万的用户提供高水平的视频上传、分发、展示、浏览服务。YouTube 主要是利用 DRM 系统解决可能侵犯他人版权问题。其主要做法如下：

（1）将内容所有者上传的视频内容及使用协定录入数据库,每当内容拥有者将内容上传到 YouTube 时,除了将该视频内容存入数据库以外,还要随之上传一份"使用协定",明确如果有"副本"（指该视频的复制版本）出现时,应采取哪些惩罚措施。

（2）每当有一个视频上传到 YouTube 时,YouTube 内容识别系统会自动将其与数据库中的所有文件进行比对,来判断这个新上传的文件是否是数据库中文件的副本。

### 8. 方正商业运作模式

方正公司是国内主要的数字图书运营之一,其他的还有书生、超星、中文在线等。早期的操作方式是由数字运营商与传统的出版商签订协议,对传统纸质书进行扫描,加工制作成数字格式文件,放在网上提供在线阅读,以及出售给图书馆、信息机构等机构客户。经过长期经营,方正积累了上百万本图书的内容资源,为产业转型奠定了基础。方正模式是典型的数字图书 B2C 模式,将内容资源价值向下游延伸;在内容平台上,方正与中搜联手打造数字图书门户——番薯网,为用户提供图书搜索、多平台阅读、互动分享、个性出版,推出了"云阅读平台战略",试图将众多的内容提供商、手持终端厂商聚合于一条完整的链条上,打通上下游产业链。

### 9. 盛大文学商业运作模式

盛大文学及其旗下的网络原创文学类网站是一种全新的数字出版模式,被西方媒体称为"数字阅读的三种主流模式之一",其操作流程：作者将作品提供给网站,网站经过审核以后进行发布,读者免费阅读部分内容,其他内容或更新章节则需要支付每千字两到三分钱的费用,所得收入由网站与作者共同分成,比例由 5∶5 到 3∶7 不等。这一模式下,写作、发布、购买、阅读等流程均在网上完成,使得数字出版呈现一种新的形态。目前,盛大文学已经开始由在线付费阅读向移动阅读发展,由数字图书的运营商变成了内容提供商。

10. DRM-X 商业运作模式

海海软件公司成立于 2004 年 3 月，是全球数字版权管理领域的领先者之一，为数字内容提供商及数字版权所有者提供安全、便捷的数字版权管理服务及相关解决方案，应用领域覆盖软件、信息发布、教育培训、政府部门等诸多行业。DRM-X 提供了灵活多样化服务模式，包括对内容进行加密保护和分发，对用户进行账户金额管理、存取权限管理、IPD 地址管理、硬件绑定管理以及超级账户管理等，允许管理者根据具体内容自行设置价格、播放次数、有效期、动态数字水印、是否允许翻录等许可证权限。

DRM-X 商业模式采用了灵活多变的服务模式，特别适合当下新媒体受众个性化和多样性需求的发展态势。

### 三、数字版权运营模式的分类

1. 数字内容销售

数字内容销售就是消费者通过渠道运营商搭建的网络平台购买数字内容，数字内容一经购买，消费者可以终生享有，但是只能有条件地在自己的其他终端间进行分享和传播。这以苹果公司的 iTunes 软件为代表。

2. 数字内容的租赁

数字内容的租赁不像数字内容销售那样，用户每下载一首歌曲就支付一首歌的费用，而是让消费者以包月或包年的方式购买租赁时间，在租赁期内可以不受数量的限制下载自己所喜爱的数字内容。现在许多视频类网站采用的会员制，就是采取这一模式，在用户缴纳会员费之后，即享有在一定时间段内不受限制的获取数字内容的资格。

3. 数字版权管理的分级模式

通过对消费者的终端设备分级，相对应地将数字内容也予以相应的分级标号。这样当数字内容到达消费者终端时，通过嵌入终端设备的处理器对其进行审查认证，符合分级标准的可以播放，否则该数字内容将会拒绝访问。这一模式将具有相同特点的消费者的需求作类型化处理，抹杀了消费者的个性化需求，DRM 系统必须有足够多的分级才能满足市场需求。

### 4. 数字版权的权限转让模式

其基本原理：当消费者提出请求并通过验证后，DRM 系统将相应的数字内容及其转移权限同时传输给消费者；消费者在消费此数字内容后，DRM 系统会相应地对其权限进行扣除，消费者也可以将此数字内容与所持权限转移给下一个消费者；下一个消费者消费此数字内容后也会被扣除权限，可以再将此数字内容和剩余权限向下转移，直到权限被扣完为止。这一模式，解决了用户自由共享数字内容的难题。

### 5. 基于家庭网关的模式

家庭网关包含一个调制解调器和一个接口装置。其基本原理，首先将消费者请求并获得验证的合法数字内容通过接口装置传送到家庭网关，由其中的调制解调器对其进行解密处理，凡是通过家庭网关的终端设备都可以按照预定的规则对解密后的数字内容进行播放。这在一定程度解放了对播放终端的严格限制，消费者在一定范围内可以与亲朋好友分享所购买的数字内容。

### 6. 免费的商业运作模式

其实，在许多用户的内心其实都把"免费"当作网络时代应有之意，所以，"免费"也可以成为一种商业模式。免费并非不要求利润回报，而是利用免费的商业运作，吸引更多的消费者，并不断增加消费者对本商业运作的黏性，然后再去寻找可行的盈利模式。

# 第八章　新技术背景下版权运营现状与前瞻

从历史的维度看去，版权制度的每一次变迁都与复制及传播技术的发展密切相关。从相机、自动钢琴、留声机、摄影机、无线收音机、静电复印、卫星广播、有线电视、家庭录像机等……几乎每一次技术革新都改变了版权的面目，但历史上的任何一次变迁都比不上数字网络技术，它几乎为作品的生产、利用、传播方式带来了彻底的变革，传统的版权体系必须不停地加固，以避免其摇摇欲坠。虽然数字技术没有动摇版权制度的基本原理，数字形式能够适应现代计算机的运算能力和互联网无远弗届的可接入性，这一特点使得版权人丧失了对作品传播的有效控制，改变了公众的消费习惯，进而对版权本身的正当性产生了怀疑。❶

"这是一个娱乐之城，在这里，一切公众话语都日渐以娱乐的方式出现，并成为一种文化精神。"❷新的技术条件催动着大众文化无可避免地转向娱乐化，这是文化产业不得不面对的现实。在文化娱乐化的背景下，文化产品的生产者与创造者之间的界限模糊了，对于版权作品的获取与运营都必须与时俱进。文化产业需要寻找到最有效的商业模式和版权运营机制。

就其本质而言，数字互联网技术促进了媒介的融合，信息的传播渠道和方式、信息产品的生产模式都将呈现新的面貌，未来或许会对版权制度的自身造成重大的冲击。

---

❶ 熊文聪.数字技术与版权制度的未来[J].东方法学，2010（01）：81-90.
❷ 尼尔·波兹曼.娱乐至死[M].章艳，译.北京：中信出版社，2015：4.

## 第一节　数字网络技术对版权运营的挑战与机遇

基于17世纪德国数学家莱布尼兹创造的二进制计算法，美国于20世纪中叶率先发展出数字技术，这项技术是由0和1组成的二进制编码来记录信息，可以生成声音、图像和文字等各种内容。与传统的模拟技术相比，数字技术可以将大量信息通过压缩技术存储在极小的介质上，还可以实现大量的数据信息传输，且信息传输的速度极快。总而言之，数字技术对于信息的存储、复制、传输和制造产生了革命性的影响。

网络技术与数字技术相伴而来。网络是以数字化为基础的信息传输媒介，具有传统媒介无法比拟的开放性、便捷性、全球性和交互性等特点。网络具有开放性，大量的网络作品具有因之诞生网络作品丰富而芜杂，作品的生产和传播的成本极其低廉，作品的使用场景得到了极大的扩展，这也促进了版权人权利的扩张；另外，网络的交互性和便捷性使得网络用户对作品的复制与传播十分便捷，侵犯版权的行为变得非常普遍并且很难控制。

2019年8月30日，中国互联网络信息中心（CNNIC）在京发布《第44次中国互联网络发展状况统计报告》，该统计报告显示，截至2019年6月，我国网民规模达8.54亿人，较2018年年底增长2598万人；互联网普及率达61.2%，较2018年年底提升1.6个百分点。而全球的网民人数达到43.88亿人❶，互联网技术的发展与既往每一次的技术发展一样，对版权制度产生冲击，带来了很多新的复杂的问题，迫使在立法和司法层面做出很多的调整。

### 一、数字网络时代对传统版权制度的影响将一直持续

版权制度本质上是一个社会政策的工具，国家根据现实的发展对某些形态的知识信息赋予权利，发挥社会治理的作用：一方面通过对具有公共产品

---

❶ 小啤. 全球网民43.88亿 中国增长规模排第二[EB/OL].[2019.02–02].https：//m.mydrivers.com/newsview/613817.html.

属性的作品授予版权，使之具有了"财产权"的外壳，成为一种激励创新的有效方式；另一方面通过设置法定许可、合理使用、强制许可等制度，使得公共利益与个体利益达到相对平衡，保证了社会文化的健康发展。但是数字互联网技术的快速发展，打破了既有的平衡，使得版权这一社会治理工具面临运转失灵的风险。

互联网的发展使得传统以复制为控制手段的版权体系不得不变更为以信息传播为控制手段。自版权诞生之日起，其发展的历史就是一个随着技术发展而产生的版权扩张史。❶ 最早出现的是复制权，这是版权的基本性权利，随后因应戏剧作品的保护需求，发展出了"公开表演权"，因为国际贸易和跨国交流的需求而发展出了"翻译权"，到了1911年，英国对原先的版权法进行了大幅度修改，通过了新的版权法，将表演权、翻译权、改编权明确地授予了作者。随着版权保护国际化进程，版权的各个权项逐渐出现，逐渐地形成了一个版权的"权利群"。郑成思先生发现，随着科学技术的发展，不断产生了新的版权的权项，如音像复制权、播放权、制片权、邻接权；随着商品经济的发展，增加的版权权项有改编权、发行权、追续权、连载权等，随着国际交往的发展，又扩大了版权保护的范围，主要有翻译权和最终使用权。❷

传统的版权法是建立在"复制权"为核心的，控制了复制行为，即保证作品副本不至于泛滥，借以维持作品的"稀缺性"，保证了创作者的利益。但是在网络时代，仅仅控制复制已经无法保障权利人的经济利益。

在只能进行手工复制和机械复制的技术条件下，复制和传播的成本是巨大的，传播的途径也是有限的，完全依赖物质载体，传播途径是线性的。到了数字网络时代，一切都变了：数字技术可以做到完全的"无损复制"，而且复制的成本近乎零；尽管作品的传播还是要依赖网络这一物质载体，但其传播的成本也是接近于零，传播不再是线性传播，而是网状的传播途径，一旦发布整个网络用户均可以同时获得作品，有类于广播；数字技术的发展使得几乎所有的作品都能够进行"数字化"（即使是雕塑、建筑这一类作品其设计图纸都可以变成数字格式），都能够通过网络进行高速的传播……这

---

❶ 易健雄. 技术发展与版权扩张 [M]. 北京：法律出版社，2009.
❷ 郑成思. 著作权的概念和沿革 [M]. // 江平，沈仁干. 中华人民共和国著作权法讲析. 北京：中国国际广播出版社，1991.

一系列变化使得依靠控制"复制"进而控制作品的传播成为不可能，因为复制是互联网最基本的技术手段，存在着各种各样的复制行为：服务器端的复制、路由器的复制、终端电脑的复制、在电脑缓存上的临时复制……如果将所有的复制皆纳入版权法的控制范围，将大大有碍于技术进步，既做不到也不可取。为了适应这一变化，我国于2006年专门通过了《信息网络传播权保护条例》，保护作品的信息网络传播权，该条例第二条规定，"权利人享有的信息网络传播权受著作权法和本条例保护。除法律、行政法规另有规定的外，任何组织或者个人将他人的作品、表演、录音录像制品通过信息网络向公众提供，应当取得权利人许可，并支付报酬"。2010年《著作权法》修订时也将该权利专门列入著作权保护的内容，以此来规制将作品置于互联网的传播行为。这也使得"信息网络传播权"成为版权中最重要的权利。

但是缘于互联网络——"互联"这一特性，具有超强的复制和传播能力，作品一旦被放置于网络，可以进行分散、快速、高质量的传播，这大大弱化了版权人对作品的控制力，使得网络侵权行为难以有效抑制。技术带来的问题也可以通过技术的方法来解决，可以通过技术控制的手段减少侵权。例如，数字版权管理系统（DRM）可以解决版权运营的绝大多数问题，但是却可能导致新的利益失衡问题：权利人为了保护自己的作品不被非法传播而使用的技术措施，限制了作品的传播和公众对作品的合理使用，变相地扩展了版权的界限，可能对公共利益造成损害。所以，如何妥善处理网络时代激励创作与保护公共利益之间的矛盾，是各国"版权法"的立法和司法中不得不长期面对的问题。

## 二、数字网络时代将会出现一系列新的权利，扩展了版权运营的领域

数字网络技术使得作品的创作、存储、传播、管理展现出了新的风貌，作品的使用和利用方式发生了巨大的变化，由此会产生出新的更为重要的权利。模拟时代产生的一系列权利在数字时代，要么已经不能适应时代要求，要么已经变得没那么重要了，要么从中裂变出新型的权利，扩大了版权运营的领域。如前所述，复制权已经不再是最为重要的权利，其地位被信息

网络传播权所取代，在网络世界中，发行权也基本上被信息网络传播权所取代；电影作品在网络的传播不再是由放映权控制而是以信息网络传播权控制。

还有一些权利因为数字网络的利用方式还得到扩张。例如，作品改编权可能因为使用的场景不同而形成新的权利，电脑端可能形成电脑改编权、手机端可以形成移动端改编权，如果需要线下同时使用的，则又会有线下改编权等。又如，影视剧的网络传播也会因传播的途径不同而形成新的单独的权利，例如电脑端播放权、移动端播放权、IPTV播放权等，还可能因播放的轮次不同形成首轮播放权、次轮播放权等。

实际上，对于作品的每一种新的使用方式都会产生一种新的权利。上面所述权利是基于网络世界使用作品的方式变化而出现的，拓展了企业版权运营的视野。

### 三、版权管理方式的变化，授权模式发生变化

在模拟机械的复制时代，作品的授权模式需要权利人和受许可人单独签订授权许可协议，而在数字网络时代对于版权许可方而言，技术带来了极大方便，利用数字版权管理技术可以很容易地实现"付费即许可"的效果，甚至可以将版权的许可证依照设定条件进行分销，实现快速的授权。

但是数字互联网络的复杂性使得版权的授权并不总是如此简单。网络环境的特征之一是海量的作者拥有海量的作品。如果每一个作品的使用都要单独授权显然是不具有操作性的，网络转载、网络搜索、数字图书馆等建设过程中都会面对海量作品的授权难题。例如，数字图书馆要将传统的信息资料进行数字化转换、储存或者直接收集数字性的信息和作品，放置到网络上提供检索、查询和交互性访问等服务，这一过程已经打破了传统图书馆传播知识的时间、地域和方式的局限性，从单纯的藏书、借书变为收集信息、数字制作、网络传播为一体的综合性服务，这无疑促进社会文化产品的供给，极大地方便了读者。但是这一过程已经突破了图书馆"为了保存版本的需要，复制本馆收藏的作品"这一合理使用的界限，侵犯了作品的信息网络传播权，损害了作者的经济利益。所以，应该重新获得作者的授权，但这对于任一个数字图书馆而言，都是很难完成的任务：需要从出版的源头开始，获得

作品的相关权利，然后以许可证分销的模式，逐步解决数字图书馆的合法性问题。

## 【延伸阅读】

### 数字图书馆的超星模式

北京世纪超星信息技术发展有限责任公司成立于1993年，长期致力于纸张图文资料数字化技术及相关应用与推广。2000年1月，超星数字图书馆正式开通，"让更多的人，读更多的书"是超星数字图书馆的理念。从最初的想通过作者团体取得集体授权，到与出版社合作，再到尝试过统计网上点击量支付授权费用的方式，经过多年的尝试和发展，其探索出了一条比较经得起考验的版权授权模式。

现有的超星模式建立在以读书卡换取作者授权，授权作者可以免费使用超星数字图书馆资源为交换条件的基础上，向著作权人（作者或版权权利人）直接取得一对一授权的模式，具体指先使用并预留适当比例的版税，如果作者有异议，再与作者商谈并取得作者授权，如果作者不同意，则支付已使用的版税并将该作品撤除。有三种具体版权授权方案，作者可以选者其中之一进行授权：

（1）向作者赠送终身有效的读书金卡。作者同意将作品授权数字图书馆，数字图书馆向作者赠送终身有效的读书卡，以此作为交换条件取得授权。

（2）根据下载量付费。超星数字图书馆供读书卡会员阅读、借阅、吸取和消费其授权作者的智力成果。读书卡全部码洋（定价×销售数量）的15%用于著作权利益分配，单本图书的收益取决于该图书下载数量占全部下载数量的比例，每年12月1日分配一次。

（3）作者要求单独定价，向用户单独收费。在超星数字图书馆，其授权作者可以选择自行定价，向用户单独收费的直接受益模式。即使读书卡会员也不能免费阅读，必须同意按照作者定价付款后才能阅读，读书卡会员可以缩短读书卡使用时间方式付费，定价的50%支付给作者和出版社。

为了突破网络时代版权保护对作品合法传播带来的限制，不得不提到"创作共享协议"（CC 共享协议），CC 共享协议是在尊重版权人权利的完整性的基础上，提倡版权人为了人类文化和知识传播而做出版权免费许可甚至弃权。CC 是知识共享（Creative Commons）的简称，CC 组织由劳伦斯·莱斯格在 2001 年创办的一个非营利性组织，该组织主要的宗旨是增加创意作品的传播可及性，作为其他人共享就进一步创造的基础。CC 组织专门拟 ww 订了共享协议，预置了版权使用条款供加入者使用。CC 共享协议是版权人个人版权许可制度上的一个创新和发展，可以解决部分的版权授权问题。

开放存取（Open Access，简称 OA）或开放获取，是一种学术信息共享的理念和出版机制，是国际科技界、学术界、出版界、信息传播界为推动科研成果通过互联网免费、自由地利用而兴起的运动。某文献在 Internet 公共领域里可以被免费获取，允许任何用户阅读、下载、拷贝、传递、打印、检索、超级链接该文献，并为之建立索引，用作软件的输入数据或其他任何合法用途。用户在使用该文献时不受财力、法律或技术的限制，而只需在存取时保持文献的完整性，对其复制和传递的唯一限制，或者说版权的唯一作用是作者有权控制其作品的完整性及作品被准确接受和引用。❶ 开放存取的运行方式是，作者将学术论文自行加入或由编辑部门审稿后加入 OA 仓储或 OA 期刊库，作者可能要为此付费或不付费，全球用户可以在任何接入互联网的计算机上免费访问。开放存取的目的是促进科学信息的广泛交流，促进利用互联网进行科学交流与出版，提高科学研究的劳动生产率。

要更好地解决海量版权的授权问题，最便捷的渠道应该是通过著作权集体管理组织来实现。集体管理组织是受版权人的授权，代为行使其权利，集体管理组织可以代替权利人与作品使用人谈使用条件、发放使用许可证、收取并在版权人之间进行分配、以组织的名义提起诉讼要求停止侵权等系列管理工作。但是目前著作权集体管理的在实际的运作中出现了很多问题，颇为权利人所诟病，需要在立法层面做出调整。著作权集体管理组织可以很好地

---

❶ 百度百科. 人工智能 [EB/OL]. [2019-08-10]. https://baike.baidu.com/ 开放存取 /1688963?fr=aladdin.

解决所谓"孤儿作品"[1]的问题，使用者通过向集体管理组织缴纳作品使用费，就可以避免承担可能的侵权责任。

**四、新技术条件下出现的作品新形态**

在数字网络技术条件下，出现了许多新的作品形式，例如电子游戏、软件等，就是随着互联网一同出现的，还有些传统的作品的边界也变得模糊了。

多媒体作品。多媒体网络作品是以图、文、声并茂的方式，可同时以视觉和听觉方式表达思想的作品。由多种表现形式的信息集合成的网页就属于一种多媒体形式，一般认为，多媒体作品有"多种表达形式信息的集合"和"计算机程序驱动"两个特征。对多媒体作品的性质，学界已达成基本共识，作为"汇编作品"来保护。因此，"选择或编排体现独创性"是多媒体作品能否获得版权保护的判断标准。

交互作品。交互作品是网络用户基于交互方式创作的作品。交互性是指网络的最终用户不再仅仅是信息的被动接收者，在参与信息的传递信息过程中同时参与作品的创作，从而实现了信息的双向交流。网络的发展推动了交互式创作作品的产生与繁荣，用户参与网站网页信息的创作，网站网页上的作品只是暂时完成，用户能够按照自己的理解和观点来评论、修改、补充这些作品，让自己的思想表达于网上，网站网页成为交互式共同创作的媒介。

类电作品，是指以类似摄制电影方式制作的作品。在网络直播过程中所形成的视频，制作者和传播者增加解说、字幕，进行了剪辑，一旦体现一定的独创性之后，就会被认定为类电作品。有些电子竞技直播画面形成的视频也会被法院认定为类电作品。

图像作品。自从由银盐时代进入了数字时代，摄影作品的定义变得模糊不清。各种影像获取的装置纷纷出现，既有传统的胶片相机获取的照片，也有现代电子相机获得的图像，还有通过电脑软件合成的图片……各种手段获

---

[1] "孤儿作品"（orphan works）是指作品在版权保护期内，而版权人通过合理而勤勉的搜索仍然不能明晰确定的作品。这类作品让善意使用人无法进一步利用，这是对人类智慧财富的极大的浪费，但若放任这类作品任意使用，与现有的版权法又会冲突。

得的图片在外观上毫无差异。更为甚者，利用电脑软件或内置于电子相机的软件可以随时对获取的图像进行编辑处理，对各种照片进行拼合、裁剪，达到天衣无缝的效果；美术作品也可以在电脑端完成，既可以从无到有一笔一笔地画出来，也可以利用既有的照片素材重新创作，最后生成的图像与摄影作品难以区别。所以，摄影作品、美术作品的界限被打破了，未来或许以"图像作品"代替"摄影作品""美术作品"更为合适。

人工智能"作品"。人工智能（Artificial Intelligence），英文缩写为 AI。它是研究、开发用于模拟、延伸和扩展人的智能的理论、方法、技术及应用系统的一门新的技术科学。❶ 人工智能技术利用大数据，可以让完成数据学习的人工智能模型"创作"出诗歌，可以通过"图灵测试"❷，这些诗歌与人类的创作者创作出的作品相比也难谓逊色。谷歌公司于 2015 年 6 月发表《艺术风格的神经算法》一文来说明人工智能技术用于艺术创作的可行性。电脑借助人工智能技术把画像分解为不同风格和内容的组件，使用神经网络用作通用画像分析器，进而创造出融合各画像风格和内容的新画作。在之后名为"深度梦魇"（Deep Dream）的艺术拍卖会中，利用谷歌人工智能完成的画作拍出了 8000 美元的高价。尽管目前的版权法对这一类"作品"，认为并非人类创作，基本态度是不予保护，但是未来这类"作品"可能会在整个文化市场中占据很大的比例，一概不予保护肯定不妥，需要版权制度做出必要的调整。

### 五、保护创作与保护投资的协调

从版权制度的发展历史上看，存在两种价值追求，一种是以德国、法国为代表的"著作权体系"，主张优先保护创作者的人格利益，精神权利不可剥夺，在这一基础上保护创作者的经济权利；另一种是以美国为代表的"版权法体系"，将版权制度作为基于激励的经济学工具，不太重视作者的精神权利。前者主要表现为对创作的保护，制定严格的独创性标准，而将没有独

---

❶ 百度百科. 人工智能 [EB/OL]. [2019-08-07]. https://baike.baidu.com/item/ 人工智能 /9180?fr=aladdin.

❷ 图灵测试（The Turing test）由艾伦·麦席森·图灵发明，指测试者与被测试者（一个人和一台机器）隔开的情况下，通过一些装置（如键盘）向被测试者随意提问。进行多次测试后，如果机器让平均每个参与者做出超过 30% 的误判，那么这台机器就通过了测试，并被认为具有人类智能。

创性的行为排除在著作权法的保护之外，只承认自然人是作品的创作者和权利人；后者的立足点是保护投资，将独创性标准降得很低，承认法人可以成为作品的作者。

我国《著作权法》属于"著作权（作者权）法体系"，但是也吸纳了"版权法体系"一些制度设计，例如承认法人作品，对于版权的投资行为给予一定的保护，将电影作品的版权授予投资的"制片人"即是这种考虑，但对其作品仅给予较短时间的保护。在数字网络时代，作品创作和传播出现了不同于既往的形态，一些作品，例如交互类作品、在作品传播和使用过程中产生的演绎类作品将会以类似井喷的方式出现，这些作品的创作者众多，对于这些作品的管理需要花费大量的人力，非专业机构不能完成。如果纯粹以保护创作为价值取向，让每一个创作者均以缔结许可合同的方式以使用其作品，几乎不可能，大量的作品只能束之高阁，难以进入文化市场发挥其价值。更多的不能视为作品得到保护的文化产品，例如前面所述的"人工智能作品"，尽管不承认其版权作品的地位，但是投资者毕竟有了投入，这些投入需要获得市场的回报，否则将没有人愿意继续投资，进而损害整个社会的福利。

"在数字环境下，过分推崇精神权利保护将对言论自由、信息传播产生极大的负面影响，而适当弱化精神权利才是各国著作权发展的未来方向和趋势。"❶在信息网络技术的进一步发展过程中，版权制度将会从重视创作、保护创作者的精神性权利转向更加重视投资、保护文化投资人的经济性权利。这一进程，是与我们下面提到所谓"泛娱乐"化现象紧密结合在一起的。

## 第二节 "泛娱乐"文化对版权运营的影响

人类的社会文化向"娱乐化"转向，这是美国媒体文化研究者尼尔·波兹曼（Neil Postman）在《娱乐至死》一书中提到的观点。这本书写于1985

---

❶ 郑宏飞.论用户创造内容的著作权困境及完善路径[J].山东行政学院学报，2019, 000（001）: 67–74.

年，正好是乔治·奥威尔的名著《一九八四》所预言时代的次年，波兹曼发现乔治·奥威尔所预言的人类遭受外来压迫失去自由的现象并没有出现，反而因为电视媒体的出现，人类生活向娱乐化转向："……这是一个娱乐之城，在这里，一切公众话语都日渐以娱乐的方式出现，并成为一种文化精神。我们的政治、宗教、新闻、体育、教育和商业都心甘情愿地成为娱乐的附庸，毫无怨言，甚至无声无息，其结果是我们成了一个娱乐至死的物种。"❶

社会文化的"娱乐化"历来被国内一些学者所诟病，认为"娱乐化"必然会导致低俗化和庸俗化。不过，随着经济发展和社会进步，大众文化勃兴，当前社会人们对娱乐的需求远超其他时代；而且实践证明，在国家法制和大众道德的双重约束之下，"娱乐化"并没有必然导致某些不良后果，所以无须对"娱乐化"谈虎色变。而今，随着互联网络的快速发展，娱乐性已经影响到我们每个人的生活，整个社会进入了一种"泛娱乐化"的时代。

所谓"'泛娱乐'是指随着经济发展和互联网技术尤其是移动互联网技术的进步，娱乐产业内部的边界逐渐模糊，不同娱乐产业类别之间相互渗透、相互影响，围绕同一内容协同发展的产业现象"❷。2014年，文化部发布的《2013中国网络游戏市场年度报告》提到了"泛娱乐"一词。该报告指出："2013年，各大公司对网络游戏文化的重视为中国特色网络游戏文化注入了新的特点和活力，游戏业的'泛娱乐'文化概念逐渐形成。"这说明，所谓"泛娱乐"概念已经为官方所接受。2017年China Joy（中国国际数码互动娱乐展览会）联合新华社瞭望智库发布《2017泛娱乐战略报告》，《报告》认为，泛娱乐已成为文化领域最受关注的商业模式。以腾讯为例，它已从科技公司变成"科技+文化"公司，并陆续完成互联网与游戏、动漫、文学、影视、音乐等文化领域的布局。

在"泛娱乐"的状态下，基于互联网与移动互联网的多领域共生，打造明星IP（intellectual property，知识产权）的粉丝经济应运而生：其核心是IP，可以是一个故事、一个角色或者其他任何大量用户喜爱的事物。❸ 这

---

❶ 尼尔·波兹曼. 娱乐至死[M]. 章艳, 译. 北京：中信出版集团，2015：4.

❷ 王新娟. "泛娱乐"战略视角下的企业全版权运营[J]. 人文天下，2015，000（5）：26-29.

❸ 见百度百科"泛娱乐"词条。

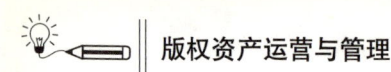

种以泛娱乐为代表的互联网文化，是有中国特色、文化发展的一个新亮点，"泛娱乐"已经成为众多文化娱乐企业的战略重点。"截至 2019 年 6 月，我国网络视频用户规模达 7.59 亿，较 2018 年年底增长 3391 万，占网民整体的 88.8%。各大视频平台进一步细分内容品类，并对其进行专业化生产和运营，行业的娱乐内容生态逐渐形成；各平台以电视剧、电影、综艺、动漫等核心产品类型为基础，不断向游戏、电竞、音乐等新兴产品类型拓展，以 IP（Intellectual Property，知识产权）为中心，通过整合平台内外资源实现联动，形成视频内容与音乐、文学、游戏、电商等领域协同的娱乐内容生态。"❶

## 一、"泛娱乐"战略与全版权运营具有天然的亲和性

以移动互联网为核心的新科技浪潮，彻底改变了人们娱乐的方式。当人们可以超越时空进行阅读、听歌、观影和游戏时候，生活就是娱乐，娱乐就是生活，两者之间的界限开始被全面打破。这一特点，让内容生产者和内容消费者（粉丝）之间的黏性与互动，达到了不间断、无边界的状态。在互联网时代，文化产品之间的连接融合现象更加明显，游戏、文学、动漫、影视、音乐、戏剧不再孤立发展，而是可以协同打造同一个明星 IP，构建一个知识产权新生态。"泛娱乐"不仅仅可以用来描绘当下的社会状况，还是一种商业模式，一种版权运营战略。

"泛娱乐"战略的核心是为企业打造一条价值增值链，实现产业扩容和价值增值。为实现这一目的，一是要通过对同一内容的多元化呈现，实现企业对版权的"一次生产、多元利用、多次收益"；二是要在版权的多形态呈现中，深度挖掘版权内涵，扩大版权的辐射面和影响力，完成版权价值的最大化。这个"泛娱乐"的战略中，版权居于核心地位，离开版权，则"泛娱乐"战略将成为无源之水、无本之木。"泛娱乐"战略的主要依托于所谓的"粉丝经济"，粉丝经济属于注意力经济，通过满足观众的心理需求而建立某种忠诚度，任何版权作品或版权形象只要能够契合观众的心理需求，契合观众的情感与价值观，观众就会成为其粉丝，愿意为其消费。

---

❶ 中国互联网络信息中心. 第 44 次中国互联网络发展状况统计报告 [EB/OL]. [2019-08-07]. http://www.cac.gov.cn/pdf/20190829/44.pdf.

"泛娱乐"战略表现出来的就是全版权运营，是对一个版权作品进行多元利用，跨界运营的方式，是一种"在版权核心产业间及其他版权依托产业之间，对作品的版权加以管理并使其版权价值实现增值的行为"❶。以网络游戏、网络文学、数字短片、数字音乐、数字电视电影、动漫和数字出版物等为主题内容的数字娱乐产业获得了突飞猛进的发展，"泛娱乐"的模式丰富化。整体而言，主要有两种类型的延伸形态：

一是成功推出一种优秀的娱乐产品形态后，通过跨媒介的符号组合，向其他多种形态的产品、领域延伸。如腾讯互动娱乐的泛娱乐战略。

二是数字娱乐形象品牌通过品牌授权机制从无形价值形态向其他有形产业形态延伸，从而把形象品牌的象征价值和商业价值最大化。这一形态最典型的范例就是迪士尼模式。

泛娱乐战略的支撑点是培养"粉丝"群体，可以采用各种方法建立和拓展 IP 的粉丝群体，利用粉丝群体通过各种版权运营手段，实现粉丝价值变现。

### 二、在"泛娱乐"的背景下的用户创作内容

在互联网络的发展进入 web2.0 时代，网络用户的身份从内容的被动接受者和消费者逐渐转为内容的主动创造着，而由用户创作产生的作品内容被称为 UGC（User-Generated-Content），与此相对应的是 PGC（Professional-Generated-Content，专业生产内容）。UGC 的内容生产与技术的发展密切相关，借助功能强大电子相机和傻瓜型的软件系统，普通用户可以拍出专业级的照片；借助音视频技术的进步，以往只能由 PGC 完成的视频、音频内容，普通用户只需要借助移动设备和若干功能强大的软件或 App 就能轻松完成。新技术的普及降低了专业内容制作的技术门槛，也减少了内容创作的成本。

大部分情况下，UGC 创作的初衷并非为了盈利，而是出于娱乐目的——娱己娱人，这是与 PGC 创作的最大不同。目前，UGC 的形式最有代表性的有下列几个方面❷：

---

❶ 崔波.版权跨界运营若干问题研究[J].现代出版，2012，000（3）：9-12.

❷ 刘颖，何天翔.著作权法修订中的"用户创造内容"问题——以中国内地与香港的比较为视角[J].法学评论，2019，037（1）：123-135.

## 1. 字幕组翻译

字幕组（Fansub Groups）指翻译爱好者群组，他们通过技术提取在外国率先发行的录像制品中的字幕并进行翻译，再在网上单独传播分享翻译过的字幕文件，或者传播包含字幕的视频文件。

## 2. 文字续写和图画续画

文字作品的续写行为在国外被称为粉丝小说（Fanfiction）创作或同人创作，指热爱特定作品的爱好者利用原作品中的角色、背景等元素进行的再创作。例如盗版写手续写《哈利·波特》而产生的《哈利波特与黄金甲》《哈利波特与暴走龙》《哈利波特与怪角兽》等。图画续画与此相类似，利用在先作品的形象、情节、画风创作新的作品。

## 3. 视频拼接

视频拼接（mash-ups）是指将来自不同影视作品的片段杂糅耦合组成的新视频内容，可以分为粉丝视频、动漫音乐视频、戏仿视频等不同形式。粉丝视频的制作者往往关注某特定作品或者明星，并收集整合来自不同作品的视频片段制作新的视频；动漫音乐视频是完全以动漫作品为创作素材，整合成新的视频；戏仿视频是为了批评或评论的目的通过拼接音视频的片段而形成的新视频；还有所谓的"翻唱视频"，是记录爱好者未经授权表演受版权保护音乐作品之视频。

## 4. 图片截取及改图

图片截取及改图往往涉及对现有版权作品片段的利用。常见的是截取利用影视作品中的演员夸张的表演片段，制作静态或者动图并配以文字，在微信等网络通信工具交流中或作为"表情包"来使用。

## 5. 涉版权作品的直播

在网络直播中涉及其他的版权作品，例如直播唱歌、直播打游戏等。

上述的用户创作内容均体现为对现有版权作品的使用问题，没有获得权利人的授权，这些作品实际上均游走在合理使用和侵犯著作权之间的灰色地带，如果要想对这些作品进行运营，需要解决很多问题。只有经过原始版权人许可或者利用超出保护期的作品而产生的用户创作内容才可能成为一种可以有效运营的版权资产。

### 三、"微版权"的运营模式

在"泛娱乐"的背景下，各种媒介相互打通、各种信息相互融合、各种产品相互融合，大家在使用专业生产内容产品时，可以同时发布各种吐槽、评论，既可以以弹幕的方式发布在视频界面上，也可以在一篇文章的尾部的评论区发表观点；既可以在贴吧和微博等社交媒体上发布观点，还可以在网络社区上就某个话题灌水……在这些场合普通用户会生成更多的信息，有些具有独创性的内容可以获得版权的保护，形成"微版权"作品。

在泛娱乐的时代中，参与作品创作和传播的主体多元化，产生了浩如烟海的"微版权"的作品。所谓"微版权"，是指在互联网环境下，打破传统出版物品种概念，以知识元为最小单位进行信息组织的数字化内容产品的版权。❶ 微版权作品的创作和传播的灵活度和自由度极高，是以具有独创性形式的最小单位存在，呈碎片化的状态，例如一个动漫形象、一个微信表情包、一段小视频等。这些碎片化的内容被精加工后，转变成更小单位的内容，出现在公众的眼前。贴吧、微博、各种事件新闻的评论区、微信自媒体等社交平台就是"微版权"长期活跃的集结地。

坦率而言，并非所有的作品都能够进行"全版权"运营，许多"微版权"的作品应该有独特的运营方式。

与"全版权"相比，"微版权"的优势在于作品数量庞大，紧跟版权消费市场的走势，被市场认可度高。但其劣势是个体单位较小、价值不高，版权作品难以确权，运营收益难以覆盖运营成本。

目前比较成功的版权运营均是基于特定的商业模式。微版权运营的参与主体实际上包括三大类型，一是网络平台；二是内容生产者；其三是内容消费者。其中内容生产者与内容消费者实际上并无明晰的界限，可能在某一消费场景下，某用户会成为内容生产者，但在另一消费场景下，其可能成为内

---

❶ 彭志强，刘雅婕，刘俊娜，张乃可，等．"互联网+"时代数字文化产业的版权运营体系初探[J].科学咨询：科技·管理，2019.

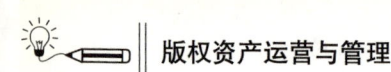

容生产者，这是"泛娱乐"场景下经常发生的事情。

随着微版权运营在互联网领域的不断尝试，当前主要存在着三种微版权运营的商业模式，即作品打赏模式、"流量+广告"模式、付费知识服务模式。❶

### 1. 打赏模式

这是微版权运营最为直接的收益模式，是用户自愿的基于内容的付费模式。在这种模式下，观众（读者）可以针对作品创作者某一优秀作品或作品片段，给予一定的物质奖励，也就是直接通过网络平台以电子支付的方式向读者支付费用。微信、今日头条、映客等网络平台都可以开通打赏模块，而网络直播等领域的打赏更是成为平台和主播的主要收入来源。打赏模式建立在作品免费提供的基础上，让用户自愿为优质作品买单。打赏模式操作比较简单，但是受限于观众的认知水平和付费意识，所以难以取得稳定的版权收益。

### 2. "流量+广告"模式

网络平台最大的价值在于其用户黏性与网络流量，在这个注意力经济的时代，有网络用户的关注就能够带来收益。在微版权的运营过程中，版权作品通过免费的方式提供给用户，越是高质量的作品所获取的关注与转发越多。尽管作品本身是免费的，没有带来直接的经济效益，但是大量的关注给平台带来了有黏性的用户和巨大的网络流量，在这个基础上，平台通过付费广告、竞价排名、冠名赞助等形式获取收益。

### 3. 付费知识服务模式

以碎片化知识信息为营销对象的微版权运营模式，依托其高质量的原创版权，通过付费知识服务收取低额费用，聚沙成塔，最终实现高额的营收。付费知识服务模式主要立足于网络用户在面对海量的互联网信息时，为节省其选择成本、提高学习与获取有用资讯的效率，通过付费方式获取经过精选的内容，从而满足其消费需求。这一模式的核心是将内容转化为服务，从而

---

❶ 陈小玲，代江龙. 新媒体环境下的微版权模式[J]. 学术探索，2018，000（4）：82–85.

实现版权作品的价值变现。

进行"微版权"运营，与数字网络技术的发展息息相关，网络既是数字内容的源头，也是数字内容消费的场所，更是数字内容版权运营的主要手段。互联网企业可以充分地利用科技手段，建立起"微版权"作品的数据库和运营系统，探索各种"微版权"的运营模式，让这一伴随互联网出现的作品形式能够转化为企业的效益源泉。

【延伸阅读】

**利用用户创造的音乐评论推出《乐评专列》**[1]

2017年3月20日，网易公司和杭港地铁联合推出的"乐评专列"正式发车。在这次活动中，网易公司先从网易云音乐平台4亿多条用户创造的音乐评论中筛选出用户点赞数最高的5000条优质音乐评论，最终挑选出最容易引起地铁乘客情感共鸣的85条音乐评论文案展示在杭州市地铁1号线车厢内部的各个角落以及江陵路地铁站，这些音乐评论给乘客以极大的视觉冲击和强烈的心灵震撼，短时间内在社交网络引发广大网友的热议和共鸣。这是使用用户创造微小版权作品非常好的尝试。

## 第三节 媒介融合视野中的未来版权运营

什么是媒介？丹麦学者克劳斯·布鲁恩·廷森从三个角度做出定义，"媒介是信息的载体——它们以文本、图像和声音的方式表达关于现实的表征和洞见。媒介是传播的渠道——它们不仅让传播者接触信息，而且能够彼此交流。同时，媒介还是行为的方式——无论是在开始或是结束阶段，传播

---

[1] 郑宏飞.论用户创造内容的著作权困境及完善路径[J].山东行政学院学报，2019，000（1）：67-74.

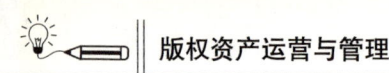

具有施为性"❶。他还将媒介划分为三个维度，第一维度是人的身体和工具，人的身体可以实现包括演讲、唱歌、舞蹈、戏剧表演、绘画和艺术创造等活动，笔作为工具也是一种媒介，可以用来书写，第一维度的主要特征是一对一的传播。第二维度是技术，门类众多的模拟技术，例如印刷书籍、报纸、电影、广播和电视，都属于第二维度的媒介范围，属于一对多的传播方式。第三维度是数字网络技术，可以复制先前所有的表征和交流媒介的特征，而且将他们重新整合于一个统一的软硬件平台上，可以整合为第一和第二维度一对一、一对多、多对多的传播形态。❷

加拿大学者马歇尔·麦克卢汉认为，报纸、广播、电视等都是人体能力的延伸，报纸是人视觉能力的延伸，广播是人听觉能力的延伸，而电视则是视觉、听觉的综合延伸；同时，媒介和社会的发展史也是人的感官能力经历"统合—分化—再统合"的历史，随着技术的进步，统合所有能力的"延伸"方式定会实现❸，而这一媒介目前就是信息和互联网技术，未来则是基于其上的各类媒介的高度融合形态。

按照麦克卢汉的看法，媒介融合实际上一直在进行之中。后出现的媒介通常是以先前的媒介为对象，如书写是语言的媒介，绘画是观看的媒介，印刷是书写的媒介，电影则是上述媒介的媒介……当前的信息网络条件，有人将其命名为"泛媒介"，"泛媒介（pan-media），它指的是属于新媒介时代的媒介。它不是任何一种媒介，而是媒介的媒介，就像一口真正的'平底锅'（泛媒介的英译 pan-media 中 pan 即平底锅），装得下所有的媒介，在理论上，我们把它定义为媒介的平台。要言之，互联网，手机，或是别的什么新媒介，它可以是所有媒介；而一个网络媒体，从形态上说，也可以包含一切媒体。网络聚集了从前的所有媒介，我们称它为泛媒介"❹。在现阶段，媒介融合主要体现在利用电子互联网的技术，各种传统媒介的边界被打破，所

---

❶ 延森著，刘君.媒介融合：网络传播，大众传播和人际传播的三重维度[M].媒介融合：网络传播、大众传播和人际传播的三重维度.上海：复旦大学出版社，2012：43.

❷ 同❶：69-74.

❸ 杨溟.媒介融合导论[M].北京：北京大学出版社，2013：1-2.

❹ 杜骏飞.理解新媒介[J].南方传媒研究，2009（1）.

有的媒介渠道均聚合于同一个平台，相互融合，作用于人类全部感觉器官的"泛媒介"即将实现。克劳斯·布鲁恩·廷森将其视为第四维度的媒介：这属于新一代的数字媒介，主要是基于这样一个模型：将世界容纳进一个媒介——通过本地的、静态的和多元模式的交互界面，并借助于虚拟现实眼镜、虚拟现实手套和传动平台等工具，使用者可以进入一个与现实完全不同的虚拟现实❶中。通过人体与硬件的融合，硬件逐渐成为人体的一部分，其结果可以出现一种回归：更加根植于本地的、个人化的交流和传播得以实现，我们可以随时随地与其他传播者展开包括图像、文本及声音在内的交流沟通，物理距离将不再是障碍。那时候，每个人都将成为一个传播平台，打破距离感，整个地球村将会重归"部落化"。❷

媒介融合当下最直接的体现是促进了许多大众传媒企业的转型，传统的企业在"互联网+"的旗帜下纷纷通过网络拓展业务，许多企业家言必称"跨界"，传统的文化企业纷纷拥抱互联网，进行内部体制改革，电视媒体、纸媒、广播媒体纷纷整合资源，努力转变成"融媒体"平台，实现"一次采编，多渠道使用"，以此为基础，出现了各种各样的版权运营模式。

在媒介加速融合的情势下，版权产业和版权运营将会面临颠覆性的变化，其影响正在慢慢显现。

## 一、创意价值将更加突出，对优秀作品的争夺将更加激烈

媒介融合带来的直接后果是信息传播渠道更加多元，甚至每个人都可能成为信息传输的中继和源头。在信息极度饱和的同时，具有独创性的作品形态的信息却反而极度稀少。优秀的创意人才可以带来有价值的创意作品，进而获得巨大的版权收益。创意的价值在每一个传播环节中逐步释放。

---

❶ 虚拟现实技术（英文名称：Virtual Reality, VR），又称灵境技术，是20世纪发展起来的一项全新的实用技术。虚拟现实技术囊括计算机、电子信息、仿真技术于一体，其基本实现方式是计算机模拟虚拟环境从而给人以环境沉浸感。

❷ 麦克卢汉认为，在原始社会，人们处于部落状态，主要传播方式是口头传播，人与人之间的关系较密切。文字和印刷术发明后，人们的交流方式有了改变，从"耳朵的社会"转到了"眼睛的社会"，人与人之间的关系开始疏远，部落开始解体。电子传播媒介尤其是电视的发明和使用，使人与人之间的距离大为缩短，人类开始"重新部落化"，整个世界变成了"地球村"。

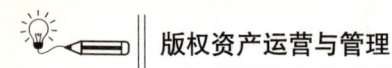

媒介融合之下，传统的版权企业将会不断突破原有的领地，在广阔的互联网世界开疆拓土，呈现出"马太效应"，将会产生数量有限的巨无霸级的大型文化企业或企业集团，通过可以提供包罗万象服务产品的平台为社会提供信息服务；小型的企业要么被并购要么破产，很难生存下来。这一状况持续的结果很可能会在虚拟空间形成类似于"封建领地"分割状态，任何人使用其提供的内容产品将不得不交费，形成事实上的垄断。这一状况目前已经初见端倪。

拥有先发优势的大型文化企业因为拥有巨量的版权资源和稳定有效的作品获取渠道和传播渠道，还有数量庞大的稳定的消费人群，可以通过"泛媒介"的使用，将作品的价值榨干用尽，并因此获得超额的经济利益；数字管理技术可以监控创意作品价值链条的任一环节，可以控制大众对作品的获取和传播的全过程，盗版行为将被有效控制。单一媒介的文化企业早期可能因为具有特色的版权作品或缝隙市场而获得一定的发展，但随着媒介融合进程的不断演进，如果不能够持续的创新和获得优秀的作品资源，最后只能消亡。

## 二、作品的外在形态和作品范围将得到极大扩展

媒介是人的延伸，拓展了人与世界的接触的领域。所以，媒介技术的发展必然使得人类的文化创作发生变化，作品的形态将出现变化。

现有的作品主要是视觉、听觉和触觉方式感知，如各种文字、绘画、摄影、影视等作品，通过视觉方式感知；音乐作品主要通过听觉方式感知；雕塑作品可以作用于人的触觉系统。而基本上没有作品能够以作用于人的嗅觉和味觉器官，这主要缘于气味难以固定，"作品"的独创性无法得到彰显，也无法通过复制和传播的方式再现"作品"。而随着媒介技术的发展，这些障碍将会得到克服，目前已经出现的"嗅觉电影"的尝试：通过电影放映过程中的气味释放，嗅觉与人体其他感觉一样随情节发挥感知功能，补齐在电影院中嗅觉的缺失，进一步强化影片所营造视听幻觉，使得观影体验更加真实、立体、全面。可以预期，在嗅觉技术成熟后，就可能催生出许多嗅觉艺术家，创作出别具一格的嗅觉作品。

在媒介融合的背景下，人将拥有更多的感知世界的工具，可以利用虚拟

现实技术，彻底地改善作品的利用方式。在虚拟现实下，看电影就可以如同亲自置身于电影场景之中，获得"花影不离身左右，鸟声只在耳东西"那样真切的体验。

借助媒介技术手段，创作作品的过程也将得到极大的改善，创作者可能只需要付出极小的创造性的劳动，剩下的将会交给具有人工智能的计算机处理。例如，创作者可以设定一定的情景、人物和基本情节走向，决定是采用歌德的风格还是鲁迅的风格或者是自己风格，而后就可以自动地生成一篇小说"作品"，要想转化成某个名家声音朗诵的演绎作品，只要通过平台选定即可以自动生成，平台的数据系统已经解析了所有名家的朗诵风格和语音语调，可以极其完美地演绎出新作品。

在媒介高度融合的背景下，作品的创作将不再专属于某些特定群体或个人，任何一个使用者都可以从事作品创作，这将极大地丰富作品创作。这种完全不同于既往的创作模式可能生产出大量的"平庸"的文化产品，形成的是"半人半兽"般的"作品"——人类只提供思想，"作品"形式由机器完成——现有版权法体制将无法提供保护，但具有高度管理水平的头部企业利用商业模式和数字管理技术优势，依然可以获得巨大的商业利益。

个性化的创作带来的将是个性化作品需求和个性化的作品定制业务。如果某位朋友喜欢大团圆结局的作品，系统平台可以根据他的经历、人格、年龄等因素定制化地为他生成一部他所喜欢的作品，然后制作成某种媒介形式（实体图书、著名播音员齐越朗读的音频或者其他形式），这将是"按需出版"高级阶段。

### 三、在媒介高度融合的背景下，版权法将会面临多重危机

传统的著作权制度建立在人类创作的基础上，"独创性"因素是版权制度基石之一。而在媒介融合技术条件之下，许多由机器自动创造（演绎）的"作品"难谓"独创性"，如果在法律上不能得到保护，将会损害投资者的权益。要么改变"可版权性"的条件，扩大《著作权法》的保护范围，将这部分"作品"包含在其中。但这样做会带来负面效应，将"独创性"标准无限降低，需要保护的作品范围和数量将会无比巨大，甚至日常交流所产生的信息都会成为保护对象，其后果将会使得整个社会的信息传播成本巨大，障碍

重重，有害于公共利益。版权制度将如何做出调整才能适应时代的发展，需要不断地探索与实践。

媒介融合的背景下，技术霸权将会使作品的获得和传播受到权利人严格监管，未经其许可则无法自由地获得作品和使用作品，因此许多合理使用方式将不可避免地受到限制，这样相当于降低社会的整体福利，有害于社会发展和公共利益。如何对技术霸权加以必要的限制，将是《著作权法》不得不面对的挑战。

媒介融合将使社会中的单一个体获得超乎寻常的感官能力，打破地域和距离的限制，使得人与人之间从媒介造成的隔离中解放出来，重新回归到触手可及的"部落"时代，打破时空的限制，地球变成了一个村庄，彼此之间的信息传递与交流变得极为简易，作品的传播与分享变得极为简易，瞬息之间可以"思接千载""视通万里"，那么以单纯以控制网络传播来保护版权已经变得不可能了，因为网络传播已经是社会基石，控制网络传播将会危及整个社会组织形态。以信息网络传播权、复制权、表演权等权利形态控制作品已经远远不够了。需要适时地创新版权保护机制，版权法或许会迎来革命性变革甚至会面临消亡。

# 参考文献

[1] 郑成思. 知识产权论 [M]. 北京：法律出版社，2003.

[2] 郑成思. 版权法 [M]. 北京：中国人民大学出版社，2009.

[3] 汤宗舜. 著作权法原理 [M]. 北京：知识产权出版社，2005.

[4] 吴汉东. 知识产权多维度解读 [M]. 北京：北京大学出版社，2008.

[5] 吴汉东，胡开忠. 走向知识经济时代的知识产权法 [M]. 北京：法律出版社，2002.

[6] 冯晓青. 知识产权法哲学 [M]. 北京：中国人民公安大学出版社，2006.

[7] 【美】保罗·戈斯汀. 著作权之道——从古登堡到数字点播机 [M]. 金海军，译. 北京：北京大学出版社，2008.

[8] 【美】威廉·M·兰德斯，理查德·A·波斯纳. 知识产权法的经济结构 [M]. 金海军，译. 北京：北京法学出版社，2016.

[9] 【美】唐纳德·A·魏特曼编，法律经济学文献精选 [M]. 苏力等译. 北京：法律出版社，2006.

[10] 【荷】约斯特·斯米尔斯，玛丽克·范·斯海恩德尔. 抛弃版权：文化产业的未来 [M]. 刘金海，译. 北京：知识产权出版社，2010.

[11] 万鄂湘主编. 国际知识产权法 [M]. 武汉：湖北人民出版社，2001.

[12] 吴伟光. 著作权法研究：国际条约、中国立法与司法实践 [M]. 北京：清华大学出版社，2013.

[13] 卢海君. 版权客体论 [M]. 北京：知识产权出版社，2011.

[14] 李琛. 知识产权法关键词 [M]. 北京：法律出版社，2006.

[15] 皇甫晓涛. 版权经济论 [M]. 北京：光明日报出版社，2016.

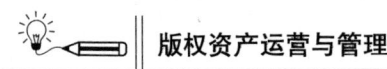

[16] 杨延超. 作品精神权利论 [M]. 北京：法律出版社，2007.

[17] 祝海军. 人格要素标识商业化利用的法律规制 [M]. 北京：法律出版社，2009.

[18] 联合国教科文组织. 版权法导论 [M]. 张雨泽，译. 郭寿康审校. 北京：知识产权出版社，2009.

[19] 中国版权协会编. 版权的力量 [M]. 北京：北京大学出版社 2015.

[20] 魏玉山. 中国版权产业的经济贡献（2009 年 –2010 年）[M]. 北京：中国书籍出版社，2015.

[21] 蔡翔，王巧林等. 版权与文化产业国际竞争力研究 [M]. 北京：中国传媒大学出版社，2013.

[22] 刘洁. 邻接权归宿论 [M]. 北京：知识产权出版社，2013.

[23] 周晓冰. 人格权的保护 [M]. 北京：知识产权出版社，2015.

[24] 梅术文. 著作权法上的传播权研究 [M]. 北京：法律出版社，2012.

[25] 吴伟光. 数字技术环境下的版权法危机与对策 [M]. 北京：知识产权出版社，2008.

[26] 郑重. 数字版权法视野下的个人使用问题研究 [M]. 北京：中国法制出版社，2013.

[27] 谌远知. 文化产业中商品化权与知识产权研究 [M]. 北京：经济科学出版社，2012.

[28] 国家版权局版权管理司编. 著作权法执行实务指南 [M]. 北京：法律出版社，2013.

[29] 龙井瑢. 新媒体时代的版权与技术 [M]. 西安：陕西师范大学出版总社，2016.

[30] 张今. 版权法中私人复制问题研究：从印刷机到互联网 [M]. 北京：中国政法大学出版社，2009.

[31] 丛立先. 网络版权问题研究 [M]. 武汉：武汉大学出版社，2007.

[32] 吕炳斌. 网络时代版权制度的变革与创新 [M]. 北京：中国民主法制出版社，2012.

[33] 宋海燕. 中国版权新问题：网络侵权责任、Google 图书馆案、比赛转播权 [M]. 北京：商务印书馆，2011.

[34] 梅术文. 著作权法上的传播权研究 [M]. 北京：法律出版社，2012.

[35] 中央文化企业国有资产监督管理领导小组办公室编. 国有文化企业发展报告（2015）[M]. 北京：经济科学出版社，2015.

[36] 中国版权年鉴编委会编. 中国版权年鉴 2015[M]. 北京：中国人民大学出版社，2015.

[37] 申长雨主编. 迈向知识产权强国之路：知识产权强国建设基本问题研究 [M]. 北京：知识产权出版社，2016.

[38] 王志刚. 出版企业版权战略管理 [M]. 北京：社会科学文献出版社，2012.

[39] 冯晓青. 企业知识产权战略 [M]. 北京：知识产权出版社，2015.

[40] 王黎萤. 中小企业知识产权战略与方法 [M]. 北京：知识产权出版社，2010.

[41] 徐家力. 高新技术企业知识产权战略 [M]. 上海：上海交通大学出版社，2012.

[42] 杨旦修，中国电视剧产业发展研究 [M]. 广州：暨南大学出版社，2015.

[43] 邹举. 电视内容产业的版权战略 [M]. 北京：社会科学文献出版社，2015.

[44] 欧阳宏生，等. 电视综艺节目的版权客体界定及侵权认定 [M]. 北京：中国广播电视出版社，2015.

[45]【美】爱德华·杰·艾普斯坦. 制造大片：金钱、权力与好莱坞的秘密 [M]. 宋伟航，译. 北京：台海出版社，2016.

[46]【美】杰森·斯奎尔编. 电影商业 [M]. 俞剑红，李苒，马梦妮，译. 北京：中国电影出版社，2011.

[47] 陈焱. 好莱坞模式——美国电影产业研究 [M]. 北京：北京联合出版公司，2014.

[48] 金冠军，王玉明. 电影产业概论 [M]. 上海：复旦大学出版社，2012.

[49]【美】大卫·J·莫泽. 音乐版权 [M]. 权彦敏，曹毅搏，译. 西安：西安交通大学出版社，2013.

[50] 佟雪娜. 音乐产业运营与管理 [M]. 北京：中国传媒大学出版社，

2016.

[51] 熊琦. 数字音乐之道——网络时代音乐著作权许可模式研究 [M]. 北京：北京大学出版社, 2015.

[52] 陈楠, 刘靖编. 表演艺术管理与音乐产业运营 [M]. 上海：上海音乐出版社, 2019.

[53] 曹畅编著. 视听内容的产业链开发 [M]. 北京：中国传媒大学出版社, 2016.

[54] 北京市新闻出版局, 北京市版权局编. 版权产业创新——图书出版业科学发展的探索与实践 [M]. 北京：科学出版社, 2009.

[55] 丁汉青. 传媒版权管理研究 [M]. 北京：中国人民大学出版社, 2017.

[56] 聂振华. 视频分享网站著作权侵权问题成案研究 [M]. 北京：法律出版社, 2012.

[57] 翟真. 新闻作品版权研究 [M]. 北京：知识产权出版社, 2015.

[58] 刘海明. 报纸版权问题研究 [M]. 北京：中国社会科学出版社, 2013.

[59] 郑文明, 杨会永, 刘新民. 广播影视版权保护问题研究 [M]. 北京：法律出版社, 2013.

[60] 戴建华. 中国影视新媒体发展创新研究 [M]. 北京：中国传媒大学出版社, 2014.

[61] 严波. 现场直播节目版权问题研究 [M]. 北京：法律出版社, 2016.

[62] 彭玲编著. 动画创意产业 [M]. 上海：东方出版中心, 2009.

[63] 赵小波. 中国动漫产业转型研究 [M]. 北京：经济科学出版社, 2016.

[64] 昝胜锋, 王书勤. 动漫产业：新型业态与盈利模式 [M]. 济南：山东大学出版社, 2011.

[65] 魏玉山主编. 2013-2014 中国动漫游戏产业年度报告 [M]. 北京：中国书籍出版社, 2015.

[66] 西门孟编著. 游戏产业概念 [M]. 上海：学林出版社, 2008.

[67] 余春娜, 孔中, 编著. 动漫产业分析与衍生品开发 [M]. 北京：清华大学出版社, 2016.

[68] 王萌, 路江涌, 李晓峰. 电竞生态——电子游戏产业的演化逻辑 [M]. 北京：机械工业出版社, 2018.

[69] 超竟教育，腾讯电竞．电子竞技产业概论 [M]．北京：高等教育出版社，2019．

[70] 直尚电竞主编．电子竞技产业生态 [M]．北京：高等教育出版社，2018．

[71] 王玉林，冯晶．数字媒体的版权管理与控制 [M]．北京：科学出版社，2011．

[72] 王家新，刘萍，等．文化企业资产评估研究 [M]．北京：中国财政经济出版社，2013．

[73] 向勇，等．文化产业无形资产价值评估理论与实务 [M]．北京：北京大学出版社，2016．

[74] 姚林青．版权与文化产业发展研究 [M]．北京：经济科学出版社，2012．

[75] 中央文化企业国有资产监督管理领导小组办公室编．文化产业发展典型 60 例 [M]．北京：经济科学出版社，2012．

[76] 赵晶媛．文化产业与管理 [M]．北京：清华大学出版社，2010．

[77] 蓝色智慧研究院．文创时代：北京市文化创意产业的发展与创新 [M]．北京：中国经济出版社，2016．

[78] 姜汉忠．版权洽谈完全手册．北京：世界图书出版公司，2015．

[79]【美】埃里克·亚当斯，罗威尔·克雷格，玛莎·莱斯曼·卡兹，等．知识产权许可策略 [M]．北京：知识产权出版社，2014．

[80] 尼尔·波兹曼．娱乐至死 [M]．章艳，译．北京：中信出版集团，2015．

[81] 刘洁．我国著作权集体管理制度研究 [M]．北京：中国政法大学出版社，2014．

[82] 宿迟，梅松，主编．文化创意知识产权典型案例评析 [M]．北京：法律出版社，2016．

[83] 来小鹏．版权交易制度研究 [M]．北京：中国政法大学出版社，2009．

[84]【英】莱内特·欧文．中国版权经理人实务指南 [M]．袁方，译．北京：法律出版社，2004．

[85] 陈向聪．信托法律制度研究 [M]．北京：中国检察出版社，2007．

[86] 高凌云. 被误读的信托——信托法原论 [M]. 上海：复旦大学出版社，2010.

[87] 赵廉慧. 信托法解释论 [M]. 北京：中国法制出版社，2015.

[88] 孙那. 中美数字内容产业版权政策与法律制度比较 [M]. 北京：知识产权出版社，2018.

[89] 王迁. 网络环境中的著作权保护研究 [M]. 北京：法律出版社，2011.

[90]【丹麦】克劳斯·布鲁恩·廷森. 媒介融合：网络传播、大众传播和人际传播的三重维度 [M]. 刘君，译. 上海：复旦大学出版社，2019.

[91]【加拿大】马歇尔·麦克卢汉. 理解媒介——论人的延伸 [M]. 何道宽，译. 南京：译林出版社，2019.

[92] 杨溟，主编. 媒介融合导论 [M]. 北京：北京大学出版社，2013.

# 后　记

国家版权贸易基地（越秀）于2014年2月17日由国家版权局批准设立，于2014年5月28日正式挂牌成立，是华南地区唯一一个国家级版权贸易基地。

国家商标品牌创新创业（广州）基地于2016年12月1日经国家工商总局同意，于2017年12月落户广州市越秀区，是全国首个国家级商标品牌双创基地。

双基地自运营以来，其运营机构广州市华南版权贸易股份有限公司以"保护促进交易，交易呈现价值"为宗旨，积极整合集"调解、仲裁、行政执法、司法保护、大众监督"等多方维权调解力量的五位一体化维权保障体系，致力打造"IP综合服务、IP保护、IP交易、IP金融"四大平台。同时，积极引进全行业顶级专家资源，组建国家版权贸易基地（越秀）、国家商标品牌创新创业（广州）基地专家智库及维权专家委员会两大体系。作为基地建设的特色科学支撑体系、理论创新研究的引领平台及IP商业实现转化的价值平台，基地希望能持续为社会各界提供更多前瞻性、独特性、实战性及全面性的知识产权运营探索性价值成果。

自2018、2019年相继出版《版权维权研究与实务》与《知识创富——360°解读知识产权维权与运营68例》后，今年双基地联合业界知名版权专家、北京德和衡律师事务所合伙人陈震律师，共同编写并出版"版权运营师、管理师培训系列丛书"的首部作品——《版权资产运营与管理》。

该书不仅是我们对第20个世界知识产权日的献礼之作，同时也是双基地联合陈震律师共同研发版权运营师、管理师系列培训课程的阶段性成果，以期为未来版权专业人才培训提供理论与实践相结合，具有前瞻性、实用性

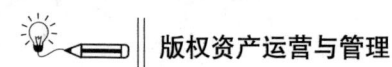

的培训教材及参考丛书。

  感谢中宣部版权管理局于慈珂局长长久以来对国家版权贸易基地（越秀）的关心与支持，并为本书作序。感谢广州市版权局对本书的出版工作给予了大力支持与指导。感谢陈震律师的专业、专注与奉献，不吝将多年在版权产业深耕的经验与思考凝练于本书之中。最后还要感谢全程参与本次出版工作的各位编委的共同努力，以及北京德和衡律师事务所的信任与支持。

  由于时间紧迫，书中难免存在疏漏和不足之处，恳请专家、读者指正。